# 刑事诉讼前沿研究

Xingshi Susong Qianyan Yanjiu

陈光中／主编

中国检察出版社

**图书在版编目（CIP）数据**

刑事诉讼前沿研究 / 陈光中主编 . — 北京：中国检察出版社，2021.1

ISBN 978-7-5102-2488-1

Ⅰ . ①刑…　Ⅱ . ①陈…　Ⅲ . ①刑事诉讼—研究—中国　Ⅳ . ① D925.204

中国版本图书馆 CIP 数据核字（2021）第 176536 号

**刑事诉讼前沿研究**

陈光中　主编

**出版发行**：中国检察出版社
**社　　址**：北京市石景山区香山南路 109 号（100144）
**网　　址**：中国检察出版社（www.zgjccbs.com）
**编辑电话**：（010）86423707
**发行电话**：（010）86423726　86423727　86423728
（010）86423730　86423732
**经　　销**：新华书店
**印　　刷**：鑫艺佳利（天津）印刷有限公司
**开　　本**：710mm × 960mm　16 开
**印　　张**：15
**字　　数**：172 千字
**版　　次**：2021 年 1 月第一版　　2021 年 1 月第一次印刷
**书　　号**：ISBN 978-7-5102-2488-1
**定　　价**：59.00 元

## 作者简介

**陈光中**　著名法学家、法学教育家，中国政法大学终身教授、诉讼法学研究院名誉院长。曾任中国政法大学校长、中国法学会副会长、最高人民法院和最高人民检察院专家咨询委员。现兼任教育部社会科学委员会委员、法学部召集人，《中国大百科全书》（第三版）法学卷主编，国家“2011 计划”司法文明协同创新中心学术委员会主席。

# 序

2019年9月23日至27日，由国家“2011计划”司法文明协同创新中心、德国明斯特大学主办的“中德刑事法研讨会”在德国明斯特大学顺利召开。本次会议由我本人负责召集，来自清华大学、中国社会科学院、中国政法大学、浙江大学、四川大学、西南政法大学的8位国内专家学者，应邀前往德国明斯特大学进行学术交流。德方有来自德国明斯特大学、波鸿鲁尔大学、格赖夫斯瓦尔德大学、马尔堡大学、汉诺威大学高校的11位学者。本次会议是继2016在德国维尔茨堡法学院举办的“德中刑事诉讼法学高端论坛”后，又一次中德两国刑事诉讼法学界的高规格学术研讨会。

以往，我国刑事诉讼法学界与英美国家的对话交流很多，与德国为代表的大陆法系国家的对话交流较少，我本人希望以后能进一步增强中德刑事诉讼法学之间的交流。因此，会后我们根据中德双方专家提交的论文，挑选了部分专家的论文放在本论文集中，希望为将来中德刑事诉讼法学的进一步交流打下良好的基础。

本文集的出版，得到了中国检察出版社的大力支持，在此表示衷心的感谢。另外，数位留德博士研究生不仅担任了会议的交传翻译工作，还参与了德方专家的论文笔译工作，在此也一并致谢。

陈光中

2020 年 10 月

# 目　录

# 中国法律援助辩护问题的探索

陈光中 *

法律援助辩护制度在刑事案件中国家为犯罪嫌疑人、被告人提供免费的辩护，是“法律面前人人平等”在司法领域的体现，在保护被追诉人合法权益不受侵害，保障无罪之人不受刑事追究，实现司法公正等方面发挥着重要的作用。中国的法律援助辩护制度在二十多年间取得了相当的成绩，但也存在不少问题。当前德国也正在进行刑事诉讼法的修改，并涉及必要辩护与强制辩护。为此本文就上述问题进行探讨。

## 一、中国法律援助辩护制度的发展回顾

### （一）缘起与确立：1994 年至 2011 年

法律援助制度起源于 19 世纪的英格兰，并逐步扩展至全世界，至今已有二三百年的历史了。中国的法律援助制度建立较晚，1994 年 1 月，司法部开始在一些城市开展法律援助工作试点，如北京市和广州市设立了法律援助基金会并对法律援助对象进行规定，[①] 为后来法律援助辩护制度的立法积累

---

* 陈光中，中国刑事诉讼法学研究会名誉会长，中国政法大学终身教授，国家“2011 计划”司法文明协同创新中心学术委员会主席。

① 参见《中国法律援助制度诞生的前前后后》（三），载 http://www.chinalegalaid.gov.cn/China_legalaid/content/2010-08/31/content_3998316.htm?node=40884，2019 年 6 月 28 日访问。

了初步实践经验。刑事法律援助制度始终是以法律援助辩护为重点的，1996年修改的《刑事诉讼法》第34条首次规定“法院对一些特殊刑事案件中的被告人指定律师为其辩护”，标志着中国法律援助辩护制度在立法上的正式确立。具体而言，在公诉人出庭公诉的案件中，被告人因经济困难等原因未委托辩护人的，法院可以指定律师为其提供辩护；被告人是盲、聋、哑、未成年人或可能被判处死刑而未委托辩护人的，法院应当指定律师为其提供辩护。但是，由法院担任指定律师辩护主体，被告人作为指定律师辩护对象，也意味着被告人在案件进入法庭审理阶段之后方能获得法律援助辩护。随之，中国第一部《律师法》于1996年5月公布，设“法律援助”专章，并对“律师按照国家规定承担法律援助义务”进行重申，这为法律援助的专门立法奠定了基础。2003年7月，国务院颁布了中国第一部法律援助专门法规，即《法律援助条例》，对刑事法律援助的范围、申请、审查、实施以及法律援助机构与人员的法律责任进行规定，并首次明确“法律援助是政府的责任”。

十几年间，中国法律援助辩护制度从无到有，取得较大成绩。以《法律援助条例》出台的2003年为起点，以2012年刑事诉讼法发布之前的2011年为终点，根据图1、表1中的相关统计数据，便可一窥此发展情况。[①]

① 图1、表1根据中国法律援助网每年全国法律援助工作概况中的数据整理而成，载http://www.chinalegalaid.gov.cn/China_legalaid/node_40884.htm，2019年6月13日访问。

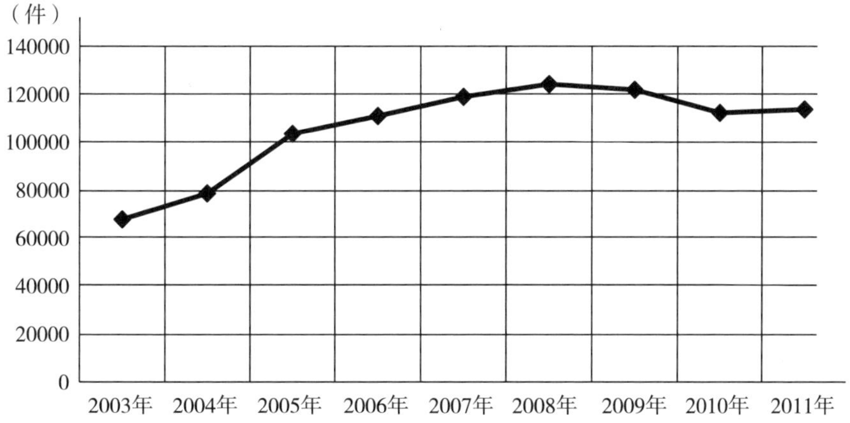


图 1　2003 年至 2011 年刑事法律援助案件数量

表 1　2003 年至 2011 年刑事法律援助案件经费

| 年份 | 法律援助经费（万元） | 法律援助财政拨款（万元） | 法律援助经费支出（万元） |
|---|---|---|---|
| 2003 | 16456.80 | 15211.66 | 15541.86 |
| 2004 | 25731.09 | 21712.74 | 21804.01 |
| 2005 | 28052.30 | 26220.94 | 26271.95 |
| 2006 | 37029.78 | 33479.09 | 34760.16 |
| 2007 | 52533.18 | 51671.02 | — |
| 2008 | 68249.86 | 66947.58 | 61383.76 |
| 2009 | 75760.37 | 74875.03 | 70500.78 |
| 2010 | 102289.70 | 95823.00 | 83382.00 |
| 2011 | 127728.03 | 126196.57 | 104926.44 |

### （二）扩大与发展：2012 年至 2014 年 9 月

“尊重和保障人权”载入法典可谓是 2012 年刑事诉讼法的

最大亮点，法律援助辩护制度也相应作出了不少改变。原来律师在侦查阶段的参与身份不明确，2012年《刑事诉讼法》第33条则明确为辩护人。根据2012年《刑事诉讼法》第34条与第267条的规定，对被追诉人的刑事法律援助分为申请指派律师援助和法定指派律师援助两种情形。犯罪嫌疑人、被告人因经济困难或者其他原因没有委托辩护人的，本人及其近亲属可以向法律援助机构提出申请。对于法定指派律师援助中的指定辩护，根据2012年《刑事诉讼法》第34条第2款、第3款与第267条的规定，法院、检察院和公安机关应当为以下犯罪嫌疑人、被告人通知法律援助机构指派律师为其提供辩护：（1）犯罪嫌疑人、被告人是盲、聋、哑人，或者是尚未完全丧失辨认或者控制自己行为能力的精神病人；（2）犯罪嫌疑人、被告人可能被判处无期徒刑、死刑；（3）犯罪嫌疑人、被告人是未成年人。最后，2012年刑事诉讼法对法律援助辩护律师的会见权、阅卷权等权利作出了一定程度的完善，并在其第56条赋予了辩护律师申请排除非法证据的权利。

根据司法部法律援助司的相关数据，2012年刑事诉讼法与相关司法解释和部门规章在实践中确实也得到了较好的实施。在2012年刑事诉讼法正式施行的2013年，刑事法律援助案件数量占法律援助案件总数的比重相比2012年增加了6%。[①] 另外，法律援助财政拨款的数额也在逐年增加，具体内容见图2、表2。[②]

---

① 从2012年到2014年，刑事法律援助案件数量占法律援助案件总数的比重依次为13.07%、19.17%与19.34%。

② 图2、表2根据中国法律援助网每年全国法律援助工作概况中的数据整理而成，载 http://www.chinalegalaid.gov.cn/China_legalaid/node_40884.htm，2019年6月13日访问。

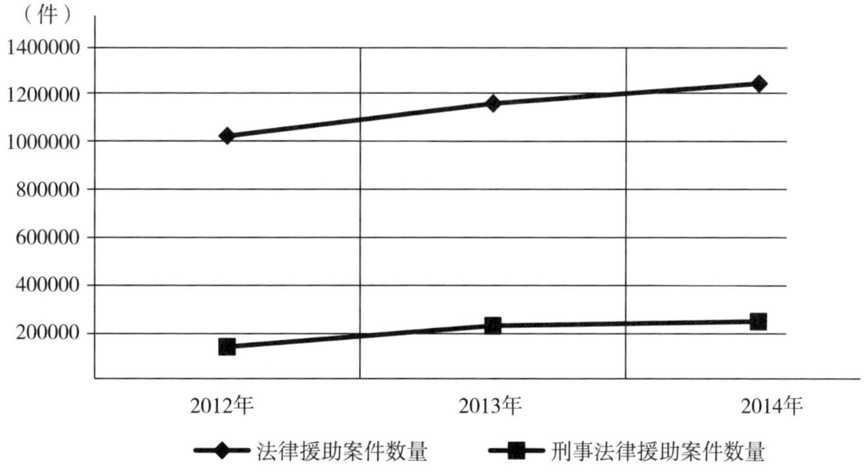


**图 2　2012 年至 2014 年刑事法律援助案件数量**

**表 2　2012 年至 2014 年刑事法律援助案件经费**

| 年份 | 法律援助经费（万元） | 法律援助财政拨款（万元） | 法律援助经费支出（万元） |
| --- | --- | --- | --- |
| 2012 | 140318.64 | 138963.11 | 119535.74 |
| 2013 | 162868.87 | 160738.59 | 136816.69 |
| 2014 | 170661.79 | 168581.80 | 143962.35 |

### （三）新成就与新要求：2014 年 10 月至 2019 年 6 月

2014 年 10 月，中共第十八届中央委员会第四次全体会议通过《中共中央关于全面推进依法治国若干重大问题的决定》，提出要“推进以审判为中心的诉讼制度改革”，将庭审作为审判流程中的决定性环节，侦查、起诉阶段应为审判做准备，这就是中国刑事诉讼改革的新要求。“以审判为中心”强调控审分离、审判中立、控辩平等对抗，因而律师辩护率低、控辩失衡的突出问题[①]必须采取应对措施。

首先，法律援助辩护的范围得到进一步扩大，最高人民法院和司法部于2017年10月印发的《关于开展刑事案件律师辩护全覆盖试点工作的办法》（以下简称《办法》）就对此有所推进。除对刑事诉讼法中所规定的指定辩护情形进行重申外，《办法》第2条分别对以下两类案件中的被告人提供不同形式的法律援助：一是对其他适用普通程序审理的一审案件、二审案件、按照审判监督程序审理的案件，法院应当通知法律援助机构指派律师为未委托辩护人的被告人提供辩护；二是对适用简易程序、速裁程序审理的案件，法院应当通知法律援助机构派驻的值班律师为没有辩护人的被告人提供法律帮助。《办法》亦规定了较为具体的法律援助程序与律师权利保障机制等，在试点地区取得了一定效果，刑事法律援助案件略有增加（见图3[②]、图4[③]），对一审刑事辩护率低、刑事法律援助率更低

① 一般认为，司法实践中，中国基层法院刑事案件的律师辩护率在30%左右。有学者根据中国裁判文书网上发布的刑事判决书进行了两次抽查统计。第一次抽查统计了北京、江苏、湖南、新疆四地2013~2014年作出的刑事一审判决书，其中，基层法院803名被告人中有律师辩护的162人，律师辩护率为20.2%，中级法院400名被告人中有律师辩护的355人，律师辩护率为88.20%。第二次抽查统计了山西、山东、内蒙古、重庆、浙江、河北等六省、区、市发布的2015年作出的刑事一审判决书，其中，基层法院1200名被告人中有律师辩护的310人，律师辩护率为25.83%，中级法院600名被告人中有律师辩护的552人，律师辩护率为92%。转引自顾永忠：《刑事诉讼律师辩护全覆盖的挑战及实现路径初探》，载《中国司法》2017年第7期。

② 数据来源于陈凯、董红民、唐晔旎：《刑事案件律师辩护全覆盖的实践和思考——以杭州市为例》，载《中国司法》2018年第11期。

③ 数据来源于荀飞正、郭灿霞、秦琴、李莎丁：《扩大刑事案件律师辩护全覆盖的实践及建议——以湖南省长沙市为例》，载《中国司法》2019年第4期。

（见表3[①]）的窘状有所改善。

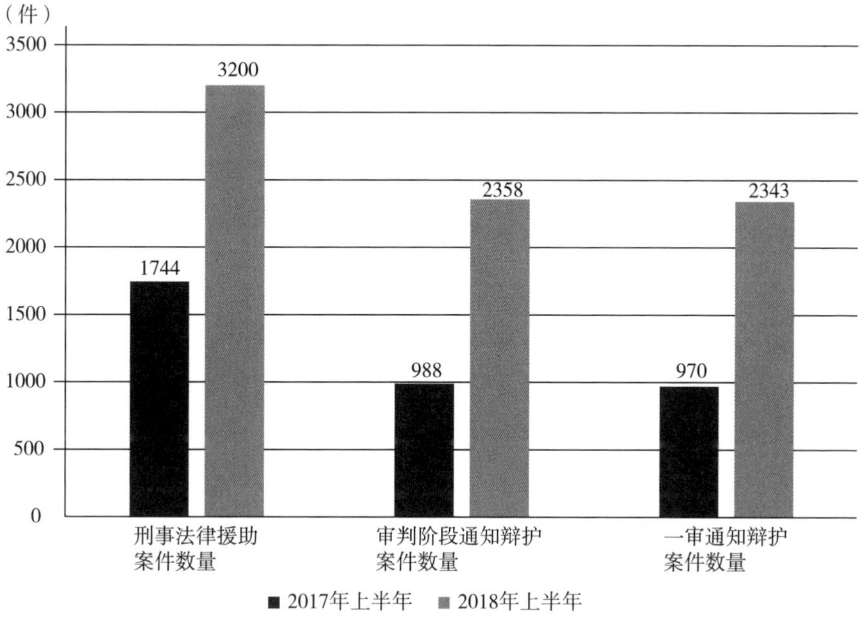


**图3 浙江省杭州市试点情况**

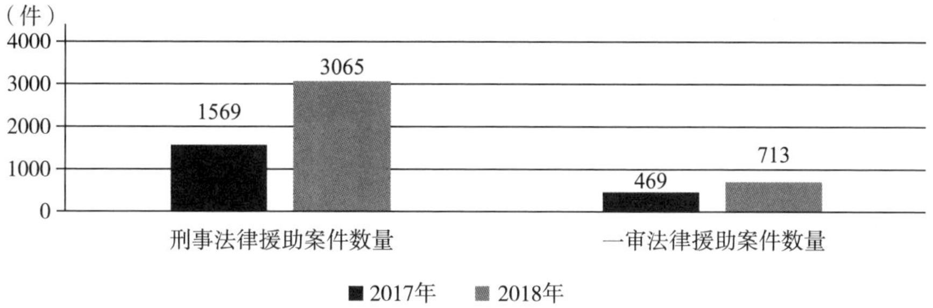


**图4 湖南省长沙市试点情况**

① 参见王迎龙:《论刑事法律援助的中国模式——刑事辩护“全覆盖”之实现径路》,载《中国刑事法杂志》2018年第2期。数据系从2004年到2014年《中国法律年鉴》丛书中获取，以及中国法律援助网 http://www.chinalegalaid.gov.cn,2018年1月5日访问。

表 3　2005 年至 2014 年刑事一审案件数量与法律援助比例

| 年份 | 一审结案刑事案件（件） | 刑事法律援助案件（件） | 刑事法律援助案件占刑事案件的比例 |
| --- | --- | --- | --- |
| 2005 | 683997 | 103485 | 15.12% |
| 2006 | 701379 | 110961 | 15.81% |
| 2007 | 720666 | 118946 | 16.50% |
| 2008 | 768130 | 124217 | 16.17% |
| 2009 | 766759 | 121870 | 15.89% |
| 2010 | 779641 | 112264 | 14.39% |
| 2011 | 839973 | 113717 | 13.53% |
| 2012 | 986392 | 133677 | 13.55% |
| 2013 | 953976 | 222000 | 23.27% |
| 2014 | 1023017 | 240480 | 23.50% |

同时，2015 年 9 月，中共中央办公厅、国务院办公厅印发《关于完善法律援助制度的意见》，其中“建立法律援助参与刑事和解、死刑复核案件办理工作机制”明确了“死刑复核案件中的法律援助辩护问题”的立场。

为了推进境外追逃追赃工作的顺利开展，2018 年刑事诉讼法在其第五编“特别程序”中设“缺席审判程序”专章。由于“被告人于审判期日不在场”这一特点对被告人维护其合法权益造成的消极影响，2018 年刑事诉讼法对缺席审判的贪污贿赂犯罪案件和经最高人民检察院核准的严重危害国家安全犯罪、恐怖活动犯罪案件中未委托辩护人的被告人及其近亲属，规定由法院为其指定辩护。

其次，法律援助辩护服务呈标准化趋势。司法部于 2019 年 2 月出台了首个全国刑事法律援助服务行业标准，即《全国刑事法律援助服务规范》（以下简称《规范》）。《规范》对法律援助辩护律师的会见、及时报告、参加庭审与纪律提出了要求。针对之前刑事法律援助工作的质量监督体系尚未建立导致工作的无制约化问题，《规范》设“服务质量控制”一章，并在第一节中明确“司法行政机关应监督刑事法律援助案件服务质量”，奠定了此问题的解决基调。

最后，本文有必要对《办法》中提到的值班律师进行简要说明。自2014年起在中国部分地区开展的刑事速裁程序试点和2016年起开展的刑事案件认罪认罚从宽制度试点中，由于犯罪嫌疑人、被告人的合法权益随刑事诉讼程序的简化更容易受到侵害，对不享有法律援助辩护的犯罪嫌疑人、被告人，法律援助机构在人民法院、看守所派驻法律援助值班律师，为其提供法律帮助。

2017年8月，最高人民法院、最高人民检察院、公安部、国家安全部与司法部联合发布《关于开展法律援助值班律师工作的意见》，规定值班律师并不局限于刑事速裁案件与认罪认罚从宽案件，“法律援助机构在人民法院、看守所派驻值班律师，为没有辩护人的犯罪嫌疑人、刑事被告人提供法律帮助”。2018年《刑事诉讼法》第36条规定“犯罪嫌疑人、被告人没有委托辩护人，法律援助机构没有指派律师为其提供辩护的，由值班律师为犯罪嫌疑人、被告人提供法律咨询、程序选择建议、申请变更强制措施、对案件处理提出意见等法律帮助”，标志着值班律师制度正式得到确立，对保障犯罪嫌疑人、被告人的合法权益起到了一定作用。

## 二、中国法律援助辩护制度存在的缺陷

中国法律援助辩护制度并非十全十美，一些问题在立法和实践中仍然十分突出。

### （一）法律援助辩护范围狭窄

虽然《办法》对中国法律援助辩护的范围有所拓展，但成效有限。从全国范围来看，2014年刑事一审案件法律援助率为23.5%（见表3），近期略有提高。中国法律援助辩护的范围狭窄主要体现在以下三个方面：

第一，不重视适用简易程序审理的案件中的法律援助辩护。《办法》将值班律师作为推进刑事案件律师辩护全覆盖的主力之一，为适用简易程序审理的案件中的被告人提供帮助，以法律帮助来替代法律援助辩护。这样做使得简易程序中被判处刑期高达15年有期徒刑的被告人实际上没有得到律师的出庭辩护。

第二，不重视审前阶段中的法律援助辩护。由于《办法》为最高人民法院所颁布，仅涉及刑事案件的审判阶段，不涉及审前侦查、审查起诉两阶段。从试点地区浙江省杭州市通知法律援助辩护案件的数量便能够发现（见表4[①]），在审判阶段通知辩护法律援助案件的数量增长到两倍以上的同时，审前两阶段的案件数量则变化不大，侦查阶段通知辩护法律援助案件的数量甚至有所减少。而且，即使在试点之前，审前两阶段的案件数量之和也少于审判阶段通知辩护法律援助案件的数量，可以说明审前阶段法律援助辩护不到位的现状。

**表4　浙江省杭州市各个阶段通知法律援助案件数量**

| 年份 | 侦查阶段通知辩护法律援助案件（件） | 审查起诉阶段通知辩护法律援助案件（件） | 审判阶段通知辩护法律援助案件（件） |
|---|---|---|---|
| 2017年上半年 | 371 | 251 | 988 |
| 2018年上半年 | 347 | 334 | 2358 |

① 参见陈凯、董红民、唐晔旎：《刑事案件律师辩护全覆盖的实践和思考——以杭州市为例》，载《中国司法》2018年第11期。

第三，不重视死刑复核案件的法律援助辩护。虽然刑事诉讼法在1996年起就将可能被判处死刑的被告人列为指定辩护对象，但仅止步于二审阶段。对死刑复核案件中法律援助辩护的提供，同样止步于省一级高级人民法院。最高人民法院《关于适用〈中华人民共和国刑事诉讼法〉的解释》第42条第2款规定，“高级人民法院复核死刑案件，被告人没有委托辩护人的，应当通知法律援助机构指派律师为其提供辩护”；《关于完善法律援助制度的意见》规定，“建立法律援助参与刑事和解、死刑复核案件办理工作机制”，这一死刑复核案件中法律援助辩护的目标也并未有刑事诉讼法与相关司法解释予以落实。即使被告人可以聘请律师或申请法律援助律师为其辩护，但根据统计，2014年至2016年，中国裁判文书网上公布的255个死刑复核案例中，有聘请辩护律师参与的仅22例，占比8.63%，91.37%的死刑复核案件中被告人没有律师辩护，对比死刑案件在一审、二审中100%地获得律师帮助的权利，[①] 死刑复核案件律师辩护率之低实在令人担忧。

### （二）值班律师在认罪认罚从宽案件中的定位异化

值班律师在认罪认罚从宽案件中的定位异化，使其参与认罪认罚从宽案件的有效性难以得到保证。《刑事诉讼法》第174条规定，“犯罪嫌疑人自愿认罪，同意量刑建议和程序适用的，应当在辩护人或者值班律师在场的情况下签署认罪认罚具结书”。作为法律帮助者，与辩护人并列、保证犯罪嫌疑人认罪认罚属真实自愿的值班律师，在实践中却因不承担辩护职责，加之被长期驻派于法院和看守所，被办案机关希望以配合案件

① 参见吴宏耀、张亮：《死刑复核程序中被告人的律师帮助权——基于255份死刑复核刑事裁定书的实证研究》，载《法律适用》2017年第7期。

处理工作为主。[①]随认罪认罚从宽案件数量的增长，在一些案件中，一些检察官在和犯罪嫌疑人完成量刑协商后，再通知值班律师到场见证，其“见证人化”也趋向严重，无法尽力维护犯罪嫌疑人、被告人的合法权益。

### （三）法律援助辩护质量监督体系仍未成型

在笔者看来，在强调扩大法律援助辩护范围的同时，更不应忽视法律援助辩护的质量。虽然中国法律援助辩护质量在二十年间随援助范围的不断扩大而不断提高，不仅一些死刑案件主审法官的问卷调查可例证此点，[②]《全国刑事法律援助服务规范》设“服务质量控制”专章也能够说明对法律援助辩护质量事后监督的重视。但是，中国法律援助辩护质量事前、事中监督体系就目前来看仍不成型，既未设立法律援助辩护律师的准入机制，对法律援助过程也缺乏监管。况且，《规范》中的简单规定与总体要求显然也不足以担当起监督主力的重任。

### （四）法律援助辩护经费保障不足

中国法律援助的经费收入在十几年间增加迅速，保障力度不断增强，根据表1和表2中的数据，法律援助经费在2003年仅为16456.80万元，在2014年则为170661.79万元，增长了近十倍之多。然而，此增长速度远远不足以保障法律援助工作的顺利运行，并呈现经费总量不足，办案补助不够的趋势。根据学者的统计，在法治发达的国家和地区，法律援

① 周新:《认罪认罚从宽制度立法化的重点问题研究》，载《中国法学》2018年第6期。

② 根据学者调查，2009年主审法官认为只有37%的指定辩护人基本尽职，这一比重在2017年上升至74%。参见陈海平、刘丰:《从“有”辩护到“有效”辩护：死刑辩护的万例大样本分析》，载《河北法学》2019年第6期。

助经费在财政支出中所占的比例一般在0.1%到1%。[①]但就中国2005年到2014年法律援助财政拨款占财政收入的比例来看（见表5[②]），此比例虽然呈缓慢波动增长趋势，但最高也仅为0.01244%，仅为上述法治发达国家和地区的一般最低比例的10%左右。另外，就经费总量而言，以2014年法律援助案件数量为1243075件为例，如果每一案件平均补贴办案律师1000元，则需要124307.5万元，已占到当年实际法律援助经费的72.84%。实践中，人员经费、基本公用经费与宣传培训费用占法律援助专项经费中的比例往往较大，办案经费反而占比较小，[③]以上数据足以说明中国法律援助经费总量不足的现状。

**表5　2005年至2014年全国法律援助财政拨款占财政收入的比例**

| 年份 | 法律援助经费（万元） | 其中：财政拨款（万元） | 财政收入（亿元） | 法律援助财政拨款占财政收入的比例 |
|---|---|---|---|---|
| 2005 | 28052.30 | 28052.30 | 31649.29 | 0.00828% |
| 2006 | 37029.78 | 33479.09 | 38760.20 | 0.00864% |
| 2007 | 52533.18 | 51671.02 | 51321.78 | 0.01068% |
| 2008 | 68349.86 | 67047.58 | 61330.35 | 0.01093% |
| 2009 | 75760.37 | 74875.03 | 68518.30 | 0.01093% |
| 2010 | 101276.87 | 95822.50 | 83101.51 | 0.01153% |

① 参见陈永生:《刑事法律援助的中国问题与域外经验》，载《比较法研究》2014年第1期。

② 王迎龙:《论刑事法律援助的中国模式——刑事辩护“全覆盖”之实现径路》，载《中国刑事法杂志》2018年第2期。数据来源于中国法律援助网，http://www.chinalegalaid.gov.cn，以及国家统计局官网，http://www.stats.gov.cn/tjs/ndsj/2016/indexch.htm，2018年1月9日访问。

③ 以陕西省咸阳地区为例，其2008年上级财政转移支付与本级财政按预算共获得119.2万元法律援助专项资金，其中办案经费支出39.7万元，仅占专项资金支出的33.3%。参见梁高峰:《法律援助专项资金管理中存在的问题及其对策建议——以陕西省为例》，载《开发研究》2010年第4期。

续表

| 年份 | 法律援助经费（万元） | 其中：财政拨款（万元） | 财政收入（亿元） | 法律援助财政拨款占财政收入的比例 |
|---|---|---|---|---|
| 2011 | 127728.03 | 126196.57 | 103874.43 | 0.01215% |
| 2012 | 140318.64 | 138963.11 | 117253.52 | 0.01185% |
| 2013 | 162868.87 | 162868.87 | 129209.64 | 0.01244% |
| 2014 | 170661.79 | 168581.80 | 140370.03 | 0.01201% |

在办案补助方面，由于经费紧张，法律援助辩护案件办案补助较少，甚至不能足额发放，严重影响了法律援助辩护律师办案的积极性。目前，法律援助辩护案件的办案补贴低的基本可至侦查阶段1000元/件，审查起诉阶段1200元/件，审判阶段1500元/件；[①]高的可达侦查阶段1850元/件，审查起诉阶段1850元/件，审判阶段3250元/件，有可能判处死刑、无期徒刑案件及死刑复核案件3850元/件。[②]虽然数额较以往

① 浙江省嘉兴市刑事法律援助案件的补贴为侦查阶段每件900元，审查起诉阶段每件1200元，审判阶段每件1500元；社会律师等值班补贴为每日300元。《嘉兴市财政局 嘉兴市司法局关于印发〈嘉兴市法律援助经费使用管理办法〉的通知（嘉财政〔2018〕566号）的政策解读》，载http://czj.jiaxing.gov.cn/art/2018/11/20/art_1561743_27546096.html，2019年6月17日访问。浙江省金华市刑事法律援助案件的补贴为侦查阶段每件900元，审查起诉阶段每件1200元，审判阶段每件1500元；社会律师等值班补贴为每日200元。《金华市财政局 金华市司法局关于〈金华市市本级法律援助经费使用管理办法〉的解读》，载http://czj.jinhua.gov.cn/113307000025920892/19/201805/t20180509_2305210_1.html，2019年6月17日访问。安徽省滁州市南谯区刑事法律援助案件的补贴为侦查阶段每件800~1000元，审查起诉阶段每件1000~1200元，审判阶段每件1200~1500元；社会律师等值班补贴为每日100~200元。《南谯区法律援助经费管理办法》，载http://www.cznq.gov.cn/openness/detail/content/5c0741ad7f8b9a708c2e8343.html，2019年6月17日访问。

② 《北京市司法局北京市财政局关于修订〈北京市法律援助补贴办法〉的通知》（京司发〔2018〕86号），载http://sfj.beijing.gov.cn/bjsf/zwxx/tzgg/450107/index.html，2019年7月1日访问。

有了显著增加，[①]但相比于社会律师的相关薪酬，法律援助辩护案件的办案补助仍然不高。甚至，实践中发生了法律援助辩护律师与值班律师经费补贴倒挂的现象，值班律师短短几天内的补贴费用竟高于辩护律师将一个刑事案件从侦查阶段办理到审判阶段的补贴费用。[②]

综上，中国法律援助辩护制度受限诸多，面临重重挑战，如果上述问题得不到缓解与解决，就不能发挥其在保障人权与实现司法公正中的重要作用。

## 三、中国法律援助辩护制度完善的思路与期待

针对上述中国法律援助辩护制度中存在的问题，笔者提出以下五点建议，作为对中国法律援助辩护制度未来发展之展望与期待。

### （一）扩大法律援助辩护的范围

德国在本次修法中将强制辩护的范围扩大到所有可能判处一年以上自由刑的案件。但法律援助辩护制度的发展要与社会政治经济发展条件相适应，基于中国现实情况，笔者建议，对于可能判处 3 年有期徒刑以上刑罚的案件，应当对其提供法律援助辩护。在中国，案件适用于简易程序，一般就让值班律师来替代法律援助辩护律师，以此实现“刑事案件律师辩护全覆

---

① 2007 年至 2011 年，刑事法律援助案件的办案补助分别为 300 元 / 件、200 元 / 件、200 元 / 件、500 元 / 件、500 元 / 件。参见顾永忠、陈效:《中国刑事法律援助制度发展研究报告》(上)，载《中国司法》2013 年第 1 期。

② 认罪认罚值班律师提供一次法律帮助的补贴为 400 元到 500 元，由于工作相对简单，一个半天能为 4~5 个犯罪嫌疑人或被告人提供法律帮助。参见陈凯、董红民、唐晔旎:《刑事案件律师辩护全覆盖的实践和思考——以杭州市为例》，载《中国司法》2018 年第 11 期。照此计算，三天的补贴可至少达 9600 元。

盖”，这是十分不可取的。首先，根据刑事诉讼法规定，由于基层人民法院才可以适用简易程序审判，故适用刑期最高可达有期徒刑15年，数罪并罚可高达20年。从刑法理论来说，一般认为将法定最低刑为3年以上有期徒刑的犯罪视为重罪，其他犯罪为轻罪。[①]由于重罪案件涉及对被告人人身自由长时间的剥夺，对此应慎重对待，即便被告人认罪且同意适用简易程序，辩护律师的介入也必不可少。其次，简易程序的适用条件之一“案件事实清楚，证据确实、充分”，在审查起诉和审判阶段分别由检察院与法院掌握，由于犯罪嫌疑人、被告人不享有阅卷权，只有辩护律师才能协助其对此条件作出正确的判断。再次，即使犯罪嫌疑人、被告人认罪，如果没有具有专业知识的辩护律师的帮助，其对于检察院起诉的罪名是否正确以及如何量刑是难以准确加以评判的，无法取得最大限度从宽处罚的效果。最后，《刑事诉讼法》第216条规定，适用简易程序审理公诉案件，人民检察院应当派员出席法庭。从控辩平等的角度而言，简易程序的案件也必须有辩护人出庭。如果未来的经费、人员、机构等条件逐渐成熟，可进一步推广至可能判处有期徒刑以上刑罚的案件，并适用于审前侦查、审查起诉两阶段。

德国本次修法系对欧盟“关于刑事诉讼中嫌疑人和被告人以及执行欧洲逮捕令诉讼程序中被通缉人员的法律援助的指令”国内法的转化，故将法律援助辩护的范围延伸至犯罪嫌疑人被羁押的情形。联合国《保护所有遭受任何形式拘留或监禁的人的原则》对此早有所规定，被拘留人在司法利益有此需要的一切情况下，应有权获得由司法当局或其他当局指派的法

① 参见张明楷:《刑法学》，法律出版社2011年版，第94页。

律顾问。中国刑事诉讼法并未对羁押中的法律援助辩护作特别规定，如果对可能判处3年有期徒刑以上刑罚的案件提供法律援助辩护，则必然包括此类案件中被羁押的犯罪嫌疑人、被告人。对可能判处3年有期徒刑以下刑罚的案件，从公安机关作出拘留决定到检察院作出批准逮捕决定最长可达37天，一旦被批准逮捕，侦查羁押期限最长可达7个月甚至更多，法律援助辩护的提供显得尤为必要。但由于中国刑事案件判处3年有期徒刑以下的占80%左右，其中被告人被羁押的数量也不少，全部由法律援助辩护律师为被拘留、逮捕的犯罪嫌疑人提供法律援助辩护不符合现实，但至少应当由值班律师为其提供法律援助，以保障其被拘禁期间最低限度的合法权利。

（二）死刑复核程序必须有律师辩护

联合国《关于保护死刑犯权利的保障措施》第5条规定，任何被怀疑或被控告犯了可判死刑罪的人有权在诉讼过程的每一阶段取得适当法律协助后，才可根据主管法庭的终审执行死刑。中国当前的死刑政策是保留死刑、严格控制死刑与慎重适用死刑，被告人一旦被判决执行死刑，错判的后果便无法弥补。我国的死刑复核程序，根据《刑事诉讼法》第251条“最高人民法院复核死刑案件，应当讯问被告人，辩护律师提出要求的，应当听取辩护律师的意见。在复核死刑案件过程中，最高人民检察院可以向最高人民法院提出意见”的规定，已逐渐从内部审核程序走向诉讼化，但法律并未规定死刑复核程序必须有辩护律师参加。死刑复核程序作为判处死刑的最后一环，无论被告人是否申请法律援助辩护，必须绝对保障辩护律师的参加，以保障死刑案件的实体公正和程序公正。

### （三）公设辩护人制度的设立

应当根据现实的需要，在社会律师主导的模式中创新公设辩护人模式，以有利于法律援助辩护率及其质量的提高。由于公设辩护人系国家公务员身份，一般有较丰富的刑事辩护经验，又接受国家的统一培训与管理，对提高法律援助辩护的质量大有裨益。在中国设立公设辩护人制度具有实践、经费与人力基础，存在其可行性。其中，实践基础体现在新中国成立之后由国家出资的“国办所”[①]以及2010年司法部在上海浦东新区、江苏扬州、福建厦门等地开展公设辩护人制度试点。经费基础与人力基础则体现为中国律师每年的高数额税收与庞大的法学院学生数量。[②]

### （四）健全法律援助辩护质量监督体系

目前，《全国刑事法律援助服务规范》所规定的法律援助辩护质量事后监督体系尽管对其质量的提高有一定作用，但精细化不足。另外，事前、事中监督也很重要。对于事前监督，需要加强对办案律师的培训与定期考核，并为一些特殊案件中的被告人提供更为针对性的法律援助辩护，特别是死刑或被告人是未成年人的案件。对于事中监督，则需要同时发挥法律援助机构、公检法机关以及被援助人三类监督主体的作用。

### （五）加大对法律援助事业的经费投入

法律援助是公民权利、国家义务，国家应当继续加大对法律援助事业的经费投入，目前法律援助财政拨款在财政收入的

① 参见陈光中等：《司法改革问题研究》，法律出版社2018年版，第303页。

② 参见陈光中等：《司法改革问题研究》，法律出版社2018年版，第303~304页。

占比之低显然不足以作为法律援助辩护制度坚固的基础。需要注意的是，财政部和司法部印发《中央补助地方法律援助办案专款管理暂行办法》在实践中并未完全落实到位，办案经费在法律援助专项资金中的占比较小。为落实办案经费专款不被挪用，许多地区作出了良好的示范，[①]值得注意并加以推广。最后，就法律援助辩护的办案补贴而言，法律援助辩护案件往往难度高、专业性强，对辩护律师的业务水平有着严格的要求，而且审查起诉与审判阶段的辩护律师更是要与犯罪嫌疑人、被告人会见，进行阅卷、调查取证、撰写辩护意见等相关工作，一个案件往往长达几个月之久，尽管北京市的办案补贴有了显著提高，但以社会律师的薪酬为参照系来看，目前的标准仍然较低，但这仍然以充足的法律援助经费为前提，是不言而喻的。

综上，可以发现，德国刑事诉讼法典对强制辩护和指定辩护的修改是建立在国际通行的法律援助辩护制度之上的。中国法律援助辩护制度仅有25年的发展史，尽管成绩很大，但问题也不少。我们应当立足中国实际，借鉴外国经验，促使中国法律援助辩护制度更加完善，发挥其保障人权、实现司法公正的最大功能！

---

① 如安徽省滁州市南谯区《法律援助经费管理办法》规定，“中央、省级法律援助办案专款、以奖代补专项经费，必须用于发放案件补贴、办案直接费用、值班律师补贴、代书补贴以及向社会购买法律服务等费用支出。中央、省级政法专项经费中的法律援助资金办案经费支出，不低于60%”。《南谯区法律援助经费管理办法》，载 http://www.cznq.gov.cn/openness/detail/content/5c0741ad7f8b9a708c2e8343.html，2019年6月19日访问。

# 中国刑事证据制度的发展完善

龙宗智*

“完善刑事证据制度”是近十年来中国司法改革的主要内容之一。通过修改刑事诉讼法及其司法解释，制定一系列单项证据法规，推进“以审判为中心”的诉讼制度改革，同时伴随科学技术的发展及其在刑事证据收集、判断中的应用，中国刑事证据制度出现了新的样态与发展趋向。本文将简略分析中国传统证据制度的特征及证据法近年来的发展，并对进一步完善中国刑事证据制度提出几点意见。

## 一、我国传统刑事证据制度的特点

传统刑事证据制度，是指我国刑事司法曾经形成的，关于收集、使用和判断证据的制度要求与实践特征。主要特点可以概括如下：

### （一）人证中心主义

诉讼证据或证据方法，可分为言词证据和实物证据两大类。对言词证据，尤其是犯罪嫌疑人口供、证人证言包括被害人陈述的高度重视和大量使用，相当程度上体现了我国公安司法机关的一种办案传统。长期以来，刑事案件主要依靠人证来认定

---

* 龙宗智，四川大学法学院教授。

案件事实，这种情况可以概括为证据收集和使用的“人证中心主义”。形成这一特征的原因主要包括：一是人证数量大，便于获取；二是人证具有直观、清晰的特点，在证明活动中方便使用；三是因为取证资源、能力有限。长期以来，侦查机关受物力、财力限制，物证获取能力不足，因而也不得不在相当程度上依赖于人证调查。这是基于现实的选择，但过分依赖人证对证据体系的质量带来不利影响。因为人证主观性较强，客观性不足；易变性较强，稳定性不够。

### （二）口供中心主义

人证因作证主体不同而分为不同种类。但比较之下，观察过往实践，无论从侦查取证所关注的重点，还是起诉、裁判所依赖的主要证据看，犯罪嫌疑人、被告人口供的作用都无可替代。因此，所谓口供中心主义，应当说是我国传统刑事司法的又一特征。口供中心主义的形成，因为犯罪嫌疑人最了解案情，在传统司法中，口供被认为是“证据之王”，而且获得有罪供述，往往意味着犯罪嫌疑人“认罪服法”，从而降低甚至消除了诉讼的对抗性，减少了办案的难度和阻力。另外，我国刑事诉讼法规定了犯罪嫌疑人对侦查人员提问的如实回答义务，为口供中心主义创造了条件。在取证技术能力不足的情况下，“口供中心主义”也是一种现实选择。但对口供的过分倚重，容易助长不计代价、不择手段的取证方法，导致刑讯逼供等违法行为。而过分倚重口供定案，将妨碍事实认定的准确性，甚至导致冤假错案的产生。

### （三）书面证言中心主义

在我国长期的司法实践中，刑事审判中使用的人证，主要使用案卷中由侦查询问形成的书面证言。证人甚少出庭作证，法庭调查证人证言主要是宣读侦查机关制作的证言笔录，并将书面证言作为定案依据。这种现象可概括为“书面证言中心主义”。书面证言中心主义与国际通行的言词诉讼原则是相悖的。使用书面证言，虽然有利于保持证据体系的稳定性以及控诉性，也提高了审判的效率，但它突出了侦查的决定作用，妨碍了审判的实质化和有效性，也往往损害证据体系的质量。

（四）证据收集与评价上的“公权信赖”

传统的刑事证据制度，在证据收集及证据效力评价方面具有“公权信赖”的突出特征。其主要表现，一是侦查的单轨制。侦查过程是国家侦查机关的单方面行为过程，辩护律师在侦查阶段难以有效地介入和参与案件调查活动。二是鉴定权的单方赋予。在侦查过程中，刑事鉴定均由控诉方，通常是侦查机关发动并组织实施，辩护方缺乏相应权利，对鉴定意见的形成缺乏影响能力。三是对人证调查的“国家信赖”。裁判者对由控方收集的证言（所谓“公证言”）和辩方收集的证言（所谓“私证言”），态度有明显区别：对前者大量使用，很少作出限制，对后者则很少使用。过度的“公权信赖”及对私权运用的疑惧，可能导致刑事诉讼中构造失衡，难以实现对国家刑事追诉权的有效制约，不符合司法人权保障原则。

（五）“实质主义”证据价值观

证据评价重实质而不重形式与程序，即以案件的实体真实作为证据运用的主要甚至唯一目标，对证据来源和取证程序的合法性不予关注或不予重视，即形成“实质主义”，亦即“客观真实主义”证据价值观，突出表现在我国刑事诉讼长期未建立非法证据排除规则。刑事诉讼法虽然规定了严禁刑讯逼供等非法方法收集证据，但并未规定非法取证的法律后果，也未设置约束和监督非法取证的法律措施，更未设置排除非法证据的程序路径，证据审查则只审查证据的真实性与证明力，基本不审查证据能力，并形成一种司法惯例。

### （六）印证证明模式

现代刑事诉讼中法官判断证据的证明力，不受法律规则约束，而采取“自由心证”原则，并以“排除合理怀疑”或“内心确信”为刑事诉讼证明标准。中国刑事诉讼也将证据的证明力问题交由法官自行判断，但在制度实践中，有一个突出特征，就是不看重“排除合理怀疑”或“内心确信”的内省式证据思维与证明标准，而特别强调不同证据之间的相互印证，从而形成学界与实务界普遍确认的“印证证明模式”。

所谓“印证”，是指不同来源的证据，其所含信息，具有同一内容，或呈同一指向。因此相互协调，彼此支持。通过多个证据相互印证从而认定案件事实，此种证明方法当然非常重要，但过分强调证据的相互印证而排斥法官的心证，在证明资源有限的情况下，容易陷入证明困境。还可能因追求印证增加侦查人员不择手段取证的违法冲动。证据判断时，则因为表面印证成立，忽略经验法则的检验，妨碍事实认定的准确性。

## 二、中国刑事证据制度近年来的变革

由于近年来在中国刑事诉讼中比较强调人权保障，刑事诉讼结构有一定调整，也由于国家对纠正和防范冤假错案的重视，以及司法改革将完善刑事证据制度作为重要内容，加之科学技术的发展运用，近十年来，中国刑事证据制度发生了一些重要的变化。这些变化主要体现在以下几个方面：

### （一）建立并初步实施非法证据排除规则

标志性的事件是2010年最高人民法院等联合制定发布《关于办理刑事案件排除非法证据若干问题的规定》，中国的非法证据排除开始确立为司法规则。到2012年刑事诉讼法修改，以刑讯逼供获取的证据为主要排除对象的排除规范建立和实施。在近几年的司法改革中，排除规则又有了新的发展。尤其是最高人民法院等于2017年6月联合颁布的《关于办理刑事案件严格排除非法证据若干问题的规定》，进一步强调刑事诉讼中应当排除非法证据，并适当扩大了排除对象的范围，将某些严重威胁当事人及其近亲属合法权益的方法获取的供述，以非法拘禁等非法限制人身自由的方法获取的供述，受刑讯逼供影响作出的重复供述，以及采用非法限制人身自由等非法方法收集的证人、被害人陈述，也列入应当排除的非法证据。同时进一步明确了各诉讼环节排除非法证据的程序和方法，增强了非法证据排除规则的可操作性。而后，最高人民法院配套制定《人民法院办理刑事案件排除非法证据规程》并付诸实施。

### （二）适应“以审判为中心”诉讼制度改革，推行直接言词证据规则

近年来，中国推行“以审判为中心”的诉讼制度改革，要求侦查、起诉活动面向审判、服从审判要求，同时发挥审判在认定事实、适用法律上的决定性作用。这一改革的核心内容之一，是推动刑事证据制度完善，从而保障刑事案件的办案质量。尤为强调的是，为保障庭审实质化和有效性，推行直接、

言词证据规则，推动证人、被害人、鉴定人、有专门知识的人以及侦查人员出庭作证，从而打破“书面证言中心主义”的传统，最高人民法院于2017年末制定了《人民法院办理刑事案件第一审普通程序法庭调查规程（试行）》等司法解释规范，进一步明确了证人出庭的程序要求。近年来，各地法院刑事审判中的证人出庭率较之过去都有不同程度的提高。

（三）形成多样化的证据规范群

我国刑事程序长期以来存在简单化倾向，未能发展出应对不同案件类型的多元化程序法与证据法规范体系。近年来的刑事诉讼制度完善，使刑事普通程序的规范设置较为丰富，同时逐步发展完善简易、速裁程序规范，建立包括未成年人犯罪案件诉讼程序，当事人和解的公诉案件诉讼程序，犯罪嫌疑人、被告人逃匿、死亡案件违法所得的没收程序，对实施暴力行为的精神病人的强制医疗程序，被告人认罪认罚从宽程序，以及潜逃境外或死亡的被告人缺席审判程序等新的诉讼程序。刑事程序的多样化，必然发展出与刑事程序相适应的多样化的证据规范群。这种多样化，突出表现在不同案件的证据方法从较为简单到趋于复杂的区别。也表现在证明标准上，从死刑案件到速裁程序等不同案件类型的区别，以及从拘留、逮捕，到起诉、判决的不同程序阶段的区别。

（四）证据法的科学化倾向

证据法的科学化，是当今证据法发展的世界性趋势。最为突出的表现，是日新月异的现代科学技术作为证据方法的应用及其证据法体现。具体表现在三个方面：一是证据收集方法的科学化。从DNA鉴定到微量元素检验，再到今天的影像监控技术应用并获取大量的视听资料，以及“大数据”信息技术在刑事司法中的应用等，极大地拓展了刑事司法机关的证据收集能力。二是证据法规范的科学化。包括电子数据收集规范的建立和完善，有专门知识的人出庭作证并对鉴定意见进行质证的制度建立等，均体现了证据法规范的科学化倾向。三是人工智能在证据审查判断中的初步使用。目前，中国部分法院和检察机关正在科技公司的技术支持下试验以人工智能对证据进行辅助审查，虽然尚不能确定证据真实与否，也不能确定证据是否充分，但可以就证据的形式要素进行审查，并作初步检验，从而为办案人员提供一定程度的指引。今后随着技术的成熟，人工智能的司法应用势必会得到进一步的发展。

### （五）证明标准与方法的理性化调整

如前所述，中国传统的刑事证明，尤其强调证据的客观真实，以及注重证据间的相互印证，但在刑事司法实践与改革的过程中，观念有改变，证据标准与方法也有所调整。包括重视客观真实的同时，承认法律真实；注重印证证明的同时，也注意加强心证方法的运用，并以“排除合理怀疑”这样的心证标准来补充完善证明标准。2012 年修改刑事诉讼法将“排除合理怀疑”的标准直接引入刑事诉讼法，对司法实务产生了一定影响。同时，学界和实务界进一步反思印证证明模式，注意防止印证模式的过度使用，避免忽略证据来源真实可靠等弊端，从而使证据分析更为理性。为提高事实认定质量，还要求司法官展开心证形成的过程。近两年，最高人民法院和最高人民检察院分别发布了加强法律文书说理的意见，要求对认定的案件事实及相关证据的采纳与否定进行分析并说明理由。

## 三、中国刑事证据法的进一步发展

中国刑事证据制度近年来虽有较大进步，但长期形成的制度习惯和操作传统难以很快改变，而且作为证据法运行基础和运行条件的相关刑事司法制度与诉讼程序仍有待改革调整，中国刑事证据制度的完善进程仍然任重道远，目前就证据法的发展完善有以下几个方面的问题尤其值得注意：

### （一）增强证据法的实效性

近年来的改革，使中国刑事证据法建立了一些新的规则，包括前述非法证据排除规则与直接言词证据规则等，但最突出的问题是落实这些规则，实现证据法的实效化。如非法证据排除规则，虽然建立了实体规范与程序规范，但真正在实践中排除非法证据，尤其通过排除非法证据导致案件无罪的案例还十分罕见，与司法实践中违法取证仍然屡屡发生的现实不协调。又如直接言词证据规则，虽然在庭审实质化过程中被强调，但在部分案件中仍然不能有效贯彻，由于侦查案卷的巨大作用，书面证言仍然具备证据能力，大量有争议的原始人证仍然不能出庭当庭作证并接受质证。

### （二）增强证据法的精密性

证据法的一般规则基本已被我国法律和司法解释所确认，但存在缺乏配套制度，以及相关规则不精密，以致难以正确执行和有效执行的问题。例如，我国刑事诉讼法规定了任何人不被强迫自证其罪的原则，但缺乏保障措施，同时保留对侦查人员的讯问，犯罪嫌疑人应当如实回答的规定，这就使这一原则规范仅具象征意义，而不能被实际遵行。又如刑事诉讼法严禁采用“威胁、引诱、欺骗”的方法收集证据，但实践中这些方法与侦查审讯的策略技巧及刑事政策的运用如何区别，缺乏具体的划分标准，甚至缺乏案例指导。因此，此类方法在实践中未能获得适当规制。就贯彻直接言词证据规则与证人出庭问题，我们一方面要求推动证人出庭，另一方面在《刑事诉讼法》第195条中又一直保留“对未到庭的证人的证言笔录，……应当当庭宣读”的规定。也就是说，证人不出庭就可使用其书面证言作为证据，如此规定，直接言词原则当然就很难贯彻。

（三）保障公民的证据权利并协调侦查取证权与公民隐私权的关系

现代刑事诉讼在赋予警察和检察官取证权的同时，应警惕和限制权力滥用，防止刑事司法成为单向的犯罪证立过程。针对中国刑事证据制度的弊端，尤其需要确认和保障公民收集和使用证据的权利。其中包括加强辩护律师的证据调查权，消除证据评价上过度的“公权信赖”，尊重辩护律师获取的证据。需改革现行刑事鉴定制度，加强其中立性及可争议、可抗辩性。应当加强辩方的申请取证权，法官对合理的调取证据申请不应推托。应当加强辩方尤其是当事人的证据知悉权，因为证据知悉权是辩护权的基础。

在国家权力十分强大的制度背景中，在证据法科学化迅速发展，监控侦查与“大数据”广泛运用的条件下，保护公民的隐私权以及相关权利是一项十分艰难的任务，但法治国家在国家权力运用与公民权利保护之间应当实现平衡。因此，证据法如何限制公权力，保护公民的隐私权，设置权利保障底线，是当今中国刑事证据法发展完善应当特别关注的重要课题。

# 中国认罪认罚从宽制度的实践探索与立法完善

孙长永*

中国自1978年实行改革开放以来，法律逐渐取代政策成为法院、检察院和公安机关办案的基本依据。但是，刑事政策仍然对立法和司法实践有重要的影响。根据中国实行的“坦白从宽”刑事政策，中国刑法规定了自首、坦白和立功等制度，中国刑事诉讼法则将被追诉人的“口供”作为一种重要证据加以明确规定，但是禁止将口供作为认定被告人有罪的唯一根据。① 在司法实践中，口供不仅是检察院决定提起公诉和法院作出有罪判决的主要依据，而且也是公安机关侦破刑事案件的基本线索和标志。然而，按照警察的要求作出有罪供述的被追诉人却未必能够得到所谓的“从宽”处罚。随着人权观念的普及，传统上行之有效的一些侦查手段受到法学界和律师界的批评，而且刑事案件数量的持续增多与司法官员额有限之间的矛盾也要求对被追诉人认罪的案件进行更加快速的处理。如何完善认罪认罚从宽制度，解决有效侦破案件与保障人权、公正惩罚犯罪

* 孙长永，西南政法大学诉讼法与司法改革研究中心教授，法学博士，中国刑事诉讼法学研究会副会长。

① 参见中国《刑事诉讼法》第55条。

与提高司法效率之间的矛盾，成为中国司法改革中面临的突出问题之一。为此，中国法院、检察院和公安机关根据立法机关的授权进行了为期两年的试点，最终促成了2018年对立法的正式修改。本文拟首先对中国认罪认罚从宽制度的实践探索加以梳理，然后对立法修改的基本内容加以介绍，最后从比较法的角度作简要的分析和评论。

## 一、实践探索

2002年4月，中国东北的黑龙江省牡丹江市铁路运输法院经检察院申请，以辩诉交易的形式处理了一起辩方声称事实不清、证据不足的故意伤害案件，法院审理后根据控辩双方事前达成的协议判处被告人有期徒刑3年、缓刑3年。此案被称为“中国辩诉交易第一案”①，引发了学界关于中国能否引入辩诉交易的激烈争论。②随后，最高人民检察院以缺乏法律依据为由，不同意继续使用辩诉交易的方法处理刑事案件。③

2014年，中国启动新一轮司法改革，其中与刑事诉讼密切相关的重大改革，主要有两项：一是推进以审判为中心的刑事诉讼制度改革，旨在发挥庭审的决定性作用，防止冤假错案，增强司法公信力；二是完善刑事诉讼中认罪认罚从宽制度，旨在优化司法资源配置，减轻成功追诉犯罪的难度，提高司法效率。2014年6月27日，全国人大常委会通过决定，授权最高

① 参见《聚焦国内“辩诉交易”第一案》，载中国法院网，https://www.chinacourt.org/article/detail/2002/08/id/9780.shtml，2019年7月9日访问。

② 参见龙宗智:《正义是有代价的——论我国刑事司法中的辩诉交易兼论一种新的诉讼观》，载《政法论坛》2012年第6期；孙长永:《珍视正当程序，拒绝辩诉交易》，载《政法论坛》2012年第6期。

③《最高检:“辩诉交易”目前不能用于办案》，载http://chinalawinfo.com/News/NewsFullText.aspx?NewsId=62947，2019年7月9日访问。

人民法院、最高人民检察院在北京等18个城市开展刑事案件速裁程序试点工作，对事实清楚、证据充分，被告人自愿认罪，当事人对适用法律没有争议的危险驾驶、交通肇事、盗窃、诈骗、抢夺、伤害、寻衅滋事等情节较轻，依法可能判处1年以下有期徒刑、拘役、管制的案件，或者依法单处罚金的案件，经被告人同意，由独任法官适用速裁程序进行审判，试点期限为2年。2016年9月3日，全国人大常委会再次通过决定，授权“两高”在上述18个城市开展认罪认罚从宽制度试点工作，授权决定明确规定：“对犯罪嫌疑人、刑事被告人自愿如实供述自己的罪行，对指控的犯罪事实没有异议，同意人民检察院量刑建议并签署具结书的案件，可以依法从宽处理。”试点期限为2年，同时继续推进速裁程序试点。随后，最高人民法院、最高人民检察院、公安部、国家安全部、司法部印发《关于在部分地区开展刑事案件认罪认罚从宽制度试点工作的办法》(以下简称《试点办法》)，对认罪认罚从宽制度的适用范围、适用原则、适用程序、律师帮助、从宽处理的形式等问题作出了具体的规定，各试点城市按照《试点办法》的要求也先后制定了本地的实施细则，并在试点中不断修改完善。

### （一）基本内涵

中国认罪认罚从宽制度有三个构成要素：一是被追诉人自愿认罪认罚，即自愿如实供述自己的罪行，对检察院指控的犯罪事实没有异议，自愿同意检察院的量刑建议并在律师在场见证的情况下签署具结书；二是公安机关、检察院和法院在案件最终处理时给被追诉人一定程度的从宽优惠，以体现对其自愿认罪认罚行为的激励；三是对诉讼程序进行简化，对审查起诉、审判以及公安机关移送起诉的期限进行压缩，以达到提高司法效率的目的。

（二）适用范围

尽管法学界和法律实务部门对认罪认罚从宽制度的适用范围存在争议，但《试点办法》并未根据案件性质或者轻重程度进行限制。不过，该办法第 2 条明确规定："具有下列情形之一的，不适用认罪认罚从宽制度：（一）犯罪嫌疑人、被告人是尚未完全丧失辨认或者控制自己行为能力的精神病人的；（二）未成年犯罪嫌疑人、被告人的法定代理人、辩护人对未成年人认罪认罚有异议的；（三）犯罪嫌疑人、被告人行为不构成犯罪的；（四）其他不宜适用的情形。"在试点期间，适用认罪认罚从宽制度处理的绝大多数案件属于基层法院管辖的相对较轻的刑事案件，但也有故意杀人、重大电信诈骗、贩卖毒品等严重犯罪案件。例如，在一起丈夫故意谋杀妻子的案件中，由于被告人作案后主动报警，到案后如实供述故意杀人的犯罪事实，后与被害人亲属达成和解协议，广州市中级法院审理后采纳检察院的建议，从轻判处被告人有期徒刑 15 年。

（三）适用原则

全国人大常委会在授权决定中要求："试点工作应当遵循刑法、刑事诉讼法的基本原则，保障犯罪嫌疑人、刑事被告人的辩护权和其他诉讼权利，保障被害人的合法权益，维护社会公共利益，完善诉讼权利告知程序，强化监督制约，严密防范并依法惩治滥用职权、徇私枉法行为，确保司法公正。"为此，《试点办法》第 4 条规定，办理认罪认罚案件，应当坚持"贯彻宽严相济刑事政策""罪责刑相适应"和"证据裁判"三项原则。

（四）诉讼程序

中国认罪认罚从宽制度适用于侦查、审查起诉和审判三个阶段。在侦查过程中，侦查机关应当告知犯罪嫌疑人享有的诉讼权利和认罪认罚可能导致的法律后果，听取犯罪嫌疑人及其辩护人或者值班律师的意见，犯罪嫌疑人自愿认罪认罚的，记录在案并附卷。犯罪嫌疑人向看守所工作人员或辩护人、值班律师表示愿意认罪认罚的，有关人员应当及时书面告知办案单位。对拟移送审查起诉的案件，侦查机关应当在起诉意见中写明犯罪嫌疑人自愿认罪认罚情况。

在审查起诉过程中，检察院应当告知犯罪嫌疑人享有的诉讼权利和认罪认罚可能导致的法律后果，就下列事项听取犯罪嫌疑人及其辩护人或者值班律师的意见，记录在案并附卷：（1）指控的罪名及适用的法律条款；（2）从轻、减轻或者免除处罚等从宽处罚的建议；（3）认罪认罚后案件审查适用的程序；（4）其他需要听取意见的情形。犯罪嫌疑人自愿认罪，同意量刑建议和程序适用的，应当在辩护人或者值班律师在场的情况下签署具结书。检察院向法院提起公诉的，应当在起诉书中写明被告人认罪认罚情况，提出量刑建议，并同时移送被告人的认罪认罚具结书等材料。量刑建议一般应当包括主刑、附加刑，并明确刑罚执行方式。可以提出相对明确的量刑幅度，也可以根据案件具体情况，提出确定刑期的量刑建议。建议判处财产刑的，一般应当提出确定的数额。对适用速裁程序的案件，检察院一般应当在受理后 10 日内作出是否提起公诉的决定；对可能判处的有期徒刑超过 1 年的，可以延长至 15 日。

法院审理认罪认罚案件，应当告知被告人享有的诉讼权利和认罪认罚可能导致的法律后果，审查认罪认罚的自愿性和认罪认罚具结书内容的真实性、合法性。根据《试点办法》第16条至第19条的规定，对被告人自愿认罪认罚的案件，法院可以根据罪行的轻重和法定管辖权不同，适用下列三种程序之一进行审理：

第一，速裁程序。对于基层法院管辖的可能判处3年有期徒刑以下刑罚的案件，事实清楚、证据充分，当事人对适用法律没有争议，被告人认罪认罚并同意适用速裁程序的，可以适用速裁程序，由审判员独任审判，送达期限不受刑事诉讼法规定的限制，不进行法庭调查、法庭辩论，当庭宣判，但在判决宣告前应当听取被告人的最后陈述。适用速裁程序审理案件，法院一般应当在10日内审结；对可能判处的有期徒刑超过1年的，可以延长至15日。具有下列情形之一的，不适用速裁程序审理：(1)被告人是盲、聋、哑人的；(2)案件疑难、复杂，或者有重大社会影响的；(3)共同犯罪案件中部分被告人对指控事实、罪名、量刑建议有异议的；(4)被告人与被害人或者其代理人没有就附带民事赔偿等事项达成调解或者和解协议的；(5)其他不宜适用速裁程序的情形。

第二，简易程序。对于基层法院管辖的可能判处3年有期徒刑以上刑罚的案件，被告人认罪认罚的，可以依法适用简易程序审判，在判决宣告前应当听取被告人的最后陈述，一般应当当庭宣判。根据《刑法》第69条和《刑事诉讼法》第20条的规定，基层法院可以判处的刑罚最多不超过有期徒刑15年，但在数罪并罚的情况下，最高可以达到25年。

第三，普通程序。根据《刑事诉讼法》第21条的规定，危害国家安全、恐怖活动犯罪以及可能判处无期徒刑、死刑的案件，由中级人民法院进行第一审。因此，凡是中级人民法院管辖的刑事案件，即使被告人自愿认罪认罚的，也必须适用普通程序进行审理。但是，由于被告人已经认罪认罚，在司法实践中，证据调查程序通常予以简化。2017年7月，笔者在广州调研期间，曾经旁听了一起公务员受贿案件的法庭审理。该案被告人是一名地方立法机关的负责人，由于其认罪认罚，广州中院适用普通程序进行了审理，并当庭判处其有期徒刑5年，整个庭审时间大约50分钟。另外，基层法院适用速裁程序或者简易程序审理的认罪认罚案件，有下列情形之一的，应当转为普通程序审理：（1）被告人违背意愿认罪认罚的；（2）被告人否认指控的犯罪事实的；（3）其他不宜适用速裁程序或者简易程序审理的情形。在试点过程中，这种“转换程序”的情况很少发生。

（五）律师帮助

认罪认罚从宽制度试点中的一个难点问题是，如何保障被追诉人认罪认罚的自愿性？如果自愿性得不到保障，实体上的从宽处理和诉讼程序的简化都将缺乏正当性。为了解决这一难题，中国在2014年速裁程序试点过程中引入了值班律师制度，没有辩护人的被追诉人可以免费获得值班律师的法律帮助。认罪认罚从宽制度试点期间延续了这一做法。

《试点办法》第5条规定：“办理认罪认罚案件，应当保障犯罪嫌疑人、被告人获得有效法律帮助，确保其了解认罪认罚的性质和法律后果，自愿认罪认罚。法律援助机构可以根据人民法院、看守所实际工作需要，通过设立法律援助工作站派驻值班律师、及时安排值班律师等形式提供法律帮助。人民法院、看守所应当为值班律师开展工作提供便利工作场所和必要办公设施，简化会见程序，保障值班律师依法履行职责。犯罪嫌疑人、被告人自愿认罪认罚，没有辩护人的，人民法院、人民检察院、公安机关应当通知值班律师为其提供法律咨询、程序选择、申请变更强制措施等法律帮助。人民法院、人民检察院、公安机关应当告知犯罪嫌疑人、被告人申请法律援助的权利。符合应当通知辩护条件的，依法通知法律援助机构指派律师为其提供辩护。”

在试点期间，18 个试点城市普遍在法院、检察院和看守所设立了法律援助工作站，由当地政府下属的法律援助中心派驻值班律师为没有辩护人的被追诉人提供法律帮助。但是，根据上述规定，被追诉人只有先认罪认罚，才能获得值班律师的帮助。由于值班律师不享有“辩护人”身份，除少数试点地区允许其阅卷和单独会见在押被追诉人以外，一般没有阅卷权和会见权，也不能出庭为被告人辩护[①]，其中不少律师甚至没有刑事辩护的经验，因而其能够提供的法律帮助非常有限，基本上只限于被追诉人签署具结书时的见证人。

### （六）从宽处理的形式

根据《试点办法》第 9 条、第 13 条和第 22 条的规定，认罪认罚案件的从宽处理有三种形式：

第一，侦查机关撤销案件。犯罪嫌疑人自愿如实供述涉嫌犯罪的事实，有重大立功或者案件涉及国家重大利益，需要撤销案件的，办理案件的公安机关应当层报公安部，由公安部提请最高人民检察院批准。

第二，检察院不起诉。犯罪嫌疑人自愿如实供述涉嫌犯罪的事实，有重大立功或者案件涉及国家重大利益的，经最高人

---

① 关于中国值班律师的职责，参见最高人民法院、最高人民检察院、公安部、国家安全部、司法部 2017 年 8 月 28 日联合发布的《关于开展法律援助值班律师工作的意见》第 2 条。

民检察院批准，人民检察院可以作出不起诉决定，也可以对涉嫌数罪中的一项或者多项提起公诉。对于犯罪情节轻微，不需要判处刑罚的认罪认罚案件，检察院可以直接决定不起诉。

第三，法院从轻、减轻或者免除处罚。对不具有法定减轻处罚情节的认罪认罚案件，法院应当在法定刑的限度以内从轻判处刑罚，犯罪情节轻微不需要判处刑罚的，可以依法免予刑事处罚，确实需要在法定刑以下判处刑罚的，应当根据《刑法》第63条的规定层报最高人民法院核准。

为了确保认罪认罚的被告人能够获得检察院承诺的从宽处罚，《试点办法》第20条特别规定："对于认罪认罚案件，人民法院依法作出判决时，一般应当采纳人民检察院指控的罪名和量刑建议，但具有下列情形的除外：（一）被告人不构成犯罪或者不应当追究刑事责任的；（二）被告人违背意愿认罪认罚的；（三）被告人否认指控的犯罪事实的；（四）起诉指控的罪名与审理认定的罪名不一致的；（五）其他可能影响公正审判的情形。"但是，如果法院审理后认为检察院的量刑建议明显不当，或者被告人、辩护人对量刑建议提出异议，法院可以建议检察院调整量刑建议。检察院不同意调整量刑建议或者调整量刑建议后被告人、辩护人仍有异议的，法院应当依法作出判决。

截至2018年9月底，18个试点城市法院共审结认罪认罚案件204827件、233967人，占同期审结的全部刑事案件的53.68%。[①] 其中，适用速裁程序审结的案件13万余件，占认罪认罚案件的65.68%；适用简易程序审理的案件5万余件，占认罪认罚案件的26.62%；适用普通程序审结的案件1.6万件，占

① 在每个试点城市，适用率都随着试点时间的推移逐步提高，但各地之间差异较大。例如在重庆、广州等地，到2018年8月左右，适用认罪认罚从宽制度处理的刑事案件已经达到同期处理的刑事案件总数的80%以上。

认罪认罚案件的8.19%。[①]从案件实体处理结果来看，免予刑罚处罚的占比0.39%，减轻处罚的占比2.96%，从轻处罚的占比96.63%。在判处刑罚的认罪认罚案件中，判处非监禁刑的占比35.09%，有的地区甚至高达64.4%。[②]其中在96.03%的案件中，法院采纳了检察院的量刑建议。[③]这表明，控辩双方的量刑协商结果得到了法院的高度尊重。试点期间，没有出现被追诉人因为认罪认罚而经最高人民检察院批准撤销案件或者不起诉的情况，这表明，中国检察院和侦查机关对典型的指控交易持高度谨慎态度。就从宽处罚的幅度而言，虽然各地具体模式有所不同，但基本原则是根据认罪认罚的时间不同实行“梯度从轻”制度：被追诉人认罪认罚时间越早，获得的从轻处罚的幅度越大；而且相对于只认罪不认罚的被告人来说，对认罪认罚被告人的从轻处罚幅度更大。一般来说，侦查阶段认罪认罚的，大体上可以减少基准刑的30%~40%以下；审查起诉阶段认罪认罚的，可以减少基准刑的20%以下；审判阶段才当庭认罪认罚的，可以减少基准刑的10%以下。[④]从司法效率看，全部认罪认罚案件中，法院在10日内审结的达到12万余件，占比66.61%，其中适用速裁程序的占比85.95%；11~15日内审结的达到3万余件，占比15.32%。被告人上诉的案件6800余件，上诉率仅为3.35%，其中适用速裁程序的案件上诉率为

① 参见胡云腾主编:《认罪认罚从宽制度的理解与适用》，人民法院出版社2018年版，第271页。

② 参见胡云腾主编:《认罪认罚从宽制度的理解与适用》，人民法院出版社2018年版，第273页。

③ 参见胡云腾主编:《认罪认罚从宽制度的理解与适用》，人民法院出版社2018年版，第278页。

④ 关于不同试点地区的从宽处罚模式，参见孙长永:《认罪认罚案件量刑从宽若干问题探讨》，载《法律适用》2019年第23期。

2.52%。[①] 总之，试点工作表明，认罪认罚从宽制度对于落实宽严相济的刑事政策、加强人权司法保障、推进案件繁简分流确实起到了明显的积极作用。

## 二、立法完善

2018年10月26日，全国人大常委会通过关于修改刑事诉讼法的决定，其中主要内容之一就是将刑事案件认罪认罚从宽制度的试点经验上升为立法规定。修正决定共有26个条文，其中有13条与认罪认罚相关，大体上可以分为以下九个方面：

1. 将“认罪认罚从宽处理”作为刑事诉讼的基本原则。修改后的《刑事诉讼法》第15条规定：“犯罪嫌疑人、被告人自愿如实供述自己的罪行，承认指控的犯罪事实，愿意接受处罚的，可以依法从宽处理。”据此，不论什么案件，只要被追诉人自愿认罪认罚，都可以依法从宽处理。根据2018年《刑事诉讼法》第174条规定，“愿意接受处罚”的核心内容是“同意检察院的量刑建议”，并且原则上应当签署具结书，但“犯罪嫌疑人是盲、聋、哑人，或者是尚未完全丧失辨认或者控制自己行为能力的精神病人的”，或者“未成年犯罪嫌疑人的法定代理人、辩护人对未成年人认罪认罚有异议的”，不需要签署具结书。

2. 明确了值班律师的适用范围、基本职责和介入诉讼方式。2018年《刑事诉讼法》第36条规定：“法律援助机构可以在人民法院、看守所等场所派驻值班律师。犯罪嫌疑人、被告人没有委托辩护人，法律援助机构没有指派律师为其提供辩护的，

① 参见胡云腾主编：《认罪认罚从宽制度的理解与适用》，人民法院出版社2018年版，第274页。

由值班律师为犯罪嫌疑人、被告人提供法律咨询、程序选择建议、申请变更强制措施、对案件处理提出意见等法律帮助。人民法院、人民检察院、看守所应当告知犯罪嫌疑人、被告人有权约见值班律师，并为犯罪嫌疑人、被告人约见值班律师提供便利。”

与《试点办法》相比，这一规定有两大主要变化：其一，值班律师参与诉讼不以被追诉人认罪认罚为前提；其二，法院、检察院和看守所都有义务告知被追诉人约见值班律师的权利，并且为其约见值班律师提供便利。显然，新规定更加有利于保障被追诉人在“明知”指控性质和法律后果的前提下“自愿”决定是否认罪认罚。但是，值班律师在诉讼中是否有阅卷权？他能否在不被监听或者没有办案人员在场的情况下与被羁押的被追诉人会见？新法没有提供明确的答案。

3. 将认罪认罚作为批准审前羁押应当考虑的“是否可能发生社会危险性”的因素之一（2018 年《刑事诉讼法》第 81 条）。与德国等西方国家不同的是，中国的审前羁押由检察院审查批准。虽然法律规定，只能对有证据证明有犯罪事实、可能判处有期徒刑以上刑罚、采取取保候审措施不足以防止发生社会危险性的被追诉人批准羁押，但是由于审前羁押的批准权掌握在同时行使公诉权的检察院手中，中国的审前羁押率长期居高不下，近三年全国平均审前羁押率均在 60% 左右。立法要求将被追诉人的认罪认罚态度作为决定是否批准审前羁押时应当考虑的因素之一，旨在进一步降低审前羁押率，缩短审前羁押期限。但是，试点经验表明，由于审前羁押审批权不掌握在中立的司法官手中，而且审前羁押长期被作为“预支刑罚”的手段在使用，需要判处监禁刑不宣告缓刑的被告人基本上都处于审前羁押状态，因此，认罪认罚因素对审前羁押几乎没有什么影响。

4. 增加了侦查机关的告知、记录和移送义务。根据2018年《刑事诉讼法》第120条和第162条规定，侦查人员在讯问犯罪嫌疑人的时候，应当告知犯罪嫌疑人享有的诉讼权利以及“如实供述自己罪行可以从宽处理和认罪认罚的法律规定”；一旦犯罪嫌疑人自愿认罪，侦查人员有义务记录在案，并且在向检察院移送案件时写明这一情况，以便检察机关根据犯罪嫌疑人的认罪态度和认罪时间提出有利于犯罪嫌疑人的量刑建议，同时加快办案速度。

5. 增加了检察院听取有关人员意见和犯罪嫌疑人签署具结书的规定。根据2018年《刑事诉讼法》第173条和第174条规定，检察院在审查侦查、调查机关移送起诉的案件过程中，犯罪嫌疑人认罪认罚的，应当告知其享有的诉讼权利和认罪认罚的法律规定，听取犯罪嫌疑人、辩护人或者值班律师、被害人及其诉讼代理人对下列事项的意见，并记录在案：（1）涉嫌的犯罪事实、罪名及适用的法律规定；（2）从轻、减轻或者免除处罚等从宽处罚的建议；（3）认罪认罚后案件审理适用的程序；（4）其他需要听取意见的事项。其中，听取值班律师意见的，应当提前为值班律师了解案件有关情况提供必要的便利。犯罪嫌疑人自愿认罪，同意量刑建议和程序适用的，应当在辩护人或者值班律师在场的情况下签署认罪认罚具结书，但法律规定不需要签署具结书的除外。

6. 增加了侦查、起诉阶段两种特殊的从宽处理形式。根据2018年《刑事诉讼法》第182条规定，犯罪嫌疑人自愿如实供述涉嫌犯罪的事实，有重大立功或者案件涉及国家重大利益的，经最高人民检察院核准，公安机关可以撤销案件，办案的检察院可以作出不起诉决定，也可以对涉嫌数罪中的一项或者多项不起诉，同时一并对查封、扣押、冻结的财物及其孳息作出及时处理。

7. 增加了法庭审理中的诉讼权利告知和自愿性审查程序。根据 2018 年《刑事诉讼法》第 190 条规定，无论认罪认罚的案件是适用普通程序、简易程序还是速裁程序进行审理，开庭审理时，审判长或者独任法官都应当告知被告人享有的诉讼权利和认罪认罚的法律规定，审查认罪认罚的自愿性和认罪认罚具结书内容的真实性、合法性。

8. 2018 年《刑事诉讼法》第 201 条完全吸收了《试点办法》第 20 条和第 21 条的内容，明确要求“对于认罪认罚案件，人民法院依法作出判决时，一般应当采纳人民检察院指控的罪名和量刑建议”，除非存在法定的例外情形。

9. 2018 年《刑事诉讼法》第 222 条至第 226 条增设了一种新的一审程序，即速裁程序，其适用条件、适用范围与《试点办法》的规定基本相同，不同之处在于：第一，增加规定“被告人是尚未完全丧失辨认或者控制自己行为能力的精神病人或者未成年人的”，不适用速裁程序；第二，要求速裁程序“一般”不进行法庭上的证据调查和辩论，允许在例外下进行证据调查和辩论；第三，如果被告人有辩护人，在判决之前必须同时听取辩护人和被告人的意见，而不能仅仅听取被告人的意见。速裁程序之所以比简易程序速度更快，最主要的原因在于可以完全省略法庭上的证据调查和辩论。根据笔者在多个试点地区法院的旁听观察，一个被告人被指控犯一罪的案件，如果适用速裁程序审理，庭审时间只需 8~15 分钟。有的基层法院因为案件较多，甚至会对适用速裁程序的案件实行“批量式远程视频审判”，即对多个互不关联案件的被告人同时在一个法庭上进行审判，这些被告人通过在羁押场所安装的摄像头与法庭现场连接，在同一屏幕上接受法官的讯问并回答法官的问题，然后由法官当庭集中宣判。由于不需要将被告人从羁押场所带到法庭，而且法庭上不需要进行证据调查和辩论，法官根据庭前阅读的案卷材料和当庭讯问，确定被告人认罪认罚的自愿性、真实性和合法性之后，即可宣告判决；出庭的检察官除了简要地宣读一下起诉书外，几乎没有其他任务。因而，速裁程序受到法官、检察官的一致欢迎。

## 三、比较分析和评论

虽然中国法学界主流意见不赞成在中国引入美国式的诉辩交易制度，但认罪认罚从宽制度的实践探索和立法完善显然受到了答辩交易制度的影响。负责制定改革方案的中央司法改革办公室曾经专门组织团队到美国进行实地考察。但是，后来公布的《试点办法》并没有出现“答辩交易”或者“控辩协商”之类的词语。仔细考察中国的实践探索和立法规定，不难发现，除了经最高人民检察院批准撤销案件或者不起诉的特殊情形以外，中国认罪认罚从宽制度与美国答辩交易制度至少存在四点区别：首先，“认罪认罚”制度要求被追诉人必须如实供述自己的罪行，提供在法律上具有证据能力和证明力的完整口供，而不是简单地表示“认罪认罚”；更不允许被追诉人只接受处罚却拒绝认罪，所谓的“Alford Plea”在中国是不存在的。其次，认罪认罚案件定罪判刑的证据标准与其他案件没有区别，二者都要求达到“案件事实清楚，证据确实、充分”的程度，尽管法庭上的证据调查程序被简化甚至完全省略了。但是，根据案卷材料和当庭讯问，如果法官不能确信被告人有罪，他就不能作出有罪判决。而在有罪答辩制度下，法官在批准有罪答辩之前只需要确认其“有事实基础”即可。[①]“有事实基础”显然不需要达到排除合理疑问的程度。再次，认罪认罚从宽制度中控辩双方协商的范围有限。中国学界通说认为，控辩双方的协商主要限于量刑问题，至于指控罪名、罪数，则没有协商的空间。不过，从立法和司法实践看，被追诉人是否认罪的问题显然是可以协商的，有的案件被追诉人在警察讯问和检察官审查起诉初期一直拒绝认罪，后在检察官从宽处罚建议之下才表示认罪认罚，从而签署具结书；2018年《刑事诉讼法》第182条的规定更是典型的指控交易；即使量刑协商，也不限于量刑轻重的问题，实践中已经出现就量刑事实进行协商的案例。[②]最后，从宽处罚的幅度受到法定情节和最高人民法院量刑指导意见的严格限制，一般只能在法定量刑幅度以内适当从轻处罚，不存在美国答辩交易制度下那种巨大的量刑差。

从表面上看，中国的认罪认罚从宽制度与德国刑事诉讼法所规定的“认罪协商”制度有相似之处。这主要表现在两个方面：其一，无论是德国的认罪协商制度，还是中国的认罪认罚从宽制度，均坚持法官的真实发现义务以及相应的职权调查原则，法官有责任为发现实体真实而对被告人有罪供述的真实性进行独立的调查和核实，而不能仅仅依据被告人的口供直接宣告被告人有罪，因而有罪判决的证明标准与普通程序相比并未被降低。其二，中德两国均在程序法上坚持起诉法定原则，在实体法上坚持罪刑相适应原则，因此，关于指控的性质和数量原则上不允许协商，经协商之后判处的刑罚在从轻幅度上有一定的限制。但是，稍为深入一点进行考察的话，就会发现，中

① Federal Rules of Criminal Procedure（US）, Dec.1, 2017, Rule 11 b（3）.

② 参见孙长永:《完善认罪认罚从宽制度的两个重点》，载《人民检察》2018年第11期。

国的认罪认罚从宽制度与德国的认罪协商制度仍然有很大的区别。首先，中国的被追诉人通常被要求在提起公诉以前向检察官表示认罪认罚，但是法律并不要求检察官向被追诉人开示证据，绝大多数被追诉人也没有辩护律师的帮助，而只有值班律师提供有限的帮助。其次，中国的量刑协商主要发生控诉与辩护两方之间，经协商达成一致意见的，以检察官的量刑建议和被追诉人的认罪认罚具结书的形式提交给法院；法官一般不参加协商，他通常只负责审查指控是否成立以及认罪认罚的自愿性、真实性和合法性。但是，如果出现法律规定的“量刑建议明显不当”的情形，法官有可能会告知检察官调整量刑建议的方向，尽管他未必会明确刑罚的上限和下限。再次，中国的法律[①]只要求检察院将听取被追诉人及其辩护人或者值班律师、被害人及其诉讼代理人的意见“记录在案”，但没有像德国《刑事诉讼法》第 273 条第 1 款后段那样明确要求对协商的“主要过程和内容”进行记录，更没有要求检察院在提起公诉时必须将这些笔录一并移送给法院，因此，控辩双方是如何协商的，被追诉人是在何种情况下认罪认罚的，法官事后难以进行有效的审查。在应本人要求召开的一次调研座谈会上，一位高级法官明确要求检察官移送听取被追诉人意见的笔录，被在场的一名高级检察官以缺乏法律依据为由予以拒绝。最后，中国的法律明确规定法院“一般应当采纳”检察院指控的罪名和量刑建议，而德国法没有类似的规定。

从总体上看，中国法学界和司法实务界对于从立法上完善刑事诉讼中认罪认罚从宽制度是支持的。但是，在认罪认罚从

---

① 参见中国《刑事诉讼法》第 173 条。

宽制度的基本内涵[①]、如何保障认罪认罚的自愿性[②]、如何确保控辩双方平等协商[③]、如何发挥值班律师在认罪认罚案件中的作用[④]、在认罪认罚案件中法院能否坚持证明标准不被降低[⑤]、如何掌握从宽处罚的幅度[⑥]、认罪认罚的被告人能否对一审判决提出上诉[⑦]等重要问题上，还存在比较大的争议或者担忧，以至于有学者提出了对认罪认罚从宽制度进行合宪性控制的问题。[⑧]

中国认罪认罚从宽制度的主要问题可能不在于这一制度本身还存在一些不足之处，而在于中国现行刑事诉讼的基本结构难以充分保障认罪认罚的自愿性。刑事案件的侦查模式在很大程度上仍然以口供为中心，职务犯罪案件的侦查或者调查更加如此，因而很难避免被追诉人违背意愿作出有罪供述的现象发生。与此密切相关的是，被追诉人获得律师帮助的比例很低，截至2017年，全国一审刑事案件律师辩护率约为22.13%，而且各地还不平衡，在公安机关侦查或者检察院审查起诉阶段参

---

① 参见孙长永:《认罪认罚从宽制度的基本内涵》，载《中国法学》2019年第3期；孔令勇:《教义分析与案例解说：读解刑事诉讼中的“认罪”、“认罚”与“从宽”》，载《法制与社会发展》2018年第1期。

② 参见李洪杰:《认罪自愿性的实证考察》，载《国家检察官学院学报》2017年第6期；陈国庆:《认罪认罚从宽制度若干程序问题探析》，载《人民检察》2017年第23期。

③ 参见魏晓娜:《结构视角下的认罪认罚从宽制度》，载《法学家》2019年第2期。

④ 参见陈瑞华:《认罪认罚从宽制度的若干争议性问题》，载《中国法学》2017年第1期；姚莉:《认罪认罚从宽程序中值班律师的角色与功能》，载《法商研究》2017年第6期。

⑤ 参见孙长永:《认罪认罚案件的证明标准》，载《法学研究》2018年第1期。

⑥ 参见黄京平:《认罪认罚从宽制度的若干实体法问题》，载《中国法学》2017年第5期；熊秋红:《认罪认罚从宽的理论审视与制度完善》，载《法学》2016年第10期。

⑦ 参见孙长永:《比较法视野下认罪认罚案件被告人的上诉权》，载《比较法研究》2019年第3期。

⑧ 参见韩大元、许瑞超:《认罪认罚从宽制度的宪法界限》，载《国家检察官学院学报》2019年第3期。

加的辩护律师就更少；[①]在侦查讯问开始前以及侦查讯问过程中，犯罪嫌疑人在法律上没有权利得到律师的帮助，职务犯罪案件在监察机关调查期间完全不允许律师介入。虽然自2012年起，立法就规定“不得强迫任何人证实自己有罪”，但被追诉人并不享有沉默权，其有罪供述是否具有证据能力也不取决于是否出于其真实意愿。根据关于非法证据排除的最新规定，依法应予排除的有罪供述只限于以刑讯逼供、暴力威胁、非法拘禁等非法方法获取的供述[②]，大量的不自愿供述不在应予排除的非法证据范围。

中国的立法者非常清醒地认识到了司法现实中存在的上述问题，因而在侦查、审查起诉和法庭审判程序中均要求办案人员告知被追诉人诉讼权利和认罪认罚的法律规定，并且确立了值班律师的法律帮助制度，还要求审判法官对认罪认罚的自愿性、真实性和合法性进行审查，司法实践中最高人民法院和司法部也联合推出了“刑事案件律师辩护全覆盖”试点工作。[③]但是，在中国刑事诉讼的基本结构按照正当程序原则得到切实改善之前，这些立法或实践中的要求并不能防止被追诉人违背真实意愿“认罪”或者“认罚”。因此，如何保障被追诉人认罪认罚的自愿性，将是中国刑事诉讼中需要长期努力加以解决的一大难题。

---

① 参见王禄生:《论刑事诉讼的象征性立法及其后果——基于303万裁判文书的语义挖掘》，载《清华法学》2018年第6期。

② 具体排除范围，参见最高人民法院、最高人民检察院、公安部、国家安全部、司法部2017年6月20日发布的《关于办理刑事案件严格排除非法证据若干问题的规定》第2条至第5条。

③ 参见最高人民法院、司法部《关于开展刑事案件律师辩护全覆盖试点工作的办法》(2017年10月11日)；最高人民法院、司法部《关于扩大刑事案件律师辩护全覆盖试点范围的通知》(2018年12月27日)。

# 中国刑事冤错案件的成因与对策

熊秋红*

## 一、概述

在中国，自“文化大革命”之后，就有了“冤假错案”的习惯性提法。所谓冤假错案，泛指脱离事实根据，偏离法律准绳，对公民进行错误的刑事追究，致使公民的合法权益受到司法侵害的案件。其中“冤案”，是指有犯罪事实存在，但并非该被告人所为，而对该被告人进行错误追究的案件；“假案”，是指人为地捏造根本不存在的案件事实，并对被告人进行刑事追究的案件；“错案”，是指作为案件处理的事件本身存在，但在认定事实或适用法律上错误的案件。①可以说，所有的冤案都是错案，但并非所有的错案都是冤案。错案的外延比冤案广，错案不仅包括“使无罪者有罪”的入罪型案件（狭义的错案，即冤案），而且包括“使有罪者无罪”的出罪型案件，此外，还包括量刑畸轻畸重的案件。②为照顾语言习惯，本文将冤案与狭义的错案等义使用，统称“刑事冤错案件”，其意相当于英语中的“wrongful conviction”（错误定罪）。

---

* 熊秋红，中国社会科学院法学研究所研究员。

① 参见李建明：《冤假错案》，法律出版社1991年版，第1页。

② 参见党建军：《防范冤错案件的制约之方与理性之法》，载《中外法学》2015年第3期。

自1949年中华人民共和国成立以来，曾出现过两次刑事冤错案件的高发期。第一次是中华人民共和国成立初期，尤其是1954年以前，在“镇压反革命”“三反”“五反”等政治运动中，错抓、错判、错杀了一大批无罪的公民，有学者称当时的错案率达到了10%~20%；[①] 第二次是十年“文化大革命”期间，“据各级人民检察院统计，从1979年至1984年6年多时间里，全国共平反和纠正冤假错案402000余件”。[②] 20世纪80年代初，由于奉行“从重从快打击严重刑事犯罪”的政策，忽视公民的人权保障，也造成了一定数量的刑事冤错案件。

随着中国法治建设的发展，公民人权保障意识和程序公正意识的加强，刑事冤错案件的数量已大大减少，性质也不像以前那样严重。但是，刑事冤错案件仍然存在。[③] 近年来，中国媒体曝光了不少刑事冤错案件，从云南杜培武故意杀人案、湖北佘祥林故意杀人案、河南赵作海故意杀人案、浙江张高平及张辉叔侄故意杀人案件，到内蒙古呼格吉勒图故意杀人案、海南陈满故意杀人案、河北聂树斌强奸及故意杀人案等，这些刑事冤错案件的发生引起了全社会的广泛关注。除了已经被媒体曝光的刑事冤错案件之外，隐性的冤错案件问题也引起了中国学术界的关注。[④]

刑事冤错案件持续且一定数量地发生，不仅严重侵害无辜者的权益，导致真正的罪犯逍遥法外，而且对中国的司法公信

---

① 参见巢志雄:《司法政策与错案：来自1957年的司法记忆》，载徐昕主编:《错案、申冤与司法政策》，厦门大学出版社2016年版，第171页。

② 李士英主编:《当代中国的检察制度》，中国社会科学出版社1988年版，第193页。转引自李建明:《冤假错案》，法律出版社1991年版，第4页。

③ 参见李建明:《刑事司法错误——以刑事错案为中心的研究》，人民出版社2013年版，第15页。

④ 参见付立庆:《应当关注隐性的死刑冤案》，载《中外法学》2015年第3期。

力造成了沉重打击，甚至会对国家政权的合法性带来挑战，因此，如何预防、发现和纠正刑事冤错案件，成为摆在国家决策层面前的一个重大问题。2014 年 1 月 7 日，中国国家主席习近平在中央政法工作会议上指出："要懂得'100-1=0'的道理，一个错案的负面影响，足以摧毁九十九个公平裁判积累起来的良好形象。执法司法中万分之一的失误，对当事人就是百分之百的伤害。"2013 年 11 月，中国共产党的第十八届三中全会通过的《中共中央关于全面深化改革若干重大问题的决定》指出，要"健全错案防止、纠正、责任追究机制，严禁刑讯逼供、体罚虐待，严格实行非法证据排除规则"。2014 年 10 月，党的第十八届四中全会通过的《中共中央关于全面推进依法治国若干重大问题的决定》指出，要"完善对限制人身自由司法措施和侦查手段的司法监督，加强对刑讯逼供和非法取证的源头预防，健全冤假错案有效防范、及时纠正机制"。2013 年，中央政法委发布了《关于切实防止冤假错案的规定》，最高人民检察院发布了《关于切实履行检察职能防止和纠正冤假错案的若干意见》；2014 年，最高人民法院发布了《关于建立健全防范刑事冤假错案工作机制的意见》。2015 年的最高人民法院工作报告专门谈到了冤假错案的纠正与预防问题，指出："2014 年，各级人民法院按照审判监督程序再审改判刑事案件 1317 件，其中纠正一批重大冤假错案……对错案的发生，我们深感自责，要求各级法院深刻汲取教训，进一步健全冤假错案有效防范、及时纠正机制。"2012 年至 2015 年，各级人民法院依法宣告 3369 名被告人无罪。[①]2013 年至 2017 年，各级人民法院

① 参见中国国务院新闻办公室 2016 年 9 月 12 日发布的《中国司法领域人权保障的新进展》白皮书。

再审改判刑事案件 6747 件，其中依法纠正呼格吉勒图案、聂树斌案等重大冤错案件 39 件 78 人，并依法予以国家赔偿；对 2943 名公诉案件被告人和 1931 件自诉案件被告人依法宣告无罪。[①] 2018 年，各级人民法院按照审判监督程序再审改判刑事案件 1821 件，其中依法纠正“五周杀人案”等重大冤错案件 10 件。[②]

对于刑事冤错案件的治理，预防重于救济，因为刑事冤错案件一旦造成，往往难以发现和纠正，即使能够被发现和纠正，但也难以完全消除对当事人的身心和个人生活及其家庭所造成的巨大伤害，更不用说，死刑案件一旦错判，被告人的生命将无法挽回。鉴于此，本文拟对中国刑事冤错案件的成因与对策进行介绍和分析。

## 二、中国刑事冤错案件的主要成因

对于中国刑事冤错案件的成因，中国学术界已经进行了大量的研究，其中不乏实证研究。如陈永生通过对 20 多个典型错案的研究，将导致刑事错案的原因分为直接原因和深层原因，其中直接原因包括：（1）过分依赖犯罪嫌疑人、被告人口供，刑讯逼供问题比较严重；（2）忽视科技手段的运用，司法鉴定经常出现低级错误；（3）违法取证，隐瞒、伪造证据，甚至阻止证人作证的现象屡屡出现；（4）片面追求有罪证明，对无罪证据视而不见；（5）轻视被告人辩护，对辩护律师的合理意见经常置之不理；（6）无视法定证明标准，许多案件证据严重不足仍认定犯罪嫌疑人、被告人有罪。深层原因包括：（1）片面

① 参见《最高人民法院工作报告》（2018 年 3 月 9 日）。

② 参见 2019 年最高人民法院工作报告。

追究破案率，特别是要求“命案必破”；（2）对案件的处理过分迁就社会舆论、过分屈从被害人（方）的压力；（3）公、检、法机关过分重视相互配合而轻视相互制约；（4）对公安司法机关办案经费投入不足。①

汪建成基于对16起刑事错案的分析，总结了造成刑事错案的证据运用方面的原因：（1）偏听偏信，只采纳不利于被告人的证据，对有利于被告人的证据视而不见；（2）多次口供，只采纳不利于被告人的口供；（3）将办案线索当作证据；（4）采用刑讯等非法方法获取口供；（5）合理怀疑未排除；（6）证明责任的不履行或不当转移。②陈敏对2007年至2017年间的30起刑事错案中的证据运用进行了分析，指出：侦查阶段造成错案的原因依次为刑讯逼供、被告人虚假供述（100%）、无罪证据被忽视（60%）、鉴定意见虚假（53%）；审判阶段造成错案的原因为非法证据得不到排除（仅3起案件对非法证据进行了排除）、未能严格把握法定证明标准（100%）。③

田文昌基于自己作为刑事辩护律师的办案经验，认为冤假错案有五大成因：（1）非法取证，即侦查人员以刑讯逼供和变相刑讯逼供等方法非法获取犯罪嫌疑人、被告人口供或证人证言；（2）权力干预，即以权力左右司法；（3）利益驱动，包括办案机关与利益相关人的权力寻租和办案机关将部分涉案资金提留作为办案经费的利益驱动；（4）理念误区，如以“实事求是论”否定无罪推定原则，以“不枉不纵论”否定疑罪从无规

① 参见陈永生：《论刑事错案的成因》，载《中外法学》2015年第3期。

② 参见汪建成：《论证据裁判主义与错案预防——基于16起刑事错案的分析》，载《中外法学》2015年第3期。

③ 参见陈敏：《证据裁判视角下刑事错案的生成与防治》，载《法学家》2017年第6期。

则;（5）排斥律师，武断粗暴地排斥律师的辩护意见。[1]

根据朱明勇律师在《无罪辩护》一书中对其承办的9起刑事案件的具体情况介绍，造成刑事冤错案件的原因主要有：测谎结论的不当运用；刑讯逼供；威胁、引诱证人；错误的足迹鉴定结论；错误的法医鉴定结论；公安司法机关不当转移证明责任；狱侦耳目逼供、诱供；公安司法机关的不当行为；"领导"决定；"领导"批示；纪委违法办案；等等。[2]

黄士元以中国近年来纠正的22起刑事错案为例，对错案形成的心理原因进行了分析，首先是办案人员基于片面的、不充分的信息错认某无辜者为罪犯；然后办案人员基于该错误认识只注重证明该犯罪嫌疑人有罪（即强调"证实"），千方百计获取犯罪嫌疑人的有罪供述和不利于犯罪嫌疑人的证言，并把有利于犯罪嫌疑人的证据解释成不具有关联性；办案人员不再考虑其他可能性（即不考虑"证伪"），因此不去收集有利于犯罪嫌疑人的证据，忽视、隐瞒甚至篡改已经收集到的有利于犯罪嫌疑人的证据，对辩护方的辩护意见不予理睬，甚至不让律师为犯罪嫌疑人作无罪辩护。[3]唐丰鹤对61起刑事错案进行了认知心理学分析，指出刑事错案的生产机制可以概括为"构造故事"和"证实（伪）故事"两个关键步骤。[4]

谢望原对死刑错案的主要成因进行了分析，认为死刑案件的主要成因包括:（1）违背刑事法治规律，奉行错误刑事政策（如"有奖破案""限期破案""命案必破""严打""从重从快"

---

① 参见田文昌:《冤假错案的五大成因》，载《中外法学》2015年第3期。

② 参见朱明勇:《无罪辩护》，清华大学出版社2015年版，第6~290页。

③ 参见黄士元:《刑事错案形成的心理原因》，载《法学研究》2014年第3期。

④ 参见唐丰鹤:《错案是如何生产的？——基于61起刑事错案的认知心理学分析》，载《法学家》2017年第2期。

等）；（2）刑事法治被过分“工具主义化”；（3）无视程序正义，公然践踏刑事诉讼法规范（现已发现的死刑错案，几乎均与刑讯逼供有关）；（4）轻视辩护律师的辩护意见。[①]

综合上述研究，可以对中国刑事冤错案件的主要成因作如下类型化的归纳和分析：

其一，造成刑事冤错案件的原因大体可分为直接原因、环境原因和心理原因三类。直接原因包括刑讯逼供、强迫证人提供不利于被追诉人的证言、忽视甚至隐瞒有利于被追诉人的证据、忽视合理的辩护意见、目击证人错误指认、鉴定人员错误鉴定、非法取得的证据未被依法排除、未严格把握法定证明标准等具体情形。环境原因包括：办案人员仍有“有罪推定”“疑罪从有”的观念；办案人员业务素质和道德水准低下；办案人员片面追求破案率，甚至被要求“命案必破”；考核机制不合理；司法独立得不到保障；司法经费不足；办案人员对案件的处理过分迁就社会舆论和被害人压力；公、检、法三机关重配合、轻制约；等等。心理原因主要是认识案件过程中的各种心理偏差，如错将无辜者当罪犯，注重证明该犯罪嫌疑人有罪，不再考虑其他可能性。

其二，造成刑事冤错案件的原因既有客观原因，又有主观原因。客观原因主要包括诉讼认识过程的困难性、传统法律文化的消极影响、刑事政策的偏差、诉讼制度与诉讼程序的缺陷、司法机关工作机制的不完善、外界压力对刑事司法机关的不当影响等；主观原因主要是指刑事司法人员的素质缺陷，如职业道德水平低下、专业知识不足、思想方法和工作方法简

① 参见谢望原：《死刑错案主要成因与防范》，载《中外法学》2015年第3期。

单、法治观念存在缺陷、心理素质较差等。[①]

其三，造成刑事冤错案件的原因既有体制、程序方面的原因，又有证据方面的原因。前者包括公、检、法三机关重配合、轻制约，司法机关难以依法独立办案，侦查中心主义的诉讼构造，辩护权保障不充分，辨认程序不完善，秘密侦查缺乏严格控制，司法错误责任追究制度不健全，等等；后者包括口供中心主义的证据观、偏重收集不利于被追诉人的证据、违法取证、司法鉴定质量不高、证人作伪证、被害人虚假陈述、非法取得的证据未被依法排除、不当转移证明责任、未严格把握证明标准等。朱明勇律师指出："我国当前的大多数错案不是因为法律适用不当，而是因为认定的事实有误，这些都与证据有关。"[②]

其四，每一起刑事冤错案件的发生，往往是多种原因交互作用的结果。何然、何家弘的实证研究发现："几乎每个刑事错案都是由多种原因重合作用造成的。"[③] 例如，司法人员职业道德素质不高常使其对刑事冤错案件的发生缺乏应有的警惕，而这一原因又常常是其采取违法手段收集证据的原因。各个冤错案件的具体成因不尽相同。在一些案件中，口供中心主义、刑讯逼供是冤错案件形成的主要原因，而在另外一些案件中，导致冤错案件的主要原因可能是取证、鉴证手段的落后或者是外部力量对刑事司法过程的不当干预。一些重大的刑事冤错案件与公、检、法三机关都有关系，公安机关错误的侦查取证和

① 参见李建明：《冤假错案》，法律出版社1991年版，第116~186页；李建明：《刑事司法错误——以刑事错案为中心的研究》，人民出版社2013年版，第137~232页。

② 朱明勇：《无罪辩护》，清华大学出版社2015年版，第34页。

③ 何然、何家弘：《"刑事错案的证据分析"——实证研究和经济分析》，载《政法论坛》2008年第2期。

对侦查结果的错误认定，检察机关错误批准逮捕和错误提起公诉，两级法院作出错误的有罪判决，演绎了一个完整的错案形成和发展的过程。消解和转化导致刑事冤错案件的各种原因，正是研究刑事冤错案件预防策略的任务之所在。

## 三、中国预防刑事冤错案件的对策

在中国，对于刑事冤错案件的预防，主要采取了两种思路：一种是从司法实践中存在的突出问题出发，思考防范刑事冤错案件的对策。学术界大致提出了以下解决方案：其一，针对刑事冤错案件的直接原因，采取严禁刑讯逼供、严禁强迫证人作伪证、保障被告方的辩护权、严格执行非法证据排除规则等举措；其二，针对刑事冤错案件的环境原因，采取贯彻疑罪从无规则、加强对办案人员的培训、建立合理的考核机制、保障司法权依法独立行使、加大司法资源投入等举措；其三，针对刑事冤错案件的心理原因，采取对办案人员进行心理学培训、改革当前的办案机制（建立更加合理的分工、复查和监督制度）、建立更透明的办案程序、全面保障被告方的辩护权等举措。以上是一种以问题为导向的解决思路，虽然具有很强的现实针对性，但可能导致刑事冤错案件应对措施的碎片化，即所谓“头痛医头、脚痛医脚”。

另一种思路是以刑事诉讼制度为出发点，思考防范刑事冤错案件的法治体系。

首先，从价值目标上看，长期以来中国刑事诉讼理论中占主导地位的是“不枉不纵”观念，即避免对无辜者定罪、确保对有罪者定罪，俗称“既不冤枉一个好人，也不放纵一个坏人”。这种观念看似不偏不倚，但在司法实践中却极易滑向“宁枉勿纵”，重刑主义、重打击轻保护、重实体轻程序的法律文化传统，导致司法实践中不可能有“不枉”与“不纵”的简单并重，司法实践中出现的“留有余地的判决”成为造成刑事冤错案件的根源之一。无罪推定原则已在世界范围内得到普遍的承认，但这一原则能否适用于中国刑事诉讼，却是一个长期争论的问题。中国《刑事诉讼法》第12条规定：“未经人民法院依法判决，对任何人都不得确定有罪。”该规定被认为是吸收了无罪推定原则的合理因素，但是无罪推定原则在中国立法和司法解释中未能获得明确的承认。[①] 虽然在中国刑事诉讼法中确立了疑罪从无规则，但由于未明确肯定无罪推定原则，导致疑罪从无规则缺乏坚实的逻辑基础。

其次，从基本架构上看，在制约权力方面，司法权依法独立行使原则未得到充分保障，审判前程序的司法控制基本缺位，公、检、法三机关配合有余、制约不足。在权利保障方面，未赋予被追诉者沉默权，而是要求其“如实陈述”；辩护律师在侦查人员第一次讯问犯罪嫌疑人之后才能介入诉讼、辩护律师在侦查人员讯问犯罪嫌疑人时无权在场；法律援助范围较为狭窄；未确立直接言词原则，被告方的质证权未得到充分保障。在侦查、审查起诉、审判三阶段的关系上，奉行诉讼阶段论，司法实践中则体现为“侦查中心主义”，侦查阶段取代审判阶段成为刑事诉讼至关重要的一个环节，审查起诉、审判阶段的过滤功能未得到充分发挥，形成“强势侦查、优势公诉、弱势审判”的刑事诉讼格局；从审级制度看，二审程序、死刑复核程序的救济功能有待提高。

---

① 如全国人大常委会法制工作委员会主任顾昂然1996年3月12日在第八届全国人民代表大会第四次会议上所作的《关于〈中华人民共和国刑事诉讼法修正案（草案）〉的说明》中将第12条的规定称为“不经人民法院判决不得定罪”原则，并没有说明此条规定在无罪推定方面的含义。

最后，从具体程序上看，讯问时录音录像制度仅在部分案件中适用；刑事诉讼法未规定辨认程序，公安部的规定不够完善，潜存着发生辨认错误的风险；关于司法鉴定，未区分侦查程序中的司法鉴定与作为定案证据的司法鉴定，不利于保障司法鉴定的独立性与客观性；庭前证据开示的范围较为笼统，可能导致被告方获取案件信息不充分；非法证据排除范围较为狭窄；保障律师有效辩护的机制不健全；等等。

预防刑事冤错案件，需要大力完善刑事诉讼制度。具体包括:（1）在中国刑事诉讼法中明确肯定无罪推定原则，在司法实践中严格执行疑罪从无规则。（2）塑造独立、公正、权威的法院体制和法官形象，有效制约侦查权、控诉权；对搜查、扣押、监听等重大侦查行为实施司法控制；改变公、检、法三机关重配合、轻制约的现状。（3）赋予被追诉者沉默权，确保口供的自愿性；扩大法律援助的范围，保障贫困被告人的辩护权[①]；辩护律师可在侦查人员第一次讯问犯罪嫌疑人时介入诉讼、辩护律师

① 近年来，中国法律援助范围明显扩大。2014年，最高人民法院、最高人民检察院、公安部、司法部印发的《关于在部分地区开展刑事案件速裁程序试点工作的办法》首次提出要"建立法律援助值班律师制度，法律援助机构在人民法院、看守所派驻法律援助值班律师"；2018年修改后的《刑事诉讼法》第36条规定，"法律援助机构可以在人民法院、看守所等场所派驻值班律师。犯罪嫌疑人、被告人没有委托辩护人，法律援助机构没有指派律师为其提供辩护的，由值班律师为犯罪嫌疑人、被告人提供法律咨询、程序选择建议、申请变更强制措施、对案件处理提出意见等法律帮助"；2017年10月，最高人民法院、司法部发布了《关于开展刑事案件律师辩护全覆盖试点工作的办法》，率先在北京、上海、浙江、安徽、河南、广东、四川和陕西等8个省市开展刑事案件律师辩护全覆盖试点；2019年1月，最高人民法院、司法部发布了《关于扩大刑事案件律师辩护全覆盖试点范围的通知》，将试点范围扩大到全国。根据试点方案，对适用普通程序审理的一审、二审案件、按照审判监督程序审理的案件，被告人没有委托辩护人的，人民法院应当通知法律援助机构指派律师为其提供辩护；适用简易程序、速裁程序审理的案件，被告人没有辩护人的，人民法院应当通知法律援助机构派驻的值班律师为其提供法律帮助。

在侦查人员讯问犯罪嫌疑人时有权在场、明确辩护律师在侦查阶段的调查取证权；确立直接言词原则，在证人出庭作证范围上限制法院的酌量权，限制庭前书面证言的效力，扩大侦查人员出庭作证的范围。（4）深化以审判为中心的诉讼制度改革，推进庭审实质化，保障庭审在查明事实、认定证据、保护诉权、公正裁判中发挥决定性作用[①]；厘清一审、二审、死刑复核程序的功能定位，充分发挥其在防范冤错案件方面的程序功能。（5）完善各项具体的诉讼程序，尤其是要针对发生刑事冤错案件的“重灾区”，完善相关诉讼程序。以辨认程序为例，现行刑事诉讼法未对辨认程序作出明确规定，《公安机关办理刑事案件程序规定》确立了若干规则[②]，但是，没有确立双盲规则和序贯规则，“双盲”主要指组织者和辨认对象的“盲”，依双盲规则，执行辨认程序的警察不知道谁是犯罪嫌疑人，也不知道被辨认对象中是否有犯罪嫌疑人；序贯规则，主要指在条件许可的情况下，辨认对象应当依次而不是同时出现供目击者辨认。除了辨认程序之外，侦查讯问程序、鉴定程序、证据开示程序、非法证据排除程序等均有待进一步完善。

---

① 从2014年起，中国进行了以审判为中心的刑事诉讼制度改革，其主要内容包括完善庭前会议程序、严格排除非法证据、规范法庭调查程序、完善法庭辩论程序、提高当庭宣判率、完善裁判文书说理制度等。

② 包括：主持辨认的侦查人员不得少于二人；几名辨认人对同一辨认对象进行辨认时，应当由辨认人个别进行；辨认时，应当将辨认对象混杂在特征相类似的其他对象中，不得给辨认人任何暗示；辨认犯罪嫌疑人时，被辨认的人数不得少于七人；对犯罪嫌疑人照片进行辨认的，不得少于十人的照片；辨认物品时，混杂的同类物品不得少于五件；对场所、尸体等特定辨认对象进行辨认，或者辨认人能够准确描述物品独有特征的，陪衬物不受数量的限制；对犯罪嫌疑人的辨认，辨认人不愿意公开进行时，可以在不暴露辨认人的情况下进行，并应当为其保守秘密；对辨认经过和结果，应当制作辨认笔录，由侦查人员、辨认人、见证人签名；必要时，应当对辨认过程进行录音或者录像。

## 四、结语

刑事冤错案件“防不胜防”，即使在理论上被认为是完美无缺的刑事诉讼制度设计都不能彻底杜绝刑事冤错案件的发生，但这不应当成为我们维持现状、不思进取的借口；即使冤错案件在所有刑事案件中所占比例少之又少，我们仍需不断寻找制度缺陷以增强刑事诉讼制度发现真相和防范冤错案件的能力。

为了尽可能预防和减少刑事冤错案件，有必要倡导保障人权的伦理观念，呼吁明确肯定无罪推定原则，构建以宁纵勿枉为价值目标的刑事诉讼制度，并且逐步改善刑事司法环境。这种努力或许是艰难的，但它又是绝对必须的，因为我们“只能寄希望于一套良好制度得以良好运行，从而一般性、规律性地防止冤案，确保冤案即使有，也不过是个别的、偶然的、有悖制度的漏网之鱼”[①]。虽然中国刑事诉讼法经过三次较大幅度的修改，制度体系已经比较完备，但是还有待进一步完善。

在司法实践中，由于受传统观念的影响等因素的干扰，司法人员有时未能严格执行刑事诉讼法的规定，导致制度上的缺陷被进一步放大，为刑事冤错案件的形成提供了现实空间。刑事冤错案件的防范，应当以严控侦查活动为基础，以审查起诉阶段为支撑，以审判阶段为重点，实行“全流域治理”。在侦查程序中，需要完善侦查讯问程序，改革刑事辨认程序，规范狱侦耳目的使用，保障侦查机关信息收集的准确性和完整性；侦查机关应当对包括讯问犯罪嫌疑人、询问证人、对犯罪现场的勘验、目击证人的辨认、犯罪嫌疑人的犯罪现场指认等在内的办案过程，进行录音录像。在审查起诉阶段，检察人员应当恪守客观义务，注重核实案件疑点，主动排除非法证据；如提

① 邓子滨:《冤案的偶然与必然》，载《中外法学》2015 年第 3 期。

起公诉，应当将收集到的全部材料[①]提供给辩护方。在审判阶段，审判人员应当严格把握证明标准，厉行疑罪从无规则。在公安司法机关的事实认定过程中，要增强被告方对事实认定的参与能力，形成一种竞争性的事实认定模式，以降低错判的风险。

刑事冤错案件的预防是一项系统工程，它涉及诉讼观念的更新、诉讼机制的调整、诉讼制度和证据制度的完善、现实条件的改进等多方面的内容。构建良好的刑事诉讼制度，不仅可以有效预防刑事冤错案件的发生，而且可以使全社会对公平正义抱有信心，这是刑事冤错案件的治理走向法治的必由之路。

① 所谓“全部材料”，不仅包括有利于犯罪嫌疑人的证据和不利于犯罪嫌疑人的证据，还包括办案人员认为与案件无关的信息。

# 刑事辩护率：差异化及其经济因素分析

## ——基于四川省2015年至2016年一审判决的大数据分析

左卫民　　张潋瀚*

从某种意义上讲，刑事辩护率的高低，直接反映了一个国家或地区人权保障的水平，也体现着刑事程序现代化的程度。在实务界与学术界，关于刑事辩护率的讨论虽然数量不多，却极富争议。由于目前官方整理发布的数据较为粗放，很难据此统计准确的辩护率。因此，既往研究人员往往依凭局部地区的小样本数据展开有关辩护率的实证研究。① 这些研究虽有助于认识我国刑事辩护率的地区分布，但其普遍性、代表性也易受到质疑。最近，以克服小数据劣势为出发点的大数据辩护率分

* 左卫民，四川大学法学院教授；张潋瀚，四川大学法学院教师。感谢郭松教授、马静华教授、苏镜祥博士、詹小平博士提出的修改意见。本文中使用的部分数据曾由作者在第二届中国实证法律研究年会上做过交流，本研究进一步对数据处理进行了优化。

① 相关代表性的成果参见冀祥德:《中国刑事辩护若干问题调查分析》，载《中国司法》2011年第7期；马静华:《刑事辩护率及其形成机制研究》，载《四川大学学报（哲学社会科学版）》2011年第6期；左卫民:《中国应当构建什么样的刑事法律援助制度》，载《中国法学》2013年第1期；顾永忠:《以审判为中心背景下的刑事辩护突出问题研究》，载《中国法学》2016年第2期。

析开始出现，但歧见纷纭。[①]更为重要的是，细致的辩护率类型化研究几乎完全阙如，从而难以看出整体辩护率背后的具体差异。有鉴于此，笔者拟采用数据挖掘、田野调查与理论分析相结合的方法对刑事辩护率进行研究，研究样本为中国裁判文书网上四川省2015年、2016年共计54409份[②]一审刑事判决书（如无特别说明，本文提到的辩护率皆指刑事案件一审阶段的辩护率），具体按照如下思路展开：首先基于大数据分析整体的辩护率，然后从辩护类型的角度探讨辩护率的分类及其差异，最后通过数据论析，探讨既往研究中关于辩护率及其影响因素的结论，尤其要对具有根本性的经济因素展开理论研究。

## 一、整体辩护率概述

既往研究基本认为，我国刑事辩护率在20%~30%之间。[③]但正如前文所言，近期有关辩护率的大数据研究报告又引发一系列的新争议与讨论。辩护率究竟几何，再次成为各界关注的

---

① 聚法案例基于上网裁判文书的大数据分析报告统计出我国刑事案件律师辩护率仅为14%。参见聚法（微信公众号ID: jufatech），原创:《全国刑事案件律师辩护率大数据报告》，2016年12月12日。由于偏离既往研究结论甚远，受到同行商榷。参见数说司法（微信公众号ID: justice_data），原创:《这才是靠谱的大数据辩护率好不》，2016年12月13日。

② 在数据挖掘当时，四川省共有2014年的28362份一审刑事判决书上网，2015年的22600份，2016年的31809份。这与2013年的9512份、2012年的2893份、2011年的292份等不成规模的零星文书相比，明显具有相对的完整性和连贯性。需要注意的是，这里所称上传完整性是相对的。由于最高人民法院《关于人民法院在互联网公布裁判文书的规定》第4条列明了不公布的例外，本研究将在后文将上网公布的案件与当年《中国法律年鉴》的数据进行对比说明。另外，选择四川省既是因为其拥有9000余万人口且经济发展类型丰富，从而具有某种程度的全国代表性，也是因为有关数据的检查与校验可以较方便地通过田野调查展开。

③ 参见蒋安杰、刘子阳:《刑事案件律师辩护全覆盖试点是创新之举》，载《法制日报》2017年10月11日。

焦点问题。我们的大数据研究结论支持了王禄生的研究见解。[①]

本文所使用的数据主要来自自己的集中挖掘。[②]笔者认为，通过分析已上网的数据研判可能的数据缺失，可以大致把握辩护率的基本面相。众所周知，上网判决书的数量与当年的法院结案数存在一定的差距，据现有发布的官方数据计算[③]，四川省在2014年、2015年、2016年分别有30.6%、52.1%和38.4%

① 王禄生的研究显示，全国的刑事辩护率在2013年至2017年从19.07%提升到22.13%。参见王禄生:《论刑事诉讼的象征性立法及其后果——基于303万裁判文书的自然语义挖掘》，载《清华法学》2018年第6期。

② 四川大学法律实证研究所兼职数据分析员李煜亮受作者委托在2017年5月中旬对本文数据进行了集中挖掘。其中，四川省基层法院数据来自裁判文书网；而各中院数据来自2017年6月中旬在聚法案例网站上下载的判决书，因为此时裁判文书网故障频现难以操作。需要注意的是，由于文书上传的动态性特征，本文提及的数据仅代表案件集中收集时的案件数量。另外，由华宇元典公司在作者委托下出具的《四川省律师参与刑事案件情况数据统计报告》也将在文中有时作为比较、印证的材料。该报告于2017年6月30日出具，全名为《四川省律师参与刑事、民事案件情况统计(2011—2017)》，其中刑事部分主要是对刑事案件律师辩护率及其相关因素包括罪名、被告人情况、律师参与辩护形式、辩护效果等的统计。另外，虽然本文尽可能科学地设计分析程序，选择多个统计角度，并以机器识别加半人工结合的多线验证方式反复复核，但囿于文本挖掘自身特性，数据仍可能存在一定误差，无法保证100%的精确度。为弥补纯粹数据定量研究的天然局限性，文中个别地方也会辅以一定程度的定性研究。定性研究材料主要来自作者之一张潋瀚于2016年1~2月、2016年6月、2017年7月在四川省D市N区和S市Z区进行的实地访谈和调研，也有左卫民的相关调查访谈。

③ 2014年四川省法院一审刑事案件结案数为41107件59253人、2015年一审刑事案件47524件66856人、2016年一审刑事案件52294件71645人，上网判决书数量加上以裁定方式结案的一审案件数量(2014年上网的一审刑事裁定书161份，2015年145份，2016年417份)，可知未上网案件比例。参见2014年《四川省高级人民法院工作报告》，四川省人民政府网站2015-02-03，http://www.scspc.gov.cn/hyzt/rmdbdh/1203/dhwj_1390/201502/t20150203_25269.html; 2015年《四川省高级人民法院工作报告(摘要)》，四川省人民政府网站2016-02-06，http://www.sc.gov.cn/10462/10464/10797/2016/2/6/10367891.shtml; 2016年《四川省高级人民法院工作报告(摘要)》，四川省人大网2017-01-23，http://www.scspc.gov.cn/gzbg/sfygzbf/201701/t20170123_32128.html. 最后访问日期：2018年1月10日。

案件的裁判文书未上网。[①]既然如此，那么基于上网案件判断辩护率是否妥当？对此，有必要先把握未上网案件的基本类型、数量比例及其辩护率，才能判断上网案件是否具有以及具有多大的代表性，才能进一步基于上网案件的辩护率与未上网案件的辩护情况合理测算包含全部上网和未上网案件的辩护率。

考察发现，未上网的案件主要有两种情况：一类是法律规定不能公开或不宜公开的案件，这属于系统性缺失，主要包括“涉及国家秘密、个人隐私”“未成年人犯罪”“以调解方式结案”和“其他不宜在互联网公布”等案件，[②]可以将之称为“法定不上网”。这类案件到底占全部案件的多大比例呢？这很难精确确定。笔者通过调查访谈发现，这些案件中最多的可能是未成年人案件。根据既往研究和《中国法律年鉴》的数据，未成年人案件占全国当年全部犯罪人数的5%~10%。[③]据此，以未成年人案件占刑事案件总数的5%来计，未成年人案件2015年、2016年占四川省实际未上网案件数量至少分别为

① 这一上网率与马超、何海波、于晓虹以及唐应茂等人的研究相对吻合。根据他们的研究，全国公开文书数量与办结案件数量的比例在50%左右。具体参见马超等:《大数据分析：中国司法裁判文书上网公开报告》，载《中国法律评论》2016年第4期；唐应茂:《司法公开及其决定因素：基于中国裁判文书网的数据分析》，载《清华法学》2018年第4期。

② 参见最高人民法院《关于人民法院在互联网公布裁判文书的规定》第4条。

③ 这一数值的选取得到多方印证:（1）根据《中国法律年鉴》的数据，2004年至2013年全国范围内18岁以下的犯罪人占当年全部犯罪人数量比例为5%~10%。（2）有研究指出，某省未成年人“占犯罪总人数的比例也由2009年的9.99%下降到2013年上半年的5.00%”。参见姚万勤:《我国未成年人犯罪现状及预防对策修正》，载《中国青年社会科学》2015年第4期。（3）笔者访谈得到的数据，2014年的C市未成年人案件数量1416件、被告人数1863人，两者均占全市刑事一审起诉案件数12183件、被告人数16585人的11%左右。

1/10[①]、1/7[②] 左右。涉及国家秘密、个人隐私和调解的案件以及“其他不宜在互联网公布”的案件，基于访谈、四川省[③]以及全国数据[④]的研判，这些案件都很少。综上，我们推测“法定未上网”案件在全部案件中的比例可能在 5%~10% 之间。那么，这些案件的辩护率如何？与上网案件平均辩护率相比，涉及国家秘密、个人隐私和调解的案件，以及涉及恐怖主义、群体性事件或者敏感问题的案件辩护率可能不低甚至可能更高，但由于案件数量很少，相应可不考虑其辩护率高低对整体辩护率的影响。当然，由于未成年人案件依照法律其辩护率有 100%，因而会对全局辩护率产生较大影响。

另一类则属于应当上网但由于种种原因而没有上网的案件，包括但不限于尚未生效案件，如提起上诉、抗诉或上诉、抗诉期限未满等。这些案件虽然计入当年结案数，但并未上网，而未来还有相当可能会上网，大体上属于随机性缺失。按照 2014 年全国法院公报的数据，刑事上诉约占一审结案比例的 13%。[⑤] 以此为计算基准，上诉案件可能占四川省未上网案件数的 1/4 左右。此外，极少数案件如死刑案件的数据目前仍属法院“内

---

① 2015 年刑事一审结案总数 52.1% 未上网，若未成年人案件占全年结案数的 5%，其约占未上网案件数的 1/10。

② 2016 年刑事一审结案总数 38.4% 未上网，若未成年人案件占全年结案数的 5%，其约占未上网案件数的 1/8。

③ 四川省法院 2015 年针对“暴力恐怖、煽动民族分裂、为境外非法提供国家秘密情报等”犯罪，只对 29 名名犯罪分子判处十年以上有期徒刑。参见《四川省法治建设》，载《中国法律年鉴（2016 年）》，第 992 页。

④ 从全国数据也可印证，各级法院审结的危害国家安全、暴力恐怖犯罪案件 2015 年总共只有 1084 件，仅占当年全国所有刑事案件的 0.09%。参见周强 2016 年 3 月 13 日在第十二届全国人民代表大会第四次会议上的《最高人民法院工作报告》。

⑤ 参见《2014 年全国法院司法统计公报》，载 http: //gongbao.court.gov.cn/Details/0991c1055c4811d3c927d1ce0dfe57.html，最后访问日期：2018 年 1 月 15 日。

部”掌握，属于非法定不上网的情形，但数量应该相当少。当然，还可能存在因为工作滞后而上网不及时等情况，本研究无法一一穷尽。但从总体上看，四川省非法定不上网案件占全部案件比例应在25%~45%之间。[①]鉴于非法定不上网案件（排除极少数死刑案件）整体上的随机性，我们推测其辩护率与上网案件并无本质不同，应与上网案件辩护率持平。

基于对一定范围内所有案件的整体把握，可以得出整体辩护率。但鉴于上网判决书的缺失性，整体辩护率在本文中细分为基于全部上网案件得出的上网案件辩护率（后文如不做特别说明，提及的辩护率均为上网案件辩护率），以及加入未上网案件辩护率估算值的全局辩护率。经数据收集与清洗后[②]，四川省2015年一审刑事案件判决书有效样本为20899件[③]、26992名被告人，其中6901名被告人至少拥有一名辩护律师；2016年一审刑事案件判决书有效样本为29806件[④]、37886名被告人，其中8632名被告人至少拥有一名辩护律师。由拥有律师的被告人数与上网判决书中所涉及的被告人总数之比值即为上网案件辩护率。2015年全省上网案件辩护率为25.6%，2016年为22.8%。[⑤]

---

① 推测方式是2015年、2016年未上网案件总量减去推测的法定未上网案件数量。

② 经过数据清理和文本挖掘后，本研究缺失案件主要有以下几种情况：一是文档下载不明原因失败；二是下载打开为空白判决书；三是重复上传的判决书；四是因文档格式问题数据分析过程中难以提取有效信息。

③ 占当年全部该类上网判决书总数的92.5%，占同期所有刑事案件总数的44.0%。

④ 占当年全部该类上网判决数总数的93.7%，占同期所有刑事案件总数的57.0%。

⑤ 华宇报告将研究年度向前延伸到2011年，对2011年至2017年四川省全部刑事上网判决书进行统计，得出辩护率为18.7%的结论。2014年前的判决书数据完整性会影响辩护率高低，华宇报告从宏观面入手精度也尚有提升空间，但这一结论说明辩护率接近20%，至少在一定程度上支持了本文得出的上网案件辩护率。

在上网案件的基础上再加权考虑所有未上网案件，包括但不限于未成年人案件①，代入公式②计算后得出一个较为乐观但也相当可能的四川省全局辩护率：2015年为29.3%，2016年为26.7%。③相比于既有的很多研究，这数据属于辩护率较高的情

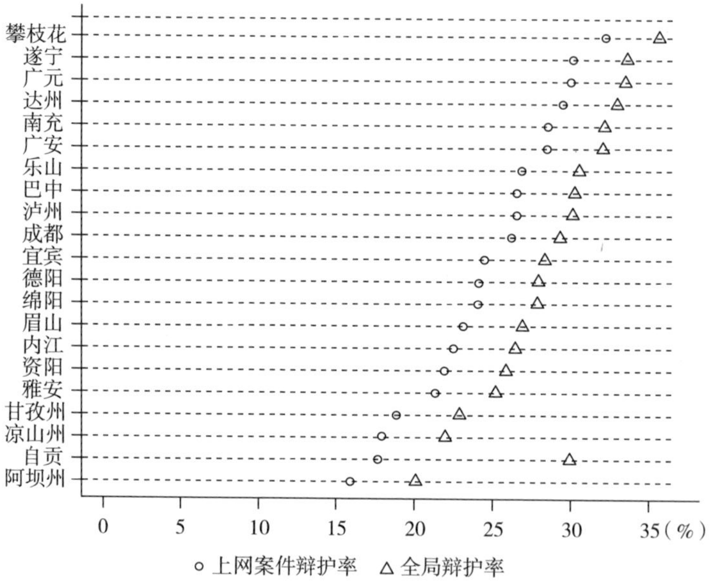


**图1　2015年四川省各市州法院（含基层和中级人民法院）一审刑事案件的辩护率**

---

① 相关性最大且可以合理推断的是未成年人案件。出于保守考量，本研究将假定辩护率为100%的未成年人案件占刑案总数5%这一下限值。与此同时，假定其他未上网案件为全局平均辩护率，将两者代入辩护率计算公式"全局辩护率=（上网案件辩护率 × 当地当年被告人数量 ×95% + 100%×5%× 当地当年被告人数量）/ 当地当年被告人数量"进行数据纠偏，从而提供一个更加贴近真实的辩护率以供读者参考，并基本保证真实的全局辩护率至少不低于这一纠偏后的数值。

② 公式参见上注。计算数值按当年上网案件辩护率，5%的未成年人案件具有100%的辩护率，其余其他未上网案件估计具有上网案件辩护率。

③ 尽管省内各地区的刑事案件上网率必然不尽一致，但由于同一省域范围内法院具有相对同质化的特征，本研究假定它们遵循基本相同的上网规则，不存在地区性的上网偏好。以这一假定为前提，根据全局辩护率计算公式可知，省内各地上网率的不同并不会从根本上影响对该省全局辩护率的估算。

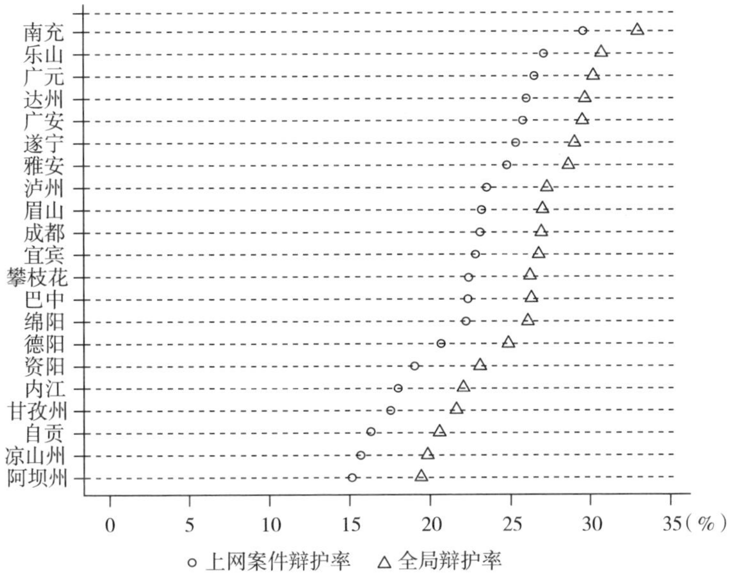


**图 2　2016 年四川省各市州法院（含基层和中级人民法院）一审刑事案件的辩护率**

形。比较两年的数据还可以发现，2016 年上网案件辩护率相比 2015 年下降 2.8 个百分点，相应地，2016 年全局辩护率相比 2015 年也下降 2.6 个百分点。这不同于前文提到的王禄生关于刑事辩护率逐年上升的分析。笔者认为，其中一个可能原因是该年辩护数量增加的幅度并未达到刑事案件被告人数量增加的幅度。

不难发现，以四川省范围内大量案件为样本的整体辩护率分析在实证层面再次证实了我国刑事辩护率偏低的判断，这与既往的一些实证研究结论也大致吻合。尽管关于整体辩护率偏低这一结论本身并不令人意外，但本文使用的研究技术具有创新性和科学性，样本所覆盖的范围更广，结果也更精确，凸显了大数据时代法学研究的特性。

## 二、刑事辩护率差异的类型化分析

基于上述数据，我们重点关注类型化辩护率这一几乎没有展开研究的新问题。分析表明，四川省上网案件的刑事辩护率由于辩护性质、法院层级、审理程序、案件类型、地域的不同存在显著差异。

### （一）委托辩护与指定辩护的辩护率

有研究认为，委托辩护与指定辩护之间存在普遍情形与特殊情形的关系，委托辩护在辩护中发挥主导作用，只有在委托辩护条件缺乏的特殊情况下由国家提供指定辩护。[①]然而，指定辩护虽然曾在数量和质量上饱受诟病，但随着法律援助逐渐成为被告人尤其是重罪被告人获得辩护的重要手段，指定辩护的质量与数量已大有改观，某些情况下其比例相当甚至有时高于委托辩护。[②]那么，数据挖掘揭示的全局情形究竟如何呢？我们的统计表明，委托辩护比例仍明显高于指定辩护，两者尚未达到并驾齐驱的地步。细化分析显示，2015 年获得辩护的 6901 名被告人中有 91.9% 是通过聘请律师而获得辩护，仅有 8.1% 是由指定律师辩护；2016 年 8632 名被告人中聘请律师辩护的比例为 93.2%，仅有 6.8% 由指定律师辩护。在这两年内，上网案件中指定辩护律师数量只占当年上网案件参与刑事辩护全部律师总量的 6%~7%

① 参见陈卫东、张桂勇：《论律师在刑事诉讼中的作用》，载《法学家》1996 年第 5 期。

② 参见左卫民：《中国应当构建什么样的刑事法律援助制度》，载《中国法学》2013 年第 1 期。

（参见表1）。2016年相比2015年辩护市场整体规模有所扩大，但指定辩护资源总量相对固定，总体上指定辩护覆盖范围极其有限。即使年度间案件数量和被告人数量出现较大变化，上网案件[①]中指定辩护律师数量基本维持在每年500人次左右（参见表5）。当然，仅凭上网案件的数据难以精确地描述实际的状况。但即使将未上网案件纳入考虑，假设其中未成年人案件、死刑案件全部为指定辩护（实际上不是），其他未上网案件的指定辩护率与上网案件一致，那么指定辩护比例2015年也不会超过7.3%，2016年不超过6.8%，[②]按照每件指定辩护案件配一名律师估算，2015年、2016年每年指定辩护律师的数量为4000余人次，粗略估算最多仅为每年委托辩护律师总人次的1/3。

显然，由于上网案件本身存在一定的局限，本文在细化分析中所提及的指定辩护率不完全代表全面的指定辩护率，而是排除掉未成年人案件和死刑案件，仅包括依通知（应当型）指定辩护中所涉及盲聋哑人、精神病人的案件和依申请（可以型）指定辩护案件的辩护率。根据我们对四川省法律援助中心2015年相关数据的了解，盲聋哑人、精神病人的指定辩护和依申请指定辩护数量约占当年指定辩护总数的15%，其中依申请指定辩护约占指定辩护总数的8%。

① 如将未上网案件纳入考虑，作者通过访谈了解到四川省每年针对未成年人案件的法律援助比例未出现大幅波动，2015年针对未成年人各阶段的刑事法律援助总数为6545人次，2016年为6433人次。但由于法律援助中心的统计未区分援助的阶段，数据精确性不足，无法借此精确得出刑事案件中未成年人接受法律援助的比例。

② 按照未成年人案件占比5%，死刑案件占比0.3%，且这些案件被告人全部由法律援助提供指定辩护的极端情形进行估算。具体计算公式为：指定辩护率＝（当年被告人总数 ×94.7%× 指定辩护率＋当年被告人总数 ×5.3%×100%）/ 当年被告人总数。

表 1　四川省全省及各市州上网案件指定辩护和委托辩护情况一览表

| | 2015 年 | | | | | 2016 年 | | | | |
|---|---|---|---|---|---|---|---|---|---|---|
| | 委托辩护率 | 指定辩护率 | 辩护律师数（人次） | 委托律师数（人次） | 指定律师数（人次） | 委托辩护率 | 指定辩护率 | 辩护律师数（人次） | 委托律师数（人次） | 指定律师数（人次） |
| 全省* | 23.5% | 2.1% | 7400 | 6994 | 406 | 21.5% | 1.6% | 9480 | 8877 | 603 |
| 成都 | 24.3% | 1.8% | 2637 | 2466 | 171 | 21.9% | 1.2% | 2727 | 2593 | 134 |
| 自贡 | 16.9% | 0.8% | 148 | 141 | 7 | 15.6% | 0.8% | 223 | 211 | 12 |
| 攀枝花 | 25.7% | 6.4% | 324 | 264 | 60 | 19.2% | 3.2% | 253 | 219 | 34 |
| 泸州 | 23.1% | 3.3% | 402 | 353 | 49 | 21.6% | 1.9% | 676 | 624 | 52 |
| 德阳 | 22.0% | 2.1% | 317 | 291 | 26 | 19.9% | 0.9% | 448 | 430 | 18 |
| 绵阳 | 23.3% | 0.7% | 426 | 414 | 12 | 21.3% | 0.8% | 536 | 517 | 19 |
| 广元 | 28.9% | 0.9% | 341 | 331 | 10 | 25.7% | 0.8% | 399 | 388 | 11 |
| 遂宁 | 28.4% | 1.7% | 312 | 295 | 17 | 24.1% | 1.1% | 365 | 350 | 15 |
| 内江 | 20.9% | 1.7% | 242 | 224 | 18 | 15.5% | 2.4% | 294 | 256 | 38 |
| 乐山 | 25.3% | 1.5% | 220 | 206 | 14 | 23.5% | 3.6% | 391 | 341 | 50 |
| 南充 | 27.6% | 0.9% | 413 | 400 | 13 | 28.7% | 0.8% | 528 | 515 | 13 |
| 眉山 | 22.4% | 0.7% | 208 | 202 | 6 | 21.9% | 1.3% | 315 | 299 | 16 |
| 宜宾 | 21.1% | 3.4% | 353 | 306 | 47 | 21.2% | 1.7% | 596 | 552 | 44 |
| 广安 | 24.0% | 4.3% | 188 | 162 | 26 | 23.5% | 2.3% | 263 | 240 | 23 |
| 达州 | 27.4% | 1.9% | 305 | 286 | 19 | 23.9% | 2.1% | 340 | 315 | 25 |
| 雅安 | 20.2% | 1.0% | 126 | 120 | 6 | 22.1% | 2.7% | 254 | 226 | 28 |
| 巴中 | 24.8% | 1.7% | 195 | 183 | 12 | 21.6% | 0.9% | 218 | 210 | 8 |
| 资阳 | 18.3% | 3.6% | 220 | 186 | 34 | 16.2% | 2.9% | 272 | 232 | 40 |
| 阿坝州 | 15.6% | 0.3% | 51 | 50 | 1 | 15.3% | 0.0% | 89 | 89 | 0 |
| 甘孜州 | 14.8% | 4.0% | 35 | 28 | 7 | 14.3% | 3.3% | 46 | 38 | 8 |
| 凉山州 | 13.9% | 4.0% | 108 | 86 | 22 | 14.7% | 1.0% | 247 | 232 | 15 |

需要指出，我国刑事诉讼法在1996年修改时第一次明确委托辩护人的数量不得超过两人，在此之前某些地方只准一名辩护人，有些地方又有多名辩护人同时为一人辩护。[①]虽然这一数量限制将被告人获取辩护服务限定在了一定规模，但有条件的被告人可以委托两名律师。本项研究发现“双律师”现象并不少见，大约每十个有律师辩护的被告人中就有一人为“双律师”辩护。这一现象值得关注。数据还显示，“双律师”现象存在委托与指定的明显差异。虽然有极个别的指定辩护案件由两名律师为一名被告人辩护[②]，但绝大多数“双律师”都集中在委托辩护中，获得双委托的被告人数量约为双指定的30倍。2015年委托辩护中有5681人拥有一名委托律师，658人（占获得辩护被告人总数的9.5%）拥有两名委托律师。与之相比，指定辩护中528人拥有一名指定律师，仅有22人（3.9%）拥有两名指定律师，12人同时拥有一名指定和一名委托律师。2016年委托辩护中有7199人拥有一名委托律师，849人

① 参见陈卫东、张桂勇：《论律师在刑事诉讼中的作用》，载《法学家》1996年第5期。

② 我国现行法律对法律援助的规定并未明确援助一名律师还是两名律师，在指定辩护资源普遍紧缺的情况下出现双指定现象令人费解。在刑事指定辩护的普遍性尚得不到保障的情况，指定案件出现双人现象显然是辩护资源分配失衡的表现。对总共50余件双指定案件深入分析发现，双指定出现有三个可能的影响因素：案件严重程度、被告人个体弱势程度，以及辩护律师偏好。统计同时显示，同一案件的两名律师八九成以上来自同一家律所或法律援助中心。若单纯基于被告人或案件因素进行双指定，律师没有理由均来自同一律所。由此合理揣测是援助律师在法无明文禁止的情况下相邀为同一被告人辩护，出于“传、帮、带”或其他实际动机。当然，还存在被告人拥有一名委托律师与一名指定律师的情况，这可以理解为在获得指定律师后被告人基于个人利益考量，改变主意又聘请了律师。也就是说，部分“应当型”指定辩护被告人实际上可能具备委托辩护的经济条件，但出于某种考虑，在诉讼开始阶段接受了国家指派的律师，至于后来是什么促使其改变主意，现有材料未揭示出具有普遍性的因素。

（9.8%）拥有两名委托律师。指定辩护中543人拥有一名指定律师，31人拥有两名指定律师（5.3%），10人拥有一名指定和一名委托律师。

## （二）中级法院与基层法院一审刑事案件的辩护率

中级法院与基层法院管辖的一审刑事案件的主要区别是前者更加严重、社会影响更为重大，其中，所管辖的无期徒刑、死刑案件属于应当指定辩护的范围。在案件管辖范围的整体影响之下，两级法院一审刑事案件的辩护率存在很大差异，但具体原因仍值得探讨。由于这一差异与两级法院管辖案件类型的相关性似乎不言自明，因而未引起学界的特别关注，只有少量研究涉及这一问题。笔者曾在小样本实证研究中指出律师辩护已覆盖绝大多数中院一审刑事案件，就中国最为严重的绝大多数犯罪而言，其审判辩护率已达到较令人满意的程度。[①] 还有研究指出，90%的指定辩护集中在故意杀人和抢劫等死刑适用率高的犯罪类型，亦即指定辩护多集中在中院层面。[②] 本研究以更加坚实的数据支撑了中院高辩护率的论断，并进一步分析了这种高辩护率的构成情况及原因。

其一，中级法院的辩护率大大高于基层法院，已接近实现普遍辩护。全省范围内中院上网案件的辩护率在2015年为89.6%，2016年为91.1%，多地中院甚至出现100%辩护率，而基层法院的辩护率均不超过30%。中院的高辩护率体现为委托和指定“双高”。数据显示中院的委托辩护率比基层委托和

① 参见左卫民:《中国应当构建什么样的刑事法律援助制度》，载《中国法学》2013年第1期。

② 参见杜开林:《死刑指定辩护的现状与完善——以南通市一审死刑刑事案件为例》，载《法学》2009年第11期。

指定辩护率总和的两倍还高，中院指定辩护率（约34%）也远高于当地两级法院的整体指定辩护率（约2%）（见表1、表2）。高辩护率归根结底与中院管辖案件类型直接相关。数据统计显示，全省中院一审刑事被告人在2015年有80%，2016年有81.5%涉及毒品犯罪、故意杀人和故意伤害。由中院管辖的重罪案件被告人一方面因为裁判结果与个人利益关系重大，更具有聘请律师的积极性，从而委托率较高；另一方面即使自身经济条件不允许聘请律师，绝大部分案件可能判处无期、死刑也符合“应当型”指定辩护的条件，因而可以获得指定辩护。

**表2　四川省全省及各市州两级法院上网案件辩护率**

| | 2015年 | | | | 2016年 | | | |
|---|---|---|---|---|---|---|---|---|
| | 中院 | | | 基层 | 中院 | | | 基层 |
| | 委托辩护率 | 指定辩护率 | 总辩护率 | 总辩护率 | 委托辩护率 | 指定辩护率 | 总辩护率 | 总辩护率 |
| 全省 | 55.8% | 33.7% | 89.6% | 23.6% | 57.0% | 34.0% | 91.1% | 21.6% |
| 成都 | 60.7% | 30.3% | 91.0% | 24.9% | 78.9% | 16.5% | 96.9% | 22.2% |
| 自贡 | 50.0% | 10.0% | 60.0% | 17.1% | 50.0% | 50.0% | 100.0% | 16.1% |
| 攀枝花 | 45.4% | 52.8% | 98.1% | 23.5% | 43.8% | 53.1% | 100.0% | 19.3% |
| 泸州 | 58.8% | 38.2% | 97.1% | 24.7% | 48.6% | 48.6% | 97.7% | 22.3% |
| 德阳 | 71.4% | 23.8% | 95.2% | 22.8% | 81.5% | 14.8% | 97.1% | 19.5% |
| 绵阳 | 66.7% | 8.3% | 75.0% | 23.6% | 100.0% | 0.0% | 100.0% | 22.0% |
| 广元 | 60.7% | 17.9% | 78.6% | 28.6% | 71.4% | 7.1% | 69.6% | 25.7% |
| 遂宁 | 76.7% | 16.3% | 93.0% | 27.1% | 71.4% | 14.3% | 87.0% | 24.2% |
| 内江 | 66.7% | 33.3% | 100.0% | 21.6% | 52.5% | 35.0% | 88.6% | 15.9% |
| 乐山 | 68.8% | 21.9% | 90.6% | 23.9% | 38.9% | 61.1% | 96.2% | 24.1% |
| 南充 | 75.0% | 25.0% | 100.0% | 28.0% | 100.0% | 0.0% | 100.0% | 29.5% |

续表

| | 2015 年 | | | | 2016 年 | | | |
|---|---|---|---|---|---|---|---|---|
| | 中院 | | | 基层 | 中院 | | | 基层 |
| | 委托辩护率 | 指定辩护率 | 总辩护率 | 总辩护率 | 委托辩护率 | 指定辩护率 | 总辩护率 | 总辩护率 |
| 眉山 | 50.0% | 50.0% | 100.0% | 22.9% | 33.3% | 66.7% | 100.0% | 22.8% |
| 宜宾 | 44.9% | 47.8% | 92.8% | 20.8% | 56.5% | 34.8% | 91.7% | 21.1% |
| 广安 | 49.2% | 36.5% | 85.7% | 21.7% | 38.1% | 47.6% | 85.7% | 24.5% |
| 达州 | 68.4% | 26.3% | 94.7% | 26.7% | 53.8% | 38.5% | 93.3% | 25.1% |
| 雅安 | 69.6% | 21.7% | 91.3% | 18.3% | 53.8% | 46.2% | 100.0% | 23.3% |
| 巴中 | 50.0% | 25.0% | 75.0% | 26.0% | 71.4% | 0.0% | 75.0% | 22.0% |
| 资阳 | 51.8% | 25.0% | 76.8% | 18.2% | 24.1% | 41.4% | 66.7% | 17.8% |
| 阿坝州 | 0.0% | 100.0% | 100.0% | 15.7% | 100.0% | 0.0% | 100.0% | 15.0% |
| 甘孜州 | 42.3% | 26.9% | 69.2% | 10.0% | 30.8% | 46.2% | 82.4% | 12.8% |
| 凉山州 | 29.4% | 58.8% | 88.2% | 13.3% | 46.7% | 33.3% | 76.0% | 14.7% |

注：委托辩护是具有委托律师的被告人数与被告人总数的比值，指定辩护同理。但由于存在极少量一名被告人同时具有指定和委托的情况，上表数据委托辩护率加指定辩护率的总数不完全等于总辩护率。特此说明。

其二，委托与指定辩护率在中院层面差异不大，这与两者在全部案件样本中的巨大差异相反。根据全省两级法院的平均水平，委托辩护率一般在指定辩护率的 10 倍以上（参见表 1）。然而，在各地区中院内部（参见表 2），尽管委托辩护相比基层已经上升不少，但指定辩护上升幅度更大，两者比例已相差不大，有的地区指定辩护比例甚至已经超过委托辩护。如攀枝花市两年的指定辩护率都比委托辩护率高 8 个百分点左右，眉山市 2016 年指定辩护率甚至是委托辩护率的两倍。这一方面可能是因为当地重罪被告人经济状况较差，较少选择委托辩护，只能依靠指定辩护；另一方面也与当地的指定辩护资源投入力度密切相关。总之，中院的高指定辩护率表明，中院符合“应当型”指定辩护条件的案件为数众多，且法律援助资源投入多。当然，由于中院一审案件包括了判处死刑的案件，这些案件往往并未上网，且根据先前研究，[①]死刑案件不少为指定辩护，故实际的全局性中院一审指定辩护率应该更高一些。

其三，中院的委托辩护率与指定辩护率呈现强负相关，而基层法院两者基本不相关。中院委托辩护率与指定辩护率的相关系数2015年为-0.829，2016年为-0.889。这意味着委托辩护比例高的地方指定辩护比例相对较低，或者相反。而基层法院对应的相关系数2015年为0.325，2016年为-0.035，委托辩护率与指定辩护率没有明显相关性。对此合理的解释是中院案件多符合“应当型”指定辩护条件，一旦没有委托律师，指定律师自动补位。而基层法院则缺少指定辩护自动补位的制度条件。2015年全省中院指定辩护率最高的三类案件为故意杀人（52.9%）、抢劫（46.7%）和毒品犯罪（39.7%）；委托辩护率最高的则是开设赌场（100%）、贪污贿赂（94.4%）和诈骗（81%）。2016年与之相似，指定高的案件为强奸（100%）、抢劫（78.6%）和故意杀人（54.2%）；委托高的仍然是开设赌场（100%）、贪污贿赂（88.2%）和诈骗（86.7%）。可见，面对中院普遍严重的指控，犯罪经济收益大的案件被告人基本都选择委托辩护，而指定辩护则更多为暴力犯罪的贫穷被告人提供帮助。

---

① 之前的调查显示，在60件刑事一审案件中，113名被告人中21人属于因可能判处死刑而接受指定辩护的情况。参见:《中国应当构建什么样的刑事法律援助制度》，载《中国法学》2013年第1期。

## （三）基层法院适用普通程序与简易程序的辩护率

表 3　四川省全省及各市州基层法院简易、普通程序下的上网案件辩护率

| | 2015 年 | | | | 2016 年 | | | |
|---|---|---|---|---|---|---|---|---|
| | 简易程序 | | 普通程序 | | 简易程序 | | 普通程序 | |
| | 总辩护率 | 指定辩护率 | 总辩护率 | 指定辩护率 | 总辩护率 | 指定辩护率 | 总辩护率 | 指定辩护率 |
| 全省 | 14.2% | 0.3% | 35.0% | 2.2% | 12.0% | 0.4% | 34.7% | 2.0% |
| 成都 | 16.8% | 0.2% | 39.0% | 3.1% | 15.9% | 0.4% | 37.0% | 2.7% |
| 自贡 | 11.9% | 0.2% | 34.4% | 2.2% | 8.3% | 0.1% | 41.3% | 2.8% |
| 攀枝花 | 15.5% | 0.4% | 38.1% | 0.7% | 12.1% | 0.6% | 34.1% | 2.1% |
| 泸州 | 10.6% | 0.7% | 33.5% | 4.1% | 7.8% | 0.2% | 38.1% | 2.1% |
| 德阳 | 16.2% | 0.8% | 34.5% | 2.5% | 13.9% | 0.3% | 31.7% | 1.1% |
| 绵阳 | 10.7% | 0.3% | 35.6% | 1.0% | 9.2% | 0.3% | 32.5% | 1.3% |
| 广元 | 15.4% | 0.0% | 36.2% | 0.6% | 9.7% | 0.3% | 45.7% | 1.3% |
| 遂宁 | 12.4% | 0.3% | 35.4% | 1.6% | 7.5% | 0.2% | 34.1% | 1.7% |
| 内江 | 14.3% | 0.3% | 32.1% | 2.6% | 9.4% | 0.6% | 28.7% | 3.1% |
| 乐山 | 17.1% | 0.5% | 30.4% | 1.3% | 16.1% | 0.4% | 38.0% | 3.5% |
| 南充 | 17.9% | 0.3% | 40.5% | 1.3% | 19.4% | 0.0% | 40.0% | 1.6% |
| 眉山 | 14.6% | 0.2% | 34.0% | 1.1% | 11.2% | 0.0% | 37.8% | 2.7% |
| 宜宾 | 10.9% | 0.3% | 26.0% | 1.7% | 4.9% | 0.1% | 33.6% | 1.7% |
| 广安 | 8.8% | 1.8% | 25.9% | 1.1% | 9.5% | 1.0% | 32.1% | 2.6% |
| 达州 | 12.4% | 0.4% | 47.2% | 2.0% | 14.1% | 0.7% | 41.7% | 2.8% |
| 雅安 | 8.3% | 0.0% | 29.2% | 0.4% | 6.9% | 0.2% | 35.7% | 2.6% |
| 巴中 | 14.1% | 0.5% | 43.7% | 3.8% | 7.2% | 0.3% | 33.7% | 1.5% |
| 资阳 | 8.8% | 0.2% | 36.9% | 6.1% | 10.1% | 0.9% | 40.7% | 5.2% |

续表

| | 2015年 | | | | 2016年 | | | |
|---|---|---|---|---|---|---|---|---|
| | 简易程序 | | 普通程序 | | 简易程序 | | 普通程序 | |
| | 总辩护率 | 指定辩护率 | 总辩护率 | 指定辩护率 | 总辩护率 | 指定辩护率 | 总辩护率 | 指定辩护率 |
| 阿坝州 | 4.0% | 0.0% | 25.8% | 0.0% | 9.2% | 0.0% | 22.5% | 0.7% |
| 甘孜州 | 2.6% | 0.0% | 15.5% | 0.0% | 2.0% | 1.0% | 21.6% | 2.0% |
| 凉山州 | 3.8% | 0.3% | 19.0% | 0.3% | 6.5% | 1.0% | 20.2% | 0.5% |

注：大数据分析涉及一个计算机处理、分析程序不断调适、优化的过程。分析简易/普通程序案件处于本项研究的后期，为了实现对不同审理程序进行区分的分析要求，研究在统计表3、表4数据时采用了与本文其余各处略有区别的算法。统计出被告人数量（2015年27194人，2016年38281人）略多于前面提及的被告人数量（2015年26992人，2016年37886人），对大数据统计来说影响几可不计。即使考虑影响，优化后的结果也只可能更为精确。特此说明。

理论上，简易程序作为普通程序的一种简化，并不必然影响是否有辩护律师介入案件。[①]然而，既往研究已经注意到普通程序的辩护率数倍于简易程序[②]，本文的数据也验证了这一结论。或许两种程序辩护率的差异可以从两者生成的内在机理及发展方向中寻找答案。

其一，基层法院普通程序案件辩护率远远高于简易程序（参见表3）。样本案件中适用普通程序和简易程序的被告人数量大体相当[③]，但辩护率差异较大。各地区基层法院普通程序中的辩

① 参见左卫民:《中国简易刑事程序改革的初步考察与反思》，载《四川大学学报(哲学社会科学版)》2006年第4期。

② 参见周长军:《量刑治理的模式之争》，载《中国法学》2011年第1期。

③ 样本案件中，2015年有效判决书数据中适用简易程序审理的被告人数量为13587人，适用普通程序审理的被告人数量为13346人；2016年简易程序为19983人，普通程序为17814人。

护率现多在30%~40%之间，而简易程序中的辩护率最多为15%左右，有的地区甚至低于10%。也就是说，普通程序案件的辩护率是简易程序的3倍左右。在两类程序的案件数量大致相当的情况下，普通程序案件高出数倍的辩护率表明辩护资源明显向重罪案件聚集。这一方面是因为适用简易程序的轻罪案件基本上不可能获得指定辩护资源，另一方面适用简易程序的轻罪案件被告人自己聘请律师的积极性也不高，或自身经济能力有限。从宏观上看，普通程序的较高辩护率或许能为当下刑事辩护普通程序全覆盖试点工作提供现实层面可操作性的支持。不过，仍有个别地区普通程序的辩护率可能低于20%，这说明未来推进辩护全覆盖仍需充分结合当地的实际情况因地制宜来开展。

其二，两种程序中指定辩护均不占主导地位。虽然普通程序的指定辩护率高于简易程序5~7倍，某些地区甚至能高达30倍，但普通程序中指定辩护对总辩护率贡献有限，全省普通程序案件指定辩护率与总辩护率比为1:17。而简易程序的指定辩护率极低，不足1%（参见表3）。这是由于绝大部分简易程序案件不符合应当型指定辩护标准，再加上未成年人案件未上网已自动排除，简易程序中的指定辩护只能源自经济困难的可以型指定辩护，所以比例不高。仅有的一些案件从绝对值来看主要集中在盗窃（2015年10人、2016年33人）、故意伤害（2015年10人，2016年8人）、毒品犯罪（两年均是6人）。但由于这几类案件总数较大，零星数量的法律援助对辩护率的贡献极有为限。

其三，两种程序中辩护率较高的案件类型基本一致。将普通程序案件中拥有辩护律师的案件按照类型划分（参见表4）[①]，其中辩护率较高（两年均超过50%）的类型有贪污贿赂，生产、销售伪劣商品，故意杀人，传销和非法吸收公众存款。虽然适用简易程序的案件辩护率明显下降，辩护相对较多的案件仍是贪污贿赂，生产、销售伪劣商品和非法吸收公众存款（两年均处于30%~50%间）。除故意杀人案件外，其他几类案件均属于涉财性犯罪案件，被告人及其家庭的经济条件明显优于普通刑事案件的被告人。

**表4　四川省全省上网案件不同审理程序中各案件类型的辩护率**

| | 2015年 | 2016年 | 2015年 | 2016年 |
|---|---|---|---|---|
| | 普通程序 | 普通程序 | 简易程序 | 简易程序 |
| 涉枪犯罪 | 33.3% | 26.0% | 7.1% | 5.9% |
| 交通肇事和危险驾驶 | 27.1% | 28.7% | 12.2% | 9.3% |
| 具有死刑罪名的其他案件 | 53.0% | 42.0% | 32.0% | 25.0% |
| 贪污贿赂 | 77.2% | 80.4% | 54.8% | 43.9% |
| 生产、销售伪劣商品 | 70.0% | 56.7% | 44.4% | 34.5% |
| 毒品犯罪 | 42.4% | 32.7% | 12.9% | 10.3% |
| 盗窃 | 21.7% | 18.5% | 7.3% | 7.0% |
| 抢劫 | 36.6% | 34.9% | 22.4% | 22.9% |
| 强奸 | 47.8% | 44.0% | 50.0% | 22.6% |
| 抢夺 | 22.5% | 23.6% | 10.7% | 11.4% |

① 在案件类型划分中，“涉枪犯罪”并非严格意义上的法律概念，是指我国刑法所规制的违反《枪支管理法》，且以枪支、弹药为犯罪对象或犯罪工具的各种犯罪行为在理论上的总称，是对多种与枪支、弹药相关联的犯罪行为的一个整理与归类。本文数据分析所指涉枪犯罪是以罪名文本中含有“枪”或“弹药”字样进行统计。“具有死刑罪名的其他案件”是指除本文已明确列出的具有死刑罪名的犯罪类型以外，其他包含死刑的犯罪类型，主要包含绑架、拐卖妇女儿童、放火、以危险方法危害公共安全等。下同。

续表

| | 2015 年 | 2016 年 | 2015 年 | 2016 年 |
|---|---|---|---|---|
| | 普通程序 | 普通程序 | 简易程序 | 简易程序 |
| 故意杀人 | 90.9% | 86.8% | 28.6% | 33.3% |
| 故意伤害 | 46.5% | 44.0% | 25.2% | 24.1% |
| 非法拘禁 | 41.9% | 24.5% | 33.1% | 25.0% |
| 开设赌场 | 32.9% | 26.5% | 20.4% | 13.6% |
| 传销 | 53.3% | 76.8% | 29.4% | 42.5% |
| 聚众斗殴和寻衅滋事 | 38.4% | 34.8% | 24.2% | 20.9% |
| 盗伐林木 | 30.0% | 18.5% | 10.5% | 9.3% |
| 诈骗 | 47.9% | 47.2% | 29.1% | 25.1% |
| 非法吸收公众存款 | 74.3% | 75.5% | 33.3% | 64.7% |
| 组织介绍卖淫 | 39.8% | 39.9% | 36.9% | 25.4% |
| 其他 | 43.4% | 44.2% | 24.3% | 21.6% |

### （四）不同犯罪类型的辩护率

既往对辩护率的案件类型化研究绝大多数集中在死刑案件，因为死刑案件所涉法益最严重，对于辩护的需求最为迫切，有效辩护能够“加强死刑判决的可靠性和减少对死刑的适用”。[①]然而，案件类型的局限使得很难从中窥见不同案件类型的辩护率全貌。相比之下，大数据研究则能够反映全省范围内上网案件不同类型的辩护率及其特点[②]，具体如下：（1）辩护率很高

① 熊秋红：《论死刑案件中的辩护》，载《中国司法》2004 年第 4 期。

② 案件类型划分结合了实践中的一般意义上的理解以及统计中出现频率较高的案件类型。唯一特殊的是“具有死刑罪名的其他案件”一项，其单列出来是为了后文研究的需要。主要包括除该表格所列出案件类型以外的其他一些较为少见的包含死刑的罪名，如放火、爆炸、绑架、拐卖妇女儿童、以危险方法危害公共安全等。

（两年均高于 70%），包括贪污贿赂犯、非法吸收公众存款和故意杀人案件；（2）辩护率较高（两年均高于 50% 未到 70%），如生产、销售伪劣商品和传销案件；（3）辩护率中等（两年均高于 30% 未到 50%），如具有死刑罪名的其他案件、强奸、故意伤害、非法拘禁、诈骗和组织介绍卖淫案件；（4）辩护率较低（两年均高于 20% 未到 30%），如毒品、抢劫、开设赌场、寻衅滋事案件；（5）辩护率很低（两年均低于 20%），如涉枪、交通肇事、盗窃、抢夺和盗伐林木案件。[①] 现在的问题是，为何不同类型的案件有着不同的辩护率。我们的初步解释如下：

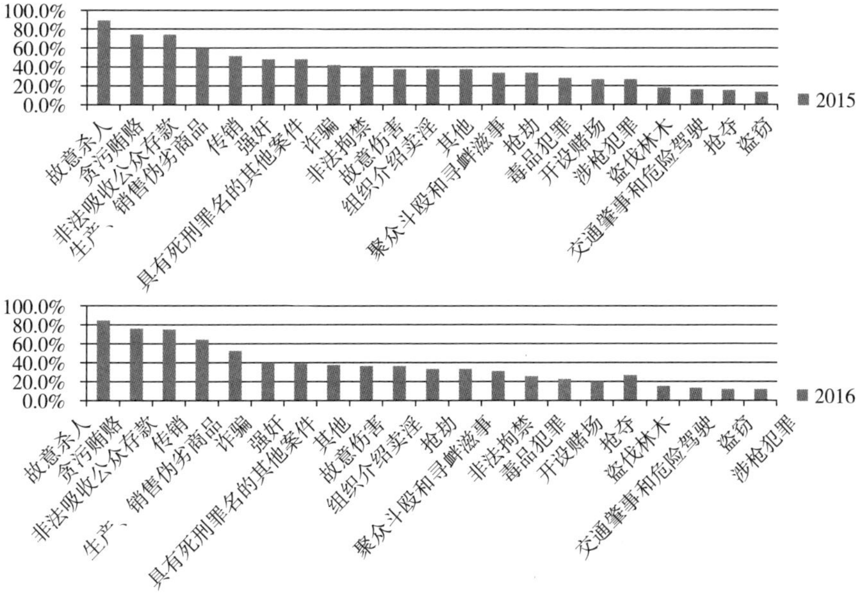


**图 3　四川省全省上网案件按案件类型划分的辩护率**

① 这与华宇元典报告的统计结果大致吻合。其对四川省全部上网案件按照犯罪类型大类进行划分：渎职罪 75.5%；妨害社会管理秩序罪 30.7%；破坏社会主义市场经济秩序罪 55.4%；侵犯财产罪 19.0%；侵犯公民人身权利、民主权利罪 46.4%；贪污贿赂罪 78.7%；危害公共安全罪 16.4%；危害国防利益罪 26.8%。

其一，作为传统上最严重的犯罪，故意杀人罪的辩护率自然最高。统计显示，故意杀人罪的辩护率至少有80%，这远非强奸、抢劫和具有死刑罪名的其他重罪案件可比，后者辩护率最低仅30%左右（参见表5）。值得注意的是，故意杀人罪高辩护率并非只有指定辩护的原因。数据显示，委托与指定辩护的比例为5:5（参见表5）。故意杀人案件指定辩护率较高一方面说明故意杀人罪绝大多数属于可能判处无期、死刑的“应当型”指定辩护范围，另一方面也说明不少犯故意杀人罪的被告人经济状况不如经济犯罪被告人，其中一些被告人购买刑事辩护服务的能力较低。有部分故意杀人罪的被告人在没有辩护律师的情况下就受到刑事审判。例如，在2016年故意杀人罪辩护率低于80%的地区德阳、广元、甘孜、绵阳、南充和宜宾，均有1~2件上网的故意杀人罪案件没有辩护人。①

理论上，故意杀人罪基本上属于指定辩护的范围，与国家给付能力的相关性较弱，这也是故意杀人罪的辩护率在实践中能够达到至少80%以上，且指定辩护占半壁江山的现实基础。虽然故意杀人罪的辩护率并未达到100%，但没有辩护人的故意杀人案均在基层法院审理。这意味着它们应属情节较轻不会被判处无期、死刑的案件。为进一步分析部分故意杀人案件没有辩护人的原因，我们对2016年21件该类案件进行了分析，结果发现这些案件均属于故意杀人未造成死亡结果的未遂或中止，平均获刑6年。宜宾市有一起故意杀人案件有三名被告人，主犯获得指定辩护而两名从犯未获辩护，而这两人最终获刑10年和13年。南充市有一起故意杀人案件有4名被告人，

① 上网的故意杀人案件数量很少，每个地区仅有几件，即使一个案件缺少指定辩护也会对辩护率数值产生很大影响。

其中两人委托辩护而其余两人无辩护，最终无辩护的两被告人分别获刑10年和8年。由此可见，即使是刑期后果严重的案件，仍有被告人出于种种原因未聘请律师，或源自贫穷，或因为真心认罪伏法等。不过，故意杀人罪辩护率未达到100%也与我国“应当型”指定辩护标准的模糊性有关。“可能判处死刑”及“可能判处无期”作为一种应当型指定辩护标准，与“盲、聋、哑人”和“未成年人”这样的相对明确性标准无法同日而语。我们在公安机关调研时也发现，“可能判处死刑”与“可能判处无期”的“可能”标准在实践中掌握起来较为困难。为了规避责任，一些民警只要碰到故意杀人罪这种恶性案件就会通知法律援助中心指派辩护人，但其他具有死刑罪名的案件则相对来讲更加不好把握。

其二，贪污贿赂类犯罪和破坏社会主义市场经济秩序类犯罪案件的辩护率也较高。统计发现，贪污贿赂，非法吸收公众存款，生产、销售伪劣商品和传销等犯罪，其辩护率均高于50%。虽然辩护率在各类型案件中的不同呈现是复杂双向选择的结果，但2015年、2016年数据显示辩护资源均向这两类犯罪案件倾斜（参见图3）。此外，贪污贿赂类犯罪和破坏社会主义市场经济秩序类案件的指定辩护律师数量几乎为零（参见表5），因为这两类犯罪案件往往不具备指定辩护的条件。质言之，这些案件中的律师均是被告人自行委托。

其三，辩护率中等的案件类型相对多样化，既包括侵财类犯罪，如诈骗；也包括妨害社会管理秩序类犯罪，如组织介绍卖淫；亦包括侵犯公民人身权利的犯罪，如强奸、故意伤害、非法拘禁等。虽然称为中等辩护率，但这些案件的辩护率均高于30%，而全部案件的平均辩护率不到30%。中等辩护率的案件或多或少都有指定辩护律师介入。其中强奸、故意伤害和

表 5　四川省全省上网案件按案件类型划分的辩护情况一览表

| 年份 | 2015 年 | | | | | 2016 年 | | | | |
|---|---|---|---|---|---|---|---|---|---|---|
| | 被告人数 | 拥有律师的被告人数 | 指定律师数量（人次） | 委托律师数量（人次） | 辩护率*** | 被告人数 | 拥有律师的被告人数 | 指定律师数量（人次） | 委托律师数量（人次） | 辩护率*** |
| 涉枪犯罪 | 831 | 114 | 2 | 122 | 13.7% | 1389 | 148 | 9 | 150 | 10.7% |
| 交通肇事和危险驾驶 | 4197 | 677 | 10 | 712 | 16.1% | 6901 | 899 | 21 | 919 | 13.0% |
| 具有死刑罪名的其他 | 106 | 52 | 6 | 52 | 49.1% | 127 | 46 | 8 | 40 | 36.2% |
| 贪污贿赂 | 185 | 136 | 2 | 170 | 73.5% | 968 | 722 | 2 | 886 | 74.6% |
| 生产、销售伪劣商品 | 77 | 47 | 0 | 50 | 61.0% | 120 | 61 | 0 | 65 | 50.8% |
| 毒品犯罪 | 4112 | 1160 | 179 | 1085 | 28.2% | 5043 | 1089 | 123 | 1068 | 21.6% |
| 盗窃 | 6660 | 822 | 132 | 751 | 12.3% | 8991 | 956 | 157 | 848 | 10.6% |
| 抢劫 | 736 | 247 | 29 | 248 | 33.6% | 870 | 258 | 27 | 254 | 29.7% |
| 强奸 | 28 | 15 | 0 | 17 | 53.6% | 123 | 43 | 4 | 41 | 35.0% |
| 抢夺 | 224 | 33 | 3 | 32 | 14.7% | 243 | 42 | 3 | 42 | 17.3% |
| 故意杀人 | 202 | 177 | 91 | 104 | 87.6% | 189 | 157 | 89 | 82 | 83.1% |
| 故意伤害 | 1953 | 736 | 60 | 754 | 37.7% | 2528 | 892 | 89 | 876 | 35.3% |

续表

| 年份 | 2015年 | | | | | 2016年 | | | | |
|---|---|---|---|---|---|---|---|---|---|---|
| | 被告人数 | 拥有律师的被告人数 | 指定律师数量（人次） | 委托律师数量（人次） | 辩护率*** | 被告人数 | 拥有律师的被告人数 | 指定律师数量（人次） | 委托律师数量（人次） | 辩护率*** |
| 非法拘禁 | 493 | 195 | 5 | 208 | 39.6% | 607 | 146 | 4 | 149 | 24.1% |
| 开设赌场 | 962 | 250 | 0 | 277 | 26.0% | 1302 | 230 | 0 | 253 | 17.7% |
| 传销 | 144 | 70 | 1 | 74 | 48.6% | 114 | 71 | 0 | 84 | 62.3% |
| 聚众斗殴和寻衅滋事 | 1264 | 416 | 6 | 440 | 32.9% | 1843 | 528 | 17 | 552 | 28.6% |
| 盗伐林木 | 220 | 38 | 2 | 37 | 17.3% | 288 | 39 | 6 | 35 | 13.5% |
| 诈骗 | 1005 | 411 | 13 | 441 | 40.9% | 1075 | 417 | 8 | 461 | 38.8% |
| 非法吸收公众存款 | 105 | 77 | 0 | 101 | 73.3% | 220 | 155 | 0 | 197 | 70.5% |
| 组织介绍卖淫 | 204 | 79 | 0 | 86 | 38.7% | 372 | 119 | 1 | 135 | 32.0% |
| 其他 | 1931 | 689 | 16 | 759 | 35.7% | 2646 | 1000 | 16 | 1114 | 37.8% |
| 合计 | 25639** | 6441 | 557* | 6520* | — | 35959** | 8018 | 584* | 8251* | — |

注：* 本表数据与根据地域划分的指定辩护和委托辩护的数量有一定出入，这一方面是因为地域分类中未包含铁路法院管辖的案件，另一方面也是因为某些判决书的表达模糊或使用了非正式表达，导致归类失败。

** 此处的案件数量、被告人数量略少于依据地域分布统计出的对应数量，造成此状况的原因是有极少量案件按照上表案件类型进行归类失败。

*** 此处的辩护率是根据归为某一类型的案件中辩护律师数量与被告人数量的比值计算出来的，不可避免出现在极少数情况下一个案件中多个被告人具有不同罪名但被统一归为主要罪名之下的情况，由此可能造成有限误差。

具有死刑罪名的其他案件指定辩护律师甚至能够占该类型案件拥有全部律师数量的10%左右。但是，诈骗和组织介绍卖淫的指定辩护律师极少，诈骗指定律师占该类型全部律师的2%左右，组织介绍卖淫两年来只有一名指定辩护律师。由此可见，在刑事法律援助资源分配时，可能倾斜于暴力型重罪案件，而对于被告人能够从犯罪中收益的案件，指定辩护很少。

其四，辩护率较低的案件主要集中于盗抢类犯罪、部分毒品犯罪和交通肇事犯罪。盗抢类案件中盗窃和抢夺辩护率均不超过20%。抢劫辩护率虽然在30%左右，但其中有很多属于指定辩护。在毒品犯罪中，约80%以上属于走私、贩卖、运输、制造毒品罪，[①] 在这些案件中零包贩毒案件数量大，通常占贩卖毒品案件的一半以上，而毒品犯罪人员一半以上都是无业者，以贩养吸者多。[②] 因此，可以推测毒品犯罪中有大量被告人，尤其是零包贩毒被告人普遍缺乏聘请律师的经济条件。“交通肇事”包括交通肇事罪和危险驾驶罪，虽不能断定其被告人无力聘请律师，但由于两罪的量刑并不严厉，尤其是危险驾驶罪法定最高刑仅为拘役6个月，交通肇事罪的被告人多通过保险公司赔偿被害人损失，从而较多适用缓刑或拘役，委托辩护的必要性不大。值得注意的是，在这些辩护率低的案件中委托辩护率远远高于指定辩护率，但处于经济地位劣势的重罪被告人仍能从指定辩护中获益（参见表5）。例如，毒品犯罪和盗窃罪，虽然指定辩护比例低，指定辩护与委托辩护比例大概只有1∶9，但因为案件基数大，这两类案件从绝对数量上消耗了较多的指定辩护资源，约占指定辩护的半壁江山。这与故意杀人

---

① 参见佟季、闫平超：《2007年至2011年全国法院审理毒品犯罪案件情况分析》，载《人民法院报》2012年6月27日。

② 参见《人民法院禁毒工作白皮书（2012—2017）》。

罪形成鲜明对比，后者虽然从绝对数量上看只占指定辩护的约1/6，但在该类案件中指定辩护与委托辩护已经平分秋色。这一区别的产生可能受“应当型”和“可以型”指定辩护作用发挥程度的影响。盗窃罪只有在盗窃“数额特别巨大”时才可能判处无期徒刑，方符合“应当型”指定辩护标准，推知现有盗窃罪指定辩护案件多来自“可以型”指定辩护，是基于被告人经济状况而指定律师。

另外，值得一提的是，部分辩护率低的案件因为基数大，其辩护律师数量远高于其他案件类型（参见表5）。与经验相符，交通肇事和危险驾驶、毒品、故意伤害是辩护律师案源的主要部分，分别占整个辩护市场的10%、15%和11%左右。尽管盗窃案件的辩护率很低，但由于案件基数大，实际上成为刑事辩护律师的重要案件来源，约占整个市场的12%。例如，2016年成都地区律师办理案件类型前三位的是盗窃（占该地区所有被代理被告人数的13.4%）、交通肇事和危险驾驶（12.9%）、毒品犯罪（11.9%），而达州是贪污贿赂（16.9%）、盗窃（16.3%）、毒品犯罪（10.9%）（参见表6）。

**表6　四川省全省上网案件律师办理案件类型与地区交叉分析**

| 地区内律师辩护量排名第一的案件类型 | 地区及占该地区所有代理被告人数比例 |
| --- | --- |
| 盗窃 | 巴中（15.1%）、成都（13.2%）、绵阳（15.3%）、资阳（14.4%） |
| 毒品 | 德阳（17.9%）、广安（16.9%）、广元（12.0%）、泸州（14.4%）、内江（15.3%）、攀枝花（24.1%）、西昌（17.7%）、雅安（15.0%） |
| 故意伤害 | 乐山（11.7%）、眉山（11.7%）、遂宁（16.3%）、宜宾（11.0%） |
| 贪污贿赂 | 达州（16.9%）、甘孜（25.5%）、阿坝（29.6%）、自贡（12.0%） |
| 交通肇事和危险驾驶 | 南充（13.1%） |

### （五）不同地区的辩护率

受到小样本的局限，既往研究多抽样某一特定地区的案件展开研究，很难深入探讨辩护率的地区差异。但事实上，律师的地区分布不均衡，[①] 这可能导致不同地区的辩护存在差异。本研究的发现证实了这种推断。

第一，民族地区与非民族地区辩护率存在较大差异。甘孜、阿坝和凉山地区的辩护率大幅低于全省平均数，甚至民族地区和非民族地区的辩护率差异最高能达两倍。例如，2015 年攀枝花市的辩护率为 32.2%，而阿坝州仅有 15.9%。民族地区的辩护率畸低，很难仅用经济或人口流动因素来解释，甘孜州和凉山州由人口流动带来的城市管理难度不会高于巴中、南充、广元等地，但其辩护率远低于这些地区。这或许反映了地区经济相对不发达、交通状况较差和地区辩护资源不充分对辩护率产生的综合负面影响。[②]

第二，非民族地区的辩护率与全省平均值上下偏离不大。两年均高于全省平均辩护率的地区有 8 个（成都、泸州、广元、遂宁、乐山、南充、广安、达州），其中，除成都只是略微高于全省平均值外，大部分地区高出大约 3 个百分点。两年平均低于全省平均值的有 7 个地区（德阳、绵阳、内江、眉山、宜宾、资阳、自贡）。除自贡市外，其他地区低于平均值的幅度不大。辩护率高于全省平均值的地区具有更强的刑事服

① 我国律师有 85%~90% 集中在大城市，10%~15% 集中在县城。参见周勉：《我国目前尚有 206 个县未实现律师“零突破”》，载《人民日报》2009 年 10 月 27 日。就四川省而言，2018 年律师总数为 1.9 万人，其中，成都市就有 1.2 万人，约占 63%。

② 以执业律师数量为例，根据四川省司法厅网站的数据，甘孜州的注册律师仅有 40 余人，阿坝州 60 余人，凉山州 380 余人，这与成都市的 10000 余人形成鲜明对比。

务购买力，数据显示这些地区开展辩护的律师数量在全省的比例略高于被告人占全省总数的比例（参见表9）。

毫无疑问，地区性辩护率差异受到多种因素的影响。一般认为，辩护率与地区宏观经济发展水平相关，即经济发达地区的刑事辩护率相对较高。[①] 但本研究发现，经济条件较好地区[②]的辩护率并非一定高于欠发达地区，经济发展水平相当的地区之间也存在辩护率的显著差异。由表7可知，以各地区人均地区生产总值、城镇居民家庭人均可支配收入为指标的相关系数显示，地区宏观经济发展与辩护率不具有完全直接的相关性。对此的合理解释可能是，地区辩护率差异极有可能受到案件类型及其所反映的人口流动因素以及律师数量等因素的影响。以“盗窃、抢夺”案件作为低辩护率案件的代表[③]，对成都和巴中地区的同类案件数量统计分析发现，成都地区抢夺、盗窃的案件被告人占被告人总人数的比例远较巴中地区大，这说明成都地区的这两类刑事案件比例高（参见图4）。由于这两类案件辩护率均远低于当地平均辩护率，在同一地区，这两类案件比例越高，辩护率就可能越低。另外，毒品犯罪案件的比例也大大

① 参见郝铁川：《刑案律师辩护率何以较低？》，载《法制日报》2016年8月8日。

② 地区经济发展水平以2014年四川省人均地区生产总值来衡量（单位：元）：成都70019，自贡39145，攀枝花70646，泸州29655，德阳43091，绵阳33558，广元22117，遂宁24691，内江31024，乐山37125，南充22639，眉山31664，宜宾32318，广安28489，达州24411，雅安30052，巴中13756，资阳33592，汶川27043，康定18096，西昌28556。数据来源于《2015四川省统计年鉴》，载四川省统计局官网，http://www.sc.stats.gov.cn/tjcbw/tjnj/2015/index.htm，最后访问时间：2018年1月10日。

③ 在各类型的案件中，“盗窃”“抢夺”案件是公认能够反映被告人经济状况的案件类型，依据常识，这两类案件的犯案者多为穷人，此类被告人也很难负担委托辩护律师的费用。本文数据也能支持这一判断，2015年犯盗窃罪的被告人有97%属于无业者或农民，有90.5%是初中以下文化程度，抢夺罪相对应的数据分别是95.2%和93%。

降低了成都地区的辩护率。成都地区毒品案件数量占总案件数的比例是巴中地区的3~4倍，且成都地区两级法院毒品案件总辩护率两年均较当地整体辩护率低，而巴中地区的毒品案件辩护率则较当地平均辩护率高。对此的合理解释可能是，成都地区作为大型城市，基层法院承办了较多辩护率较低的零包贩毒案件。两年内，成都地区79.8%的贩毒案件被告人获刑3年以下；而巴中地区接近一半的贩毒案件被告人获刑3年以上，应为更为严重的批发贩毒案件，从而辩护率更高。既往研究已经指出大中城市或东南沿海经济发达地区外来人口犯罪率比较高。①成都属于省会大型城市，经济整体较为发达，人口构成复杂特别是流动人口多，贫富差异大，容易出现侵财类和零包贩毒等案件。这类案件很少能够达到“应当型”指定辩护标准，被告人也无力聘请律师，因此辩护率较低。

**表7　人均地区生产总值、城镇居民家庭人均可支配收入变量与上网案件辩护率的相关系数**

| | 2015年 | | | 2016年 | | |
|---|---|---|---|---|---|---|
| | 委托辩护率 | 指定辩护率 | 上网案件辩护率 | 委托辩护率 | 指定辩护率 | 上网案件辩护率 |
| 城镇居民可支配收入 | -0.0156% | 0.3345% | 0.1024% | -0.0768% | 0.2448% | -0.0116% |
| 地区人均生产总值 | 0.0758% | 0.3229% | 0.1898% | -0.0978% | 0.1765% | -0.0506% |

律师在不同地区的数量与在地区间的流动也可能影响辩护

① 参见顾永忠、陈效:《中国刑事法律援助制度发展研究报告》(下)，载《中国司法》2013年第2期。

率。数据分析发现，刑事辩护是一个在市场规律影响下由需求主导的领域。成都、泸州、广元、乐山、南充、广安、达州等

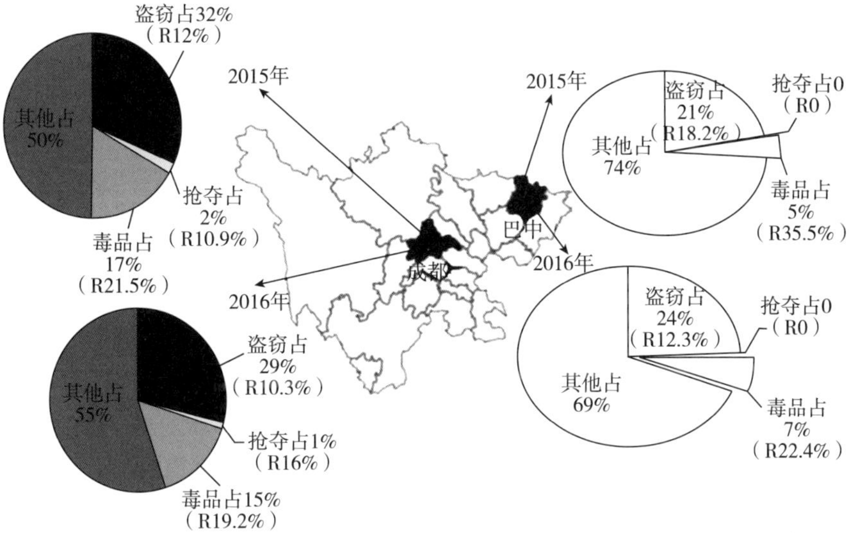


**图 4　成都、巴中地区的盗窃、抢夺、毒品案件比例及辩护率图示（R 为辩护率）**

地刑辩律师数量在全省的比例略高于被告人占全省总数的比例（参见表 8）。以成都为例，两年其被告人占总数比均略小于对应的辩护律师比例。2015 年，成都被告人数量占全省被告人数量的 33.0%，集中了全省 35.6% 的辩护律师数量。2016 年，成都获得辩护的被告人比例为 27.4%，辩护律师比例为 28.8%。这也从侧面说明成都地区被告人的贫富分化相对严重，因为选择双委托的被告人多，集中的律师数量也相对较多，但整体的辩护率只略高于全省平均值，与其经济表现相差甚远。相比 2015 年，2016 年辩护律师有从成都向其他城市扩散活动的微弱趋势，或者说，非省会城市的各地区当地的刑事辩护律师数量在提高。这与被告人数量的地区分布呈现正比例关系。

表 8　四川省全省及各市州上网案件被告人及律师数量一览表

| | 2015 年 | | | | 2016 年 | | | |
|---|---|---|---|---|---|---|---|---|
| | 被告人数量（人次） | 占全省总数百分比 | 辩护律师数量（人次） | 占全省总数百分比 | 被告人数量（人次） | 占全省总数百分比 | 辩护律师数量（人次） | 占全省总数百分比 |
| 全省 | 26992 | 100% | 7400 | 100% | 10364 | 100% | 9480 | 100% |
| 成都 | 8896 | 33.0% | 2637 | 35.6% | 1180 | 27.4% | 2727 | 28.8% |
| 自贡 | 776 | 2.9% | 148 | 2.0% | 1071 | 3.1% | 223 | 2.4% |
| 攀枝花 | 933 | 3.5% | 324 | 4.4% | 2663 | 2.8% | 253 | 2.7% |
| 泸州 | 1437 | 5.3% | 402 | 5.4% | 1938 | 7.0% | 676 | 7.1% |
| 德阳 | 1194 | 4.4% | 317 | 4.3% | 2243 | 5.1% | 448 | 4.7% |
| 绵阳 | 1661 | 6.2% | 426 | 5.8% | 1371 | 5.9% | 536 | 5.7% |
| 广元 | 1057 | 3.9% | 341 | 4.6% | 1334 | 3.6% | 399 | 4.2% |
| 遂宁 | 937 | 3.5% | 312 | 4.2% | 1526 | 3.5% | 365 | 3.9% |
| 内江 | 1026 | 3.8% | 242 | 3.3% | 1264 | 4.0% | 294 | 3.1% |
| 乐山 | 723 | 2.7% | 220 | 3.0% | 1650 | 3.3% | 391 | 4.1% |
| 南充 | 1295 | 4.8% | 413 | 5.6% | 1274 | 4.4% | 528 | 5.6% |
| 眉山 | 830 | 3.1% | 208 | 2.8% | 2379 | 3.4% | 315 | 3.3% |
| 宜宾 | 1352 | 5.0% | 353 | 4.8% | 956 | 6.3% | 596 | 6.3% |
| 广安 | 603 | 2.2% | 188 | 2.5% | 1213 | 2.5% | 263 | 2.8% |
| 达州 | 981 | 3.6% | 305 | 4.1% | 959 | 3.2% | 340 | 3.6% |
| 雅安 | 574 | 2.1% | 126 | 1.7% | 923 | 2.5% | 254 | 2.7% |
| 巴中 | 717 | 2.7% | 195 | 2.6% | 1275 | 2.4% | 218 | 2.3% |
| 资阳 | 892 | 3.3% | 220 | 3.0% | 503 | 3.4% | 272 | 2.9% |
| 阿坝州 | 320 | 1.2% | 51 | 0.7% | 244 | 1.3% | 89 | 0.9% |

续表

| | 2015年 | | | | 2016年 | | | |
|---|---|---|---|---|---|---|---|---|
| | 被告人数量（人次） | 占全省总数百分比 | 辩护律师数量（人次） | 占全省总数百分比 | 被告人数量（人次） | 占全省总数百分比 | 辩护律师数量（人次） | 占全省总数百分比 |
| 甘孜州 | 176 | 0.7% | 35 | 0.5% | 1467 | 0.6% | 46 | 0.5% |
| 凉山州 | 553 | 2.0% | 108 | 1.5% | 10364 | 3.9% | 247 | 2.6% |

注：由于分类中排除了铁路案件，各区域百分比求和为99.8%而非100%。

## 三、被告人经济状况：影响辩护率的重要因素

尽管辩护率的差异性受到诸多因素的影响，但相关分析显示，经济因素作为一条若隐若现的暗线，刺穿了各种类型化辩护率差异的表面分隔，成为影响辩护率的一个最为显著的因素。过去有关辩护率的研究多遵循权利保障进路，将被告人视作“被动”的接受者，因而几乎所有研究都以如何促进更多的被告人享有充分辩护权为出发点与落脚点。社会各界只是根据经验常识认为，经济贫困的被告人获得辩护的可能性更小。本文从类型化角度对辩护率差异的实证分析，在很大程度上揭示了辩护率差异背后的经济因素，从而表明刑事辩护中存在“财富效应”。

一方面，经济状况较好的被告人获取刑事辩护服务的能力更强，有些经济实力雄厚的被告人甚至能够委托两名辩护律师。[①] 首先，某些犯罪类型较充分反映被告人经济水平，从而可

① 需要说明的是，双委托现象未必是被告人或委托人的意愿。有时候，一个被告人有两名律师也可能是律师的辩护服务策略：增加一名律师往往可以在分解主办律师任务的同时体现收费高的价值，增强客户体验感；增加一名律师，多一名律师分享办理“大要案”的职业荣誉，也便于律师宣传。但是，在本文中双委托现象主要用来支持被告人经济能力更强的论点，因为客观上被告人能支付得起两人费用。至于这个选择是被告人主观意愿还是接受了律师的推荐，不属于本文重点关注的内容。

以集中反映市场经济因素在辩护资源分配时发挥着重要作用。经济型犯罪因其犯罪所需条件高、犯罪经济收益大等因素，一般具有较好的经济状况，数据揭示其辩护状况呈现“三高”：总体辩护率高、委托辩护率高、双委托比例高。贪污贿赂案件、非法吸收公众存款案件的上网案件辩护率高达70%以上，“诈骗”的辩护率也近50%。这并非一时一地的特例，随着被告人数量的变化，辩护率始终居高不下。就贪污贿赂案件而言，其被告人数量从2015年185人激增到2016年的968人，增加近4倍，其辩护率在70%以上的高位不降反升。辩护律师数量相应从172人次增长为888人次，2016年相比2015年新增的律师数量有近四成涌进贪污贿赂罪辩护领域，令人难以置信。这些犯罪案件的辩护律师几乎全部由被告人自行聘请，指定辩护接近于零。交叉分析还发现，双委托现象在贪污贿赂罪和非法吸收公众存款罪等犯罪收益较大的案件类型中表现最突出（委托两名律师的被告人占该类案件委托辩护被告人总数的25%左右）。2015年，四川省上网判决中有律师的6901名被告人中有9.5%委托了两名辩护律师；2016年相应的8632名被告人中有9.8%聘请了两名律师。其中，2016年，犯贪污贿赂罪且拥有辩护律师的722名被告人中有167人聘请了两名律师；同年，犯非法吸收公众存款罪且拥有辩护律师的155名被告人中有43人也聘请了两名律师。也就是说，这两类犯罪中每四名被告人中就有一人是双律师。其次，被告人的职业因素（参见表9）[①] 实质上最终指向被告人个体经济状况，从而职业也可以作为一项指标反映经济因素对辩护率的影响。分析发现，上

① 由于并非所有判决书中都统一标注了这四类身份信息，甚至有些判决书中只有被告人姓名一项，因此各子项研究以能够在其中提取出相关信息的有效分析样本数量为准。

网案件的辩护率与被告人的职业、文化程度等级相一致（参见图5）。被告人拥有较好职业的案件整体上辩护率更高。如果被告人“原系”国家机关或事业单位的工作人员，每四人中有三人能够获得刑事辩护服务，其中绝大部分属于委托辩护，是无业人员获得辩护的三倍以上。

另一方面，与之形成鲜明对照的是，经济贫困的被告人获取刑事辩护服务的可能性相当低，不要说委托两名律师，就是那些面临较为严重刑罚的贫穷被告人甚至连一个辩护律师也无法获得。从案件类型上看，盗抢类案件、毒品尤其是零包贩毒案件的被告人，往往处于社会底层，经济贫困，其辩护率较低。“盗窃”“抢夺”上网案件辩护率不超过20%，盗窃罪甚至只有10%左右，不及所有案件整体辩护率的一半，仅为经济型犯罪辩护率的1/7。极端情况下，即使是犯最为严重的故意杀人罪的贫穷被告人也可能没有经济能力委托律师。一旦指定辩护因为某种原因缺位，例如，上文分析提及的在基层法院审理的或是未遂形态故意杀人罪不属于必须指定的范围，这些被告人就很可能在没有辩护律师的情况下接受审判。从职业来看，无业者的辩护率低。强奸案被告人90%以上为初中以下文化程度的农民或无业者，他们并不具备购买法律服务的足够能力，当2016年被告人人数较2015年的28人增长为123人时，辩护率则直接从53.6%下降到35%。毒品犯罪中零包贩毒数量大，无业者占多数，通常还以贩养吸，因此大量基层法院一审毒品案件的被告人也没有能力聘请律师。被告人的职业、文化程度等级越低，其获得辩护服务的比例就越低（参见图5），这也在相当程度上验证了被告人经济水平对辩护率的影响。

表 9　四川省全省上网案件被告人身份变量下的辩护率一览表

| | | 2015 年 | | | | 2016 年 | | | |
|---|---|---|---|---|---|---|---|---|---|
| | | 被告人数量（人） | 拥有律师的被告人数量（人） | 辩护率 | 指定辩护率 | 被告人数量（人） | 拥有律师的被告人数量（人） | 辩护率 | 指定辩护率 |
| 性别 | 男 | 17856 | 4523 | 25.3% | 2.1% | 30046 | 6922 | 23.0% | 1.7% |
| | 女 | 1853 | 613 | 33.1% | 5.0% | 3144 | 891 | 28.3% | 2.5% |
| 年龄 | 18~27 | 4309 | 1063 | 24.7% | 2.5% | 7179 | 1450 | 20.2% | 1.5% |
| | 28~37 | 3526 | 950 | 26.9% | 2.4% | 6937 | 1592 | 22.9% | 1.7% |
| | 38~47 | 3802 | 1057 | 27.8% | 2.8% | 7132 | 1697 | 23.8% | 1.7% |
| | 48~57 | 1458 | 400 | 27.4% | 2.0% | 3289 | 891 | 27.1% | 1.2% |
| | 58~ | 587 | 152 | 25.9% | 4.1% | 1185 | 283 | 23.9% | 2.9% |
| 职业 | 无业 | 4879 | 1250 | 25.6% | 2.9% | 6609 | 1338 | 20.2% | 2.3% |
| | 农民 | 5883 | 1343 | 22.8% | 2.9% | 8176 | 1556 | 19.0% | 2.2% |
| | 职工 | 388 | 151 | 38.9% | 6.7% | 575 | 210 | 36.5% | 2.8% |
| | 个体 | 472 | 186 | 39.4% | 1.1% | 670 | 188 | 28.1% | 0.7% |
| | 经商 | 39 | 18 | 46.2% | 0% | 78 | 31 | 39.7% | 2.6% |
| | 原系 | 64 | 48 | 75.0% | 0% | 151 | 114 | 75.5% | 1.3% |
| 文化程度 | 文盲 | 738 | 136 | 18.4% | 6.2% | 1275 | 175 | 13.7% | 3.5% |
| | 小学 | 4831 | 1071 | 22.2% | 3.1% | 7734 | 1331 | 17.2% | 2.5% |
| | 初中 | 7269 | 1915 | 26.3% | 2.1% | 11131 | 2431 | 21.8% | 1.3% |
| | 高中 | 1333 | 435 | 32.6% | 1.0% | 2073 | 590 | 28.5% | 1.0% |
| | 中专 | 636 | 184 | 28.9% | 1.4% | 1098 | 295 | 26.9% | 1.1% |
| | 大专 | 457 | 238 | 52.1% | 1.5% | 879 | 377 | 42.9% | 0% |
| | 大学 | 289 | 155 | 53.6% | 1.7% | 779 | 461 | 59.2% | 0.4% |
| 民族 | 汉族 | 15626 | 4205 | 26.9% | 2.3% | 25074 | 5849 | 23.3% | 1.6% |
| | 少数民族 | 1041 | 238 | 22.9% | 4.5% | 1873 | 324 | 17.3% | 2.2% |

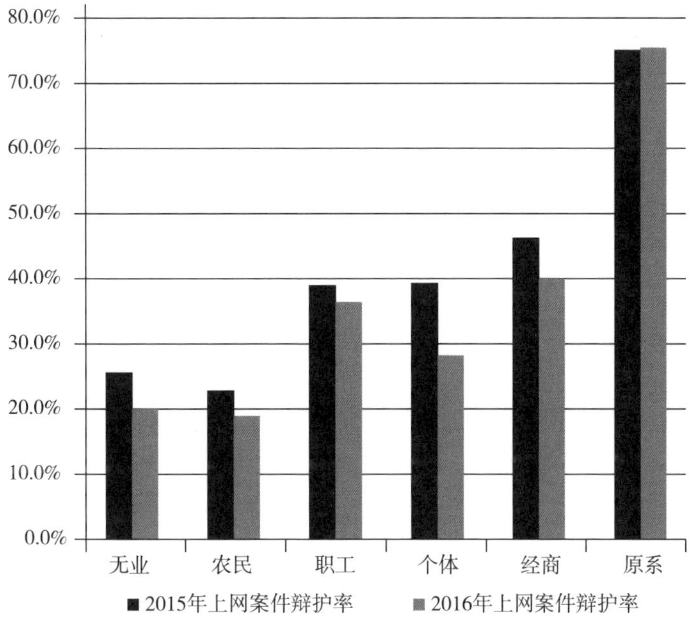


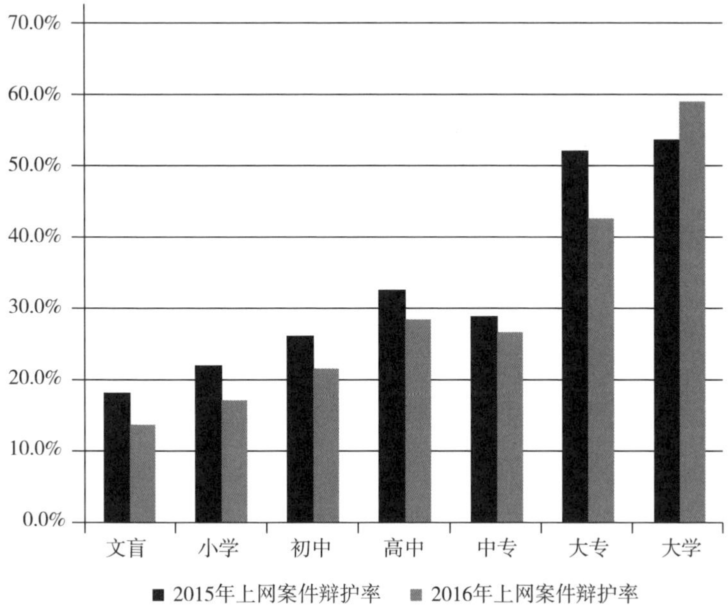


**图5　被告人职业、文化程度及其各自的上网案件辩护率**

从某种意义上讲，经济因素的主导性反映了辩护资源的分配出现了不同程度的“财富效应”。按照兰博约的界定，“财富效应是指对抗式程序给有钱人带来的巨大优势……因为大多数严重犯罪的被告都是贫困阶层或准贫困阶层，财富效应因此成为对抗式刑事程序深刻的结构性缺陷”。[①]“律师代表较富裕的检察官（特别是机构）和被告……没有律师代表的被告在作为法律顾问的法庭的协助下，仍然受到掣肘”[②]，而“无力聘用律师和支付审前调查费用的一方（通常但并非完全是刑事案件中的被告）将处于不利地位”[③]。兰博约通过历史实证主义的研究进路，在分析《老贝利法庭审判实录》的基础上，分析了对抗制审判的起源，并表达了对“财富效应”的担忧。兰博约的研究揭示了对抗制的起源与被告人的权利保障紧密相关，正是为了保护重罪案件的被告，英国才允许引入辩护律师，但对抗制积极作用的反面恰恰是其带来的“财富效应”“敌对效应”和对案件真实发现的弱化。[④]当1696年《叛国罪审判法》首次允许被控叛国罪的被告人获得律师辩护时，经济问题可能不在贵族被告人或立法者的考虑范围内，因为贵族完全能够承担雇佣律师和调查的费用。在近一个世纪后，当对抗制扩展到重罪案件的审理时，律师的刑事辩护逐渐进入市民阶层的购买市场，但他们中的很多人并不拥有能够成功利用这一制度使

① John H Langbein, *The Origins of Adversary Criminal Trial*, Oxford University Press, 2003, p.2.

② John H Langbein, *The Origins of Adversary Criminal Trial*, Oxford University Press, 2003, p.316.

③ John H Langbein, *The Origins of Adversary Criminal Trial*, Oxford University Press, 2003, p.316.

④ 参见左卫民:《对抗式刑事审判：谱系与启示》，载《清华法学》2016年第5期。

其为自己服务的财富积累，[①]“财富效应”方为人们所认识。概言之，刑事辩护中财富效应主要是指被告人的经济状况是决定其能否获得委托辩护服务的关键因素，律师多为富裕被告人服务，而没有律师的被告人将处于不利地位。在日益精密化、专业化的现代刑事诉讼中，辩护律师对于被追诉人的重要意义已无须赘言，“财富效应”在很大程度上可以化约为贫富差距可能导致司法的平等性和公正性问题。

事实上，尽管未使用“财富效应”这一概念，我国对刑事辩护中的经济因素一直持较为警惕的态度。早在1994年，时任司法部部长肖扬在论及法律援助制度时指出，其“是要解决在改革开放不断深化的形势下，公民之间由于贫富悬殊而存在的获得法律服务权利不平等的问题……没有这一机制的保障，司法公正就无从谈起，……人们就有可能把社会主义的法院指责为‘有理无钱莫进来’的‘衙门’，这是一个关系到法律和国家本质的政治问题、原则问题”。[②]1996年刑事诉讼法和律师法在立法层面正式确立了法律援助制度，[③]2003年还出台了《法律援助条例》。尽管我国不断提高法律援助的经费总额，受援的被告人数量也逐年扩大，但法律援助覆盖范围依然有限，辩护率提高缓慢，刑事辩护中经济因素（即“财富效应”）依然不同程度地存在。上文的实证分析也证实了这一点。

---

① John H Langbein, *The Origins of Adversary Criminal Trial*, Oxford University Press, 2003, p.3，p.103.

② 张耕、宫晓冰:《中国法律援助制度诞生的前前后后》，中国方正出版社1998年版，第9页。

③ 按照《中国法律年鉴》及中国法律援助公布的数据统计，全国法律援助机构获得的援助经费总额从2004年的2.46亿元逐年上升到2014年的17亿元，办案数量也自2004年的19万余件逐年上升，2014年达到124万件，其中刑事案件办理数量从7.9万件上升到24万件。

## 四、破局路径

在当下，我国的刑事辩护率整体水平一方面受律师市场供求规律决定（委托辩护），另一方面还受制于国家给付能力与意愿（指定辩护）。“财富效应”的存在使得后者对辩护率的提升乃至刑事诉讼整体权利保障水平的提高都具有决定性影响。长远来看，要彻底消除经济因素带来的程序不平等，必须增强国家对辩护市场的调控作用，通过国家力量的强势介入为经济弱势的被告人提供辩护服务，从而使国家给付能力真正成为辩护率的决定因素而不是影响因素。“在现代法治国家，保证被控告人获得专业律师辩护权是国家的人权保障义务。国家不仅不能侵害辩护权，而且应切实保障辩护权，对辩护权负有给付义务。”[①] 对于经济地位劣势者来说，国家的给付能力显得至关重要。不仅是传统的英美法系国家，即如法国、意大利、日本、韩国等国家也基本实现了刑事辩护的全覆盖。[②] 由国家支付指定辩护所形成的费用是给付能力的重要体现，也能弥补贫穷被告人刑事服务购买能力的不足，从而在相当程度上减少甚至消除“财富效应”。

确实，上文的数据显示既有的很多努力已在指定辩护领域产生了明显成效，至少国家的投入在极其严重的犯罪案件中削弱了经济因素的负面影响。第一，“应当型”指定辩护成绩斐然。我们的实证研究发现，在指定辩护资源保障充分的中院层级，一审指定辩护率约为34%，这与委托辩护率的差异已然不大。其中，“故意杀人”和“抢劫”这两类案件的指定辩护率分别为52.9%和46.7%，是所有案件类型中的指定辩护率最高

---

① 冀祥德：《刑事辩护准入制度与有效辩护及普遍辩护》，载《清华法学》2012年第4期。

② 参见陈永生：《刑事法律援助的中国问题与域外经验》，载《比较法研究》2014年第1期。

的两类。第二，“可以型”指定辩护虽无法与“应当型”相提并论，但在实践中发挥着一定作用。数据显示，基层法院普通程序案件的指定辩护率是简易程序的5~7倍。在一些被告人相对更为贫穷的案件类型中，如毒品犯罪和盗窃罪，指定辩护比例虽未高出平均值，但由于案件基数大，从绝对数量上看，仍帮助了较多贫穷被告人获得律师辩护。第三，指定辩护的案件多集中在“毒品”“盗窃”“故意杀人”和“故意伤害”等类型中，这些案件的被告人绝大多数是高中学历以下的无业者或农民。换句话说，相比经济条件较好的被告人，经济能力较弱的被告人能够更多地从指定辩护制度中获益。综上，我们可以合理预期，当投入指定辩护领域的资源加大时，将会使得更多无力聘请律师的被告人获得律师帮助，从而减小被告人之间因个人经济状况产生的不平等。

正如前文所指出的那样，目前我国指定辩护制度也存在较大的局限性。这突出体现在，相对于数量庞大的被告人，国家所投入的法律援助资源还较为有限。①就我们的数据而言，2015年上网判决中有律师的被告人只有8.1%是由指定辩护律师提供的服务，2016年对应比例只有6.1%，其余超过90%的有律师被告人是自己聘请；若将指定辩护数量置于全年被告人总数中观察，指定辩护仅能覆盖大约1.5%的被告人，即使加入未成年人案件、死刑案件，全局性指定辩护比例也不会超过10%。这还直接导致刑事法律援助覆盖范围过窄。此外，值得

① 有研究指出，在法治发达国家和地区法律援助经费在财政支出中所占比例一般在0.1%~1%，但我国政府拨付的法律援助经费只占财政收入的万分之一，甚至十万分之一，其中还包括管理费用，真正用于办案的经费多年来只占全部费用的30%左右。有限资源的分配过程中还存在地区分布错位问题，往往越偏远的地区越需要法律援助，但越偏远的地区经费保障就越不足。

注意的是，由于重罪案件的被告人一般都符合“应当型”的指定辩护，而经济困难的被告人大多只是属于“可以型”指定辩护，这使得原本立足于解决公民间因贫富悬殊而获得法律服务权利不平等问题的援助制度在刑事领域逐步演变为单纯的对重罪案件的援助。作为这方面一个最为直观的体现就是，基层法院、简易程序的其他案件仅能获得极其有限的辩护资源。

因此，如何在现有资源承载能力下增强国家给付力度，扩大法律援助范围成为一项亟待破解的难题。值班律师制度的确立与刑事案件律师辩护全覆盖（以下简称“全覆盖”）的试点对于减少甚至消除经济因素对于刑事辩护的影响无疑具有重要意义。以保障被告人程序选择自主性与认罪自愿性、明知性、明智性的值班律师制度自 2006 年探索以来，经过多年的试点，如今成为刑事速裁程序、认罪认罚制度的一项重要配套制度，[①] 并被 2018 年刑事诉讼法正式确立。最高人民法院与司法部于 2017 年 10 月联合发布的《关于开展刑事案件律师辩护全覆盖试点工作的办法》更是规定：“其他适用普通程序审理的一审案件、二审案件、按照审判监督程序审理的案件，被告人没有委托辩护人的，人民法院应当通知法律援助机构为其提供辩护。”这两项制度不以案由、可能判处的刑罚、被告人是否认罪以及经济状况为标准，由国家提供无差别、无附加条件的刑事法律援助。显而易见，倘若能顺利推进，应该可以克服传统法律援助制度的局限性，在一定程度上抑制刑事辩护中的“财富效应”。从两项制度的试点情况来看，试点地区刑事辩护率有较

① 参见姚莉：《认罪认罚程序中值班律师的角色与功能》，载《法商研究》2017 年第 6 期。

大幅度提升，如北京、浙江等地区部分试点甚至翻了一倍。[①]按照普通程序案件占比 1/3 估计，总体刑事辩护率可能将达到 50%。但需要注意的是，刑事法律援助全覆盖仍处于试点阶段，其深度和广度均有所不足，现有资源的承载能力与实施的具体效果尚待观察。[②]即使完全实现了普通程序中的辩护全覆盖，也无法从根本上解决占案件数量近 2/3[③]的简易、速裁程序案件中的“财富效应”问题。其次，值班律师虽然可以无差别地为简易、速裁程序案件提供法律帮助，但自身存在的诸如身份定位不明、不享有阅卷、调查取证等权利结构性缺陷，使得其对消除辩护中“财富效应”贡献殊少。此外，这种在国外仅作为解决律师辩护覆盖“最初一公里”而设立的应急性法律服务在我国缺少后续的衔接机制，“一公里”之后法律服务由谁承担也是一个悬而未决的普遍性问题。[④]

由此来看，深化、完善刑事辩护全覆盖及值班律师制度，可能只是消除刑事辩护中“财富效应”的一种路径，我们可能还需要另辟蹊径。在这方面，本文的主张是重拾以被告人经济贫困度为标准来配置刑事辩护资源的思路，并由此构建相应的制度。回顾过往的改革，事实上只有这类思路真正回应了刑事辩护中的“财富效应”问题，其出发点在于只要被告人达到获

① 参见《国务院新闻办公室召开新闻发布会透露刑事案件律师辩护全覆盖效果初现》，载中国法院网，https://www.chinacourt.org/article/detail/2018/02/id/3203470.shtml，最后访问时间：2018 年 12 月 10 日。

② 参见陈光中、张益南：《推进刑事辩护法律援助全覆盖问题之探讨》，载《法学杂志》2018 年第 3 期。

③ 参见陈光中、张益南：《推进刑事辩护法律援助全覆盖问题之探讨》，载《法学杂志》2018 年第 3 期。

④ 参见顾永忠：《追根溯源：再论值班律师的应然地位》，载《法学杂志》2018 年第 9 期。

得法律援助的经济困难标准，不论其是否认罪认罚，不论适用何种程序，都应获得援助律师的帮助。[①] 虽然以经济贫困度作为获得法律援助的衡量标准尽管一直存在于官方话语体系之中，但具体的实践运行却重重困难，甚至有被边缘化的趋势。一方面，经济困难属于“可以型”指定辩护，由于资源分配者能够自由裁量是否给付，在资源保障匮乏时容易被牺牲。另一方面，具体的实践也面临操作上的难题。由于被告人的经济困难程度较难认定，很多时候只能作形式上的认定，即只凭某个部门的盖章即可以为被告人符合经济困难标准。由此导致的结果是经济困难标准虚化，从而加重了法律援助的负担，最终造成现有资源无法承受。这反过来其实有阻对真正贫困被告人的援助。既然现有的试点改革无法一蹴而就，国家对刑事辩护中“财富效应”的干预也是一项长期的系统工程，那么将被告人的经济状况作为“应当型”指定辩护的标准指标在当下既具有紧迫性，也具有可操作性。只要被告人的经济状况符合一定标准，无论适用何种程序，都必须在其同意的前提下向其提供法律援助，而这就要求将调查被告人的经济状况作为一项常规工作。至于如何认定被告人的经济状况，不应固守被告人自己证明的老办法，而是可以考虑按照各地具体情况因地制宜地开展，或者由司法机关综合考量被告人的基本情况予以认定，或者建立经济困难推定制。[②]

① 参见周长军、齐延平:《完善刑事法律援助制度弥补人权司法保障短板》，载《光明日报》2017年7月14日第11版。

② 在中共中央办公厅、国务院办公厅《关于完善法律援助制度的意见》要求完善被羁押犯罪嫌疑人、被告人法律援助经济困难证明制度后，内蒙古自治区建立了经济困难承诺制度，当无法开具经济困难证明时可由犯罪嫌疑人、被告人出具书面承诺，先行提供法律援助。一旦发现承诺虚假，可以即行终止法律援助。参见《内蒙古自治区法律援助中心关于建立被羁押犯罪嫌疑人、被告人法律援助经济困难承诺制度的通知》（内法援字〔2017〕14号）。

# “以审判为中心”三大难题解析

张建伟*

概念理解上的一致性，是学术对话的基础，也是实践中确定共同努力方向的必要条件。这与概念的功能有密切关系，“概念是一个基本的思维构成物，这个思维构成物与一个对象客体相对应，并在思维中代表着这个对象客体”。[①]因此，不厘清“以审判为中心”的确切含义，围绕这一主体展开的学术言说可能就失去了焦点。当前学术研究中确实出现由于对“以审判为中心”理解不一而产生的学术观点的错位现象，一些不够严谨的学术观点也引出了对于“以审判为中心”的似是而非的理解。

我们需要通过对“以审判为中心”含义的诠释来理解这一点。

我们可以正向理解“以审判为中心”的含义。有学者指出：“一个定义必须涵盖它所定义的全部事物，但不能比这更多。因此定义工作首先是划出界线，作出限定。就此而言，未经定义的概念是无所限制的概念。”[②]

---

* 张建伟，清华大学法学院教授。

① ［奥］赫尔穆特·菲尔伯：《术语学、知识论和知识技术》，邱碧华译，商务印书馆2011年版，第63页。

② ［美］乔·萨托利：《民主新论》，冯利克、阎克文译，东方出版社1993年版，第184页。

正向理解，“审判中心主义”的基本含义是：整个诉讼制度的建构和诉讼活动围绕审判而建构和展开。在审判中心主义的视角下，侦查是为审判进行准备的活动，起诉是开启审判程序的活动，执行是落实审判结果的活动，侦查、起诉和执行皆服务于审判，审判构成整个诉讼流程中的中心和重心，审判中控诉、辩护、审判三方结构成为诉讼的中心结构。审判中形成的裁判对于审前程序的活动有回溯性、决定性的影响。

庭审实质化的意义在于，徒具形式的审判无法启动诉讼结构的功能，依靠这种只具有形式意义而不可能具有实质意义的庭审是难以确保司法公正的。司法错案的铸成，有不少与审判缺乏实质性有密切关系。让司法审判不成为一场乏味的游戏，是我国刑事司法防范冤假错案的重要举措，也是推动以审判为中心的诉讼制度改革取得成果的关键所在。

在中国，致力于发挥庭审实质性作用的诉讼制度改革，遭遇三大难题需要破解：

## 一、审判流于形式的诉讼总体构造原因

我国庭审流于形式的诉讼总体构造原因，在于侦查终结与提起公诉、定罪的标准一致，造成侦查必须达到将案件查个“山高月小，水落石出”的程度，否则无法向下一个阶段移送案件。这势必造成案件的重心被前置到侦查阶段。如今不少学者和司法人员讨论将侦查中心主义转移到审判中心主义，却回避了是否将侦查终结标准、起诉条件放低的关键问题，使这场讨论的实质价值被大打折扣。当前“以审判为中心”的诉讼制度改革也是在触及侦查为整个诉讼活动的重心背后的深层结构下进行的，即使未来能够达到使庭审实质化的目标，侦查作为诉讼活动的重心地位也不会有根本改变。

### （一）审判流于形式

我国刑事诉讼制度的设计造成诉讼活动的实际重心前置到侦查阶段，这是审判活动流于形式的根本原因。1996 年刑事诉讼法修改并没有触及这一根本症结，只在控辩双方的诉讼方式和发挥作用的空间方面进行了改变和拓展，造成庭审方式改革并没有按照预想的那样如愿以偿，审判空洞化的现象仍然存在，司法实质化的目标还没有达成。1996 年刑事诉讼法修改时法院以增强诉讼抗辩性，要求改革庭审方式以解决庭审流于形式的积弊，但庭审方式改革的结果并没有使庭审流于形式的问题得到解决，只是将法官的庭上工作负担有所减轻（出示、宣读证据的任务转给控诉方）。庭审改革虽以庭审实质化为具有说服力的理由，但 1996 年修改的刑事诉讼法实施不久，法院便有“被告人都认罪了，还有什么好审的”之议，于是检法两家联手进行普通程序简易化改造，直到 2012 年在刑事诉讼法修改中扩大基层法院审理案件适用简易程序的范围，大量案件十几分钟、二十几分钟审理完毕，庭审流于形式的问题仍未解决；近来法院进行速裁程序，也是弱化庭审的思路，形成与“以庭审为中心”的巨大反差。对此的解释，是案件合理分流——只有将案件繁简分流，才能使一部分案件得到更实质化的审判。按此说法，“以庭审为中心”只是以局部案件的庭审为中心而已。不仅如此，这些年来法院经过审判形成最终判断，拟对案件作出无罪判决，但希望将矛盾转移，于是将拟判处无罪的意图告知检察机关，督促检察机关撤回起诉。这种行为也使“以审判为中心”的形象塑造受到减损，实质上也是庭审空洞化的一种表现。

毫无疑问，审判中心主义无论以什么名目出现，“以庭审为中心”也好，“以审判为中心”也好，也无论审判久暂，可以肯定，审判如果不具有实质性，就无法确立自己的诉讼重心或者诉讼中心的地位，审判中心也就沦为一句空话。

实质性审判的基本含义是，法官不可成为侦查的“橡皮图章”；法官秉持中立的原则，与控诉一方和辩护一方保持等距离；法庭审判应当进行实质调查，为此应当防止和排除法官的预断，不允许审判活动流于形式；判决的结果应当以法庭审判中形成的心证为依据，这一心证是根据法庭调查过的证据得出的；法庭辩论应当充分，辩护律师应有使自己的辩护意见得到完整表达的权利，当他这样做时，他自身的自由应当得到事中与事后的安全保障。简言之，诉讼应被视为公权力机关与个人在法秩序之下进行的和平对抗，并由独立和中立的合格法庭秉公裁决。

在一场实质性审判中，辩护人——特别是辩护律师发挥着重要作用。完善的诉讼结构是审判方居中裁判，控辩双方地位平等和权利对等的结构。在这一结构中，如果没有辩护人参与，被告人的诉讼能力有限，往往无法与控诉方形成对抗，从而通过诉讼主体间的相互制约达到保障司法公正的目的。辩护人的存在，等于在控辩双方难以匹敌的失衡状态中扶了被告人一把，使之诉讼能力增强，从而使诉讼结构的实际运作较为合理，从这个意义上说，辩护人在保障司法公正性方面充当着重要角色。审判具有实质性，辩护人的这种作用才能得以发挥。

### （二）庭审空洞化的具体表现

庭审活动流于形式，有多种表现，包括如下现象：

1. 法庭调查走过场

法庭调查走过场，集中体现于证据审查方面。根据我国刑事诉讼法规定和实务流程，将法庭调查分为举证、质证、认证三个方面。

（1）举证形式化。一是举证主体为控方主导，检察机关居于主导地位，而被告人和辩护人几乎无证可举，更不要说提出关键性证据如被告人不在现场、无作案时间等无罪证据。二是举证方式单一，控方多系“打包”举证、围绕犯罪构成要件，“一揽子”将相关证据种类概括性出示，而并非一事一证；多系概括地宣读书面证据；证人等出庭作证不足，具体表现是不愿出庭、不便出庭、出庭无用，强制出庭难；辩护人提出的证据少，且提出的证据集中于家庭困难、无前科等量刑从轻、减轻方面的证据。非法证据的排除程序上呈现了被告人、辩护人提供线索难、申请难，控方固定证据易，法官审查严的悬殊状况。

（2）质证形式化。一是被告人多发表无意见，或者质疑证人证言、被害人陈述内容真实性。二是辩护人多发表同意被告人意见或者不发表意见或者未能提出实质性意见。整体上很少对证据的取证合法性提出质疑。当然，即使极少数辩护律师提出证据合法性异议，也无济于事。因为一般情况下，其未能提交相关线索，并且往往被检察机关以“证据系侦查机关依法取得，来源合法”或者相关情况说明予以回应，进而导致辩方几乎无证可疑，无证能疑。

（3）认证形式化。一是非法证据排除少。认定程序上呈现了排除情形有限、标准高、法官不敢、不愿轻易排除的困境。当部分证据的排除无碍案件整体审判效果时，不予认定往往代替了直接排除的决定，并且被普遍认可。二是瑕疵证据认定多于非法证据，瑕疵证据补正或者情况说明多于排除，这种情况多见于书证、物证方面。三是证据因缺乏真实性而不被采信的极少。由于我国证据规则不完备，传闻规则、自白任意性规则均未确立，固然关于证据内容的真实性审查认定方面的标准不一、程序不足、排除极少。

2. 庭审时间普遍过短

在庭审通常情况下，审理案件的庭审时间远远短于法律规定期限。根据刑事诉讼法司法解释相关规定，一般情形下，我国刑事案件的一审普通程序期限为 3 个月。实务中，办理案件时间所占比重少之又少。根据某地基层地区的庭审时间统计，平均一个普通程序审理时间为 3 个小时，最长时间达到一天 8 个小时的几乎为少数，半天时间的都称为“长庭”了。简易程序案件的庭审时间可以按照分钟来统计，15 分钟一个案件并不显得夸张。2014 年以来，部分地区开始试点的速裁程序，基本上是几个类似案件集中审理，一个案件的办案效率极高，约几分钟一个案件，并且是当庭宣判。

在诉讼效益、诉讼资源优化等工具主义动力的推动下，我国刑事司法体系将其关注的焦点置于如何简化庭审、如何迅速结案等程序设计上，实际上这与庭审实质化存在直接冲突。尽管诸如认罪认罚制度从宽制度等有助于保障犯罪嫌疑人、被告人“在量刑上的利益”，但如何协调效率与公正、程序简化与庭审实质化的冲突是立法、实践乃至学术研究的重点与难点。但是，不可否认，单从时间的多少来认定庭审的虚化，表面上显得过于主观。然而，从常识性来看，在单位时间里所完成的工作量大体一致的情况下，短时间内的工作总量难以达到精致的标准。因此，在我国如此精短的庭审活动下，必然不利于庭审职能的发挥，从而导致庭审的虚化。虽然时间长短可以作为判断庭审是否实质化的指标之一，但并非关键指标，只可作为量化的参考因素。

3. 审理过于依赖书面卷宗

在审判过程中，在证据审查、事实认定方面，明显属于“卷宗中心主义”，为“以侦查为中心”的表现之一。侦查机关按照“由人到案、由供到破”的侦查方式展开侦查，形成书面材料作为案件卷宗，在有证据证明犯罪嫌疑人涉嫌刑事犯罪的情况下，向检察机关移送审查起诉。之后，检察机关在审查、补充证据的基础上，向法院提起公诉。最后，法院受理的案件卷宗，显然是已经达到起诉和审判标准的证据材料。此时，法官往往会在受理案件后，通过阅读卷宗已经形成是否可以判刑以及如何判刑的内心确信。在审判阶段，无论在心理上还是实务操作中，卷宗材料是法官作出判决的关键性依据。某项实证研究表明，八类证据中，被告人供述、证人证言是罪魁祸首。人的记忆是不完整、易错的，由此形成的笔录的内容真实性是不可靠的。如果直接轻信这些笔录，极其容易推论出错误的结论。然而，实务中对于笔录存在三大误区：“重视笔录就是重视证据”，“笔录就等于陈述内容”，“笔录都是原始证据”。[①] 实务中，法官倾向全部接受证据；采信证据时更偏向于控方。

之所以称为过于依赖书面卷宗，是因为卷宗书面证据的效力和作用远远大于庭审调查过程。法官往往在庭前阅卷形成预断，或者是在庭后阅卷却忽视庭审活动。由于卷宗材料的完整性，仅对材料进行审查自然难以发现错误。这种依赖容易带来诸多弊端，不仅使侦查中的问题难以被发现，而且极其容易使侦查问题延伸至之后的阶段继续发展，导致问题愈加严重而不

① 参见王敏远等:《重构诉讼体制——以审判为中心的诉讼制度改革》，中国政法大学出版社 2016 年版，第 157 页。

易被控制，最终产生错误的判决。杭州张氏叔侄案件、念斌案件都是此类典型的错案。如果法官重视庭审活动，使庭审实质性地展开，那么，就容易避免此类错案的发生。

4. 控辩对抗不足

（1）法庭辩论双方意见缺乏实质性。法庭辩论本为控辩双方针对案件疑点充分发表意见的阶段，然而，实务中多数一个轮回即可结束。在大多数案件中，对于检察机关而言，公诉意见的发表并不丰富。例如，公诉意见内容往往可表述为：证据具有真实性、合法性和客观性，形成了完整的证据链条，足以认定被告人某某构成某罪，量刑部分的从重、从轻情节是……建议合议庭依法判处。虽然这种现象多见于简易程序案件，但是极有可能遗漏案件疑点，导致事实认定存在瑕疵。对于辩护律师而言，辩护意见缺乏实质性内容。辩护意见常见于以下两种类型：有罪但罪轻辩护、罪轻辩护。前一种不难理解，对于后一种，在此需要说明。在争议案件中，为了保底起见，辩护人往往进行罪轻辩护，建议被告人认罪悔罪以便于认定其为“庭上认罪态度较好”，相关意见如下：“对于公诉机关所指控的犯罪事实和法律适用不持异议，下面对于具有从轻、减轻处罚的量刑情节发表如下意见。”对照于辩护职能，这种现象具有“滥辩、乱辩”的嫌疑。

（2）辩护质量有限。辩护质量可以从辩护活动和辩护意见被采纳的情形予以衡量。实务中，有罪、罪轻辩护多；无罪辩护少；庭外调查取证少；庭审中参与性较小。关于辩护意见的采纳情况方面，根据实证数据统计显示，基层法院和中级法院中，无罪辩护或者指控罪名定性错误的意见很难被猜难；量刑辩护特别是从轻处罚的意见被采纳比例较高，例如，基层法院

136件中135件被采纳，中级法院218件中182件被采纳。[①]此外，提出非法证据的意见被采纳得少。无效辩护情形存在。虽然，理论和实务方面尚无区分有效辩护和无效辩护的标准。但是，我国的无效辩护情形是存在的，且非少数现象。比如，辩护律师责任心不足，不会见、不及时会见或者敷衍会见被告人，在庭审过程中不积极参与法庭调查，不讯问被告人，不质疑控方证据，不充分发表有利于被告人的辩护意见。特别是在指定辩护、法律援助辩护中，这些现象更为常见。

5. 裁判评议程序与庭审程序脱节

裁判评议程序的重要依据应该是庭审程序的相关内容。然而，我国裁判评议程序，立法上和实务中均存在与庭审程序脱节的问题。这种脱节，主要表现为以下几个方面：一是主体人员的脱节，审判委员会成员在部分案件的参与。根据《刑事诉讼法》第180条规定，审判的主体是合议庭和审判委员会。这样的立法直接导致了审委会的“不审只议”。二是主体作用的脱节。合议庭成员中，非承办法官可能不够重视庭审和评议而不愿、无力发表意见，人民陪审员由于不太清楚法规和证据情况，而不会发表意见，成为名存实亡的“局内人”。简言之，就是“陪而不审”或者“审而不议”。三是审判权行使的脱节。这种情形下，参与评审的人员要么是没有亲临庭审现场的，要么是没有看过卷宗材料的“局外人”，裁判的标准重在社会效果和政策考量。换言之，一个案件如一份文件，行政审批的效力绝对优于司法审判的权威。四是辩护作用的分离。在具体的裁判评议过程中，庭审中辩护意见几乎被遗忘，加上辩护律师

① 参见蒋宏敏、田娜西、刘瑶、王达：《刑事案件律师辩护率及辩护意见采纳情况实证研究》(下)，载《中国律师》2016年第12期。

不参与评议过程，极易导致“你辩你的，我判我的”异常现象。五是宣判程序落空，除了当庭宣判之外，多数由送达文书的方式替代。目前，当庭作出裁判并宣判的案件种类有限，数量很少，其中例外情形是，一种是上级交办的重大案件，如职务犯罪案件；另一种是危险驾驶犯罪等较为简单的案件。因此，对于绝大多数案件而言，裁判评议过程均是在庭审结束后进行。这些案件的宣判程序已经被省略。

### （三）庭审流于形式的诉讼结构原因：侦查为诉讼重心

如今一提出庭审实质化，便有一种主张应运而生，那就是要进一步提高审前活动的要求，提升案件的质量和证据的硬度，使提交给法庭的证据经得起法庭上的质疑和严格的检验，保持无罪判决率不至于因庭审实质化而有明显上升。殊不知，越是提高审前案件的精度，就越加强化了庭审活动的空洞化。如前所述，为法庭调查案件几乎没有预留多少空间，辩护方几无可辩，被告人唯有俯首认罪而已，庭审走过场的可能性就加大了，而且使无罪推定原则也因此变得空洞化。

以审判还是侦查为诉讼活动的重心，其实质含义是对案件进行全面性、实质性的调查到底是通过审判还是侦查来完成的。在我国，刑事诉讼的实际重心在侦查阶段，案件的实质调查和全面调查都在这一阶段完成。诉讼重心前置于侦查阶段，是由诉讼机制设定自然形成的现象，其根本原因在于我国侦查终结标准、起诉标准和定罪标准一样高，侦查人员在确认符合定罪标准的情况下才能将案件侦查终结、移送审查起诉，检察官在确信符合定罪标准时才能向法院提起公诉，这就要求侦查活动必须将案件查个“山高月小，水落石出”，如此一来，对于案件进行全面、实质调查的任务就落在了侦查人员头上，审查起诉和审判不过是对侦查成果的二次质量检查，起到的是质检把关作用。与之相应，无罪判决率奇低，到了几乎可以忽略不计的程度。

在我国司法实务中，非有罪判决之外的程序往往被视为不正常结果，甚至被视为错案，进而被司法部门恐而远之。撤销案件、撤回起诉、无罪判决案件数量甚少。对于已经起诉的案件，在迫于被告人上诉且无罪判决有压力的情形下，人民检察院的撤回起诉往往替代无罪判决。根据 2008 年到 2017 年，检察院提起公诉的人数中，有罪判决率为 85.09% ~ 88.55%，无罪判决率为 0.056% ~ 0.120%。即使在有罪判决率最低的 2014 年，无罪判决率也极低：1391225 名被告人中仅仅有 778 人被判无罪，占 0.056%；而有罪判决率为 85.09%。[①]（图表如下，其中 2012 年数据参考性较小）

| 年份 | 提起公诉人数 | 一审生效判决人数 | 有罪判决人数 | 宣告无罪人数 | 有罪判决率 | 无罪判决率 |
|---|---|---|---|---|---|---|
| 2008 | 1143897 | 1008677 | 1007304 | 1373 | 88.06% | 0.120% |
| 2009 | 1134380 | 997872 | 996666 | 1206 | 87.86% | 0.106% |
| 2010 | 1148409 | 1007419 | 1006420 | 999 | 87.64% | 0.087% |
| 2011 | 1201032 | 1051638 | 1050747 | 891 | 87.49% | 0.074% |
| 2012 | — | 1174133 | 1173406 | 727 | 70.59% | 0.04% |
| 2013 | 1324404 | 1158609 | 1157784 | 825 | 87.42% | 0.062% |
| 2014 | 1391225 | 1184562 | 1183784 | 778 | 85.09% | 0.056% |
| 2015 | 1390933 | 1232695 | 1231656 | 1039 | 88.55% | 0.075% |
| 2016 | 1402463 | 1220645 | 1219569 | 1076 | 86.96% | 0.076% |

① 根据最高人民检察院工作报告、最高人民法院司法统计计算得之。

这种现象，在被告人被逮捕羁押的案件中尤为突出。换言之，就是“侦查羁押中心主义”的体现。司法实务中存在一种思维惯性，当一个检察官或者法官受理案件时，首先会关注犯罪嫌疑人、被告人的羁押状态，如果是已被逮捕羁押，在第一时间内便会形成本案构罪、能诉、能判的内心确信，在之后的审查过程中会有所放松。这种现象，尤其在案件大量集中的基层院非常普遍。此外，从实体法上角度分析，“刑期实报实销”同样是由“侦查羁押中心主义”导致的严重问题。

我国刑事诉讼中的超高定罪率、超低无罪率情况与日本相似，日本检察官与我国检察官有一点相同：在有100%把握情况下才会起诉，随后进行的法庭审判不过是对侦查、起诉的结果加以检验，对侦查的结果加以检验而已。日本在一年里作出确定判决的刑事案件数，包括简易起诉的轻微案件在内，最近达到110万件。其中，确定无罪的案件每年有50余件，所占比率是0.005%。从统计学上来说，这是可以忽略的极小数目。日本法学家松尾浩也教授称这种现象为“精密司法”，平野龙一教授则认为这不过是“检察官司法”的代名词而已——审判扮演着侦查的橡皮图章的角色。

对比之下，其他许多国家刑事司法的特点凸显出来：一般国家的侦查终结与审查起诉并无明确界限，提起诉讼的证明要求通常是有“合理的根据”（probable cause）即可（英国《皇家检察官准则》将起诉标准定为“预期可予定罪”，标准差不多），亦即定罪的可能性在50%以上便可以终止侦查并提起诉讼。因此，法庭审判成为对案件进行全面、实质调查的场合，无罪判决率甚至可以高达30%。

日本虽然认同审判中心主义并以此进行诉讼结构的塑造，但是实际存在的精密司法现象以及卷证依赖的现象，使得强调日本的刑事程序的重点是在侦查阶段，而不是在法庭的审判阶段，这与当事人主义及以法庭审判为中心的英美国家相反，英国、美国实行陪审团制度，在有陪审团审判的案件中，陪审团在法庭上了解案情和证据并进而得出结论，审判才是对于案件事实、证据进行全面、实质调查的场合，与日本的精密司法现象存在一定差异。

不过，日本学者认识到这一问题的存在，呼吁进行检讨和改革。日本刑事司法中毕竟具有审判中心主义的明显特征，例如，其司法制度实行司法权（审判权）制约侦查权的制度，实行司法令状主义。这是审判中心主义的国家和地区普遍实行的制度。不仅如此，德国以及受德国影响的日本、韩国等国都实行检察官指挥侦查的制度，法国的检察官除了在预审法官指挥的场合也有指挥警察的权力。

由于我国诉讼阶段论的诉讼制度设计，用意为将案件尽可能在早先阶段就加以厘清，不必等到审判阶段才还人以清白，因此对侦查程序的设定着力较多，赋予侦查机关不受外部司法机关控制的权力，一方面固然想通过这一方式达到国家刑罚权淋漓酣畅行使的目的，另一方面也是想防止冤假错案。对此若无全面认识，很容易形成诉讼阶段论和侦查重心现象一无是处的结论。从1979年刑事诉讼制度的设计看，侦查重心主义是有特定预期功能的制度安排，其形成具有特定的因果联系，遽然改变这一状态并不容易，如降低起诉标准，允许检察机关在有50%以上定罪把握的情况下就可以起诉，并准备接受高达10%~30%的无罪判决率，我们的立法部门、司法部门恐怕都还没有做好充分的心理准备。

如果不能改变侦查为诉讼活动重心的地位，审判中心的努力取得成效，刑事诉讼中可能存在两个中心，一是侦查的中心地位没有动摇，二是审判的中心地位得以确立，刑事诉讼的流程中出现双驼峰现象。

## 二、用审判中心论取代诉讼阶段论

诉讼阶段论和审判中心论两大模式皆就整个刑事诉讼总体结构的建构而言。我国采取的是诉讼阶段论，从苏联诉讼法制借鉴而来，苏联以及受苏联影响的社会主义法系国家都将诉讼流程划分为若干诉讼阶段。人们用“铁路警察各管一段”来形容诉讼阶段构造，也有人用“一个车间，三道工序”来描述公、检、法三机关的接力关系。从这些描述中可以看出，诉讼阶段论的构造将审判与侦查、起诉同等看待，审判不占据“老大”位置，而是跟其他几个诉讼阶段“肩膀齐，是兄弟”，无分轩轾，莫论伯仲。要突出审判的“中心”地位，需要重新审视诉讼阶段论。但是，试图将诉讼阶段论改变为审判中心论，却是一项难以推行的改革想法。

### （一）与审判中心论对应的诉讼阶段论

审判中心主义的含义包含但不限于“以庭审为中心”，审判中心论作为一种理论研究范畴，其对应的概念为“诉讼阶段论”。

诉讼阶段论源于苏联的刑事诉讼理论，从诉讼阶段论的视角看，诉讼活动从开始到终结是一个向前运动、逐步发展的过程，这个过程中循序进行、相互连接而又各自相对独立的各个部分，称为“刑事诉讼阶段”。苏联法学家切里佐夫指出：“刑事案件从其开端的时候起直到判决的执行为止是向前运动的，是逐渐发展的，诉讼的各个部分通常叫作诉讼阶段。”[①] 另一位

① ［苏联］切里佐夫：《苏维埃刑事诉讼》，中国人民大学刑法教研室译，法律出版社1955年版，第56页。

苏联法学家蒂里切夫也指出：“法律规定了分阶段处理案件的程序，这种程序具有实现全部诉讼目的的极大可能性。处理刑事案件的这些阶段（部分），称为刑事诉讼阶段。”[①]

刑事诉讼阶段的特点是“这种诉讼阶段并不是审判机关和检察机关个别的行为或若干行为的结合。每一个诉讼阶段都是完整的，有其自身的任务和形式的一个整体”。[②]诉讼阶段的各自完整性及其关系，难免让人们联想起工厂中的不同车间工序的关系。苏联学者提出划分诉讼阶段的标准是：一定诉讼过程的直接任务；参加诉讼的机关和个人的构成形式；进行诉讼行为的方式；诉讼法律关系的特性；诉讼的总结性文件（判决、裁定、决定等）。由此将区分为立案、侦查、审查起诉、审判和执行等几个阶段，这与审判中心形成对比，后者将刑事诉讼程序区别为审前程序、审判程序和执行程序，且以审判程序为刑事程序的重心所在。

近年来，我国刑事诉讼法学者对于这种诉讼阶段论的建构模式时有检讨的声音，有学者主张将诉讼阶段论转为审判中心论，强调法院的权威和司法审判的中心作用，并在此基础上进行诉讼总体结构的重构。

审判中心论是将审判作为整个诉讼的中心环节而看待的，法院具有至高无上的权威，其他诉讼主体尊重并服从法官的裁决，诉讼过程的前置程序服务于审判，成为审判的准备活动（如侦查、起诉）；后置程序同样服务于审判，属于落实审判结果的活动（如执行）。

---

① ［苏联］蒂里切夫等编著：《苏维埃刑事诉讼》，张仲麟等译，法律出版社 1984 年版，第 324 页。

② ［苏联］切里佐夫：《苏维埃刑事诉讼》，中国人民大学刑法教研室译，法律出版社 1955 年版，第 56 页。

审判中心主义有多种表现，其中包括刑事诉讼法典的结构就是围绕审判程序建构的。不少国家都以审判为中心建构自己的刑事诉讼制度，这些国家的刑事诉讼法典的篇章结构有着明显的审判中心主义的特征。如德国刑事诉讼法典共 7 编，分 31 章共 474 条。法典结构为总则（包含管辖、回避、判决、证据等）；第一审程序（含公诉等）；上诉审程序；再审程序；被害人参与诉讼；特别程序（刑罚令程序、保安处分程序、没收与财产扣押程序等）；刑罚执行和诉讼费用。刑事诉讼法总则之后直接进入第一审程序，侦查、起诉等内容包含在这一程序中而没有单列出来与第一审程序并列。日本受到德国刑事诉讼法的影响，也是以审判中心来构造的。日本刑事诉讼法典分七编：第一编总则，分 16 章，包括管辖、回避、诉讼能力、辩护与辅佐、裁判、文书及送达、期间、传唤、拘传和羁押、询问证人、鉴定、口译及笔译、证据保全、诉讼费用、补偿费用；第二编第一审，分 3 章，包括侦查、公诉和公审；第三编上诉，分 4 章，包括通则、控诉、上告和抗告；第四编再审；第五编非常上告；第六编简易程序；第七编裁判的执行。同样，我国台湾地区“刑事诉讼法”深受德国、日本影响，刑事诉讼法典结构也是以审判中心主义为基础的：总则（法例、法院管辖、回避、辩护人辅佐人及代理人、文书、送达、期日及期间、传唤和拘提、搜索及扣押、证据、裁判）；第一审（公诉含侦查起诉、自诉）；上诉（通则，第二审、第三审）；抗告；再审；非常上诉；协商程序；简易程序；执行；附带民事诉讼。德国、日本和我国台湾地区的刑事诉讼法大体分为总则和分则两个部分，总则以法院之管辖、回避起始，将审判涉及之主要制度和诉讼参与者作出规定；分则以审判流程为主要内容，侦查和公诉在第一审程序中加以规定，再以刑罚执行做结，明显是将审判结构作为刑事诉讼法的框架。这一特色，只要将我国刑事诉讼法拿来对照，便一目了然。

我国是少数以诉讼阶段论布设刑事诉讼格局的国家。刑事诉讼法总则从刑事诉讼法的宗旨、目的入手，规定刑事诉讼基本原则（其中审判公开原则为审判阶段专有原则），其后规定了管辖、回避、证据、辩护与代理、强制措施、附带民事诉讼等基本制度，构成刑事诉讼法之总论部分；分论部分按照诉讼流程，从立案开始，侦查、起诉、审判（第一审、第二审、死刑复核程序、审判监督程序）、执行和特殊程序，显然是诉讼阶段论的法典构造。

要倡导审判中心主义，实质上意味着重新检讨诉讼阶段论甚至将其舍弃。我们需要了解的是，要改变诉讼阶段论为以审判为中心的格局，不但诉讼权力主体之间的关系、地位要进行调整，如警检关系乃至司法权与侦查权的关系需要重新设定，连刑事诉讼法的结构都需要调整，并且相关证据制度也需要加以完善。若推行“以审判为中心”却不触及诉讼阶段论，不进行上述制度、关系和地位的相应调整，对于庭审的实质化虽然有一定的促进作用，但要使审判“中心”起来恐怕难以遂愿。

### （二）是否只有以审判为中心才能防止冤错案件

对于“以审判为中心”的褒扬之词，莫过于只有“以审判为中心”才能防止冤错案件。殊不知，我国1979年刑事诉讼法立法时引入苏联的诉讼阶段论有两个原因：一是这种诉讼阶段的制度设计提供的是后续程序称为前一程序的纠错机制，有利于纠正冤错案件；二是同为社会主义法系国家，学习苏联的刑事诉讼程序自然顺理成章。1979年刑事诉讼法是在五六十年代起草的刑事诉讼法草稿的基础上修改定案的，那时的刑事诉讼法草稿主要取法的对象是苏联刑事诉讼法，有其历史必然性。

我国刑事诉讼法在 1979 年制定之时，有要防止冤假错案的立法取向。那时刚刚结束“文化大革命”，国人面对的不但是濒于崩溃的国民经济，还有如山的冤假错案。叶剑英谈到冤假错案时提到，直接受迫害、间接受牵连的受害人多达一亿人左右。刑事诉讼法立法之时，国人意识到：“50 年代后期，由于‘左’的错误思潮的干扰，司法工作中已经确立的实事求是，调查研究，重证据不轻信口供，严禁刑讯逼供的原则也受到严重冲击。尤其在“十年动乱”期间，“林彪、江青反革命集团”疯狂破坏社会主义法制，公然鼓吹‘办案要立足于有，着眼于是’，‘先定性质后找材料’，‘棍棒底下出材料’，‘一人供听，两人供信，三人供定’，滥施刑讯，伪造证据，对广大干部和群众大搞法西斯专政，社会主义证据制度被粗暴践踏。”①有鉴于此，立法者期望新制定的刑事诉讼法承担起在回到正轨的共和国发挥防范冤假错案的作用。诉讼阶段论的诉讼结构，是将整个诉讼过程分割成相对独立又前后接续的几个单元，每一单元都称为一个诉讼阶段。其突出特点是将立案和审查起诉作为两个独立诉讼阶段，这样做的目的是通过立案阶段的筛选功能防止随意启动对一个人的刑事侦查，增大侦查程序启动的难度，维护个人的自由权利不受恣意剥夺；通过审查起诉的过滤机制，防止对一个人随便开启审判程序，使审判的大门被审慎地管好。并且通过各个阶段的前后接续，发挥后一个阶段对前一个阶段的纠错作用，将冤错案件发生的概率降低下来，将冤错案件纠正的概率提高上去。如果说诉讼阶段论未能圆满地

---

① 陈一云主编:《证据学》，中国人民大学出版社 2000 年版，第 88 页。

发挥防控冤错案件发挥的作用，其根源也不在诉讼阶段论自身，而在于1979年刑事诉讼法过于简单，条文仅有区区164条，对于辩护方的程序保障不足，即使经过1996年和2012年刑事诉讼法两次修改，条文简陋的状况和司法人权制度保障不足的问题依然没有得到根本改观，此其一；其二，无论哪一个诉讼模式和制度安排，都不足以完全消除冤错案件发生的可能性，诉讼阶段论的制度设计不可能将所有的冤错案件摒弃于刑事司法领域之外。当前即使如愿确立起审判中心的诉讼制度体系，冤错案件也还是不能避免发生，这是可以得出的一个明确结论。

我国的诉讼总体结构，可以概括为两道门槛，多重质检。两道门槛，第一道是立案，立案作为独立的诉讼阶段，有自己的独立诉讼任务和期间以及标志性文书，与许多国家抓捕疑犯或者报案登记即启动审判程序迥然不同。这一道门槛的设计，是防止随意启动对一个人的刑事侦查，后者可谓干系重大，不可不慎之又慎。第二道是审查起诉，审查起诉作为独立的诉讼阶段也是我国刑事诉讼程序具有一定特色的制度安排，其目的是防止随意开启对一个人的审判程序，减少无辜者被错误起诉的风险。这两道门槛起到下一个程序的过滤作用，其来源是1979年立法之时历史遗留下来冤假错案给立法带来一个警醒，必须通过程序上的限制防止对一个人进行刑事追究的随意性，遏制冤假错案发生的可能性。刑事诉讼程序总的布局是后一个程序对前一个程序产生结果的检验，递进式质检体现为审查起诉阶段对侦查结果进行质检，第一审活动对审查起诉的结果（起诉案件）进行质检，第二审活动又对第一审的结果（未生效裁判）进行质检，死刑复核程序又发挥对于第一审或者第二审形成的死刑裁判的质检把关作用。这种制度设计使得法院的审判成为质检连环的一部分，诉讼重心前置到侦查阶段，审判不是至少不全是对案件全面、实质审理的唯一环节，侦查才是全面、实质调查整个案件的重要阶段。

无论审判中心论也好，诉讼阶段论也好，要减少冤假错案的发生，需要依据基本的司法正义标准来建构刑事诉讼程序和规则体系，并且充分体现为人权的保障精神。没有这些现代司法上的硬通货，以审判为中心无助于防止冤错案件的发生，试想我国自古就是“以审判为中心”的审理模式，被害人鸣冤告状或者犯罪人被捕获，诉讼伊始就是公堂审判，对案件的实质性调查都是通过公堂审判来完成，但是却被诟病为冤滥遍地，由此可见，仅以审判中心论是不足以达成防范冤错案件的期待的。

诉讼阶段论并不必然含有审判形式化的要求，事实上，诉讼阶段论的制度设计认定“法庭审理是刑事诉讼的中心阶段”，而且是“对刑事案件实现审判的基本形式”，要求“在法庭审理阶段，就案件的实质进行审理，并解决被指控的刑事被告人在实施犯罪中是否有罪的问题，还要确定刑事被告人的刑事责任”，要求“法庭只能在审判庭审查过的证据基础上作出自己的结论”。[①]

## 三、要不要引入起诉状一本主义

庭审空洞化，与诉讼制度的设计有密切关系。德国法学家托马斯·魏根特指出：“审判是刑事诉讼程序的中心这一传统论断不再代表德国刑事诉讼的现状。虽然法律要求法庭在审判时

① ［苏联］蒂里切夫等编著：《苏维埃刑事诉讼》，张仲麟等译，法律出版社1984年版，第324页。

引入最终与判决相关的所有事实，但是实践部门的人认为，实际上大多数案件在审判之前就被决定了。他们所指的不仅是‘辩诉交易’，更重要的是，当法官看完检察官的案卷后很难再说服其形成另外的完全不同的印象。因此，审判不过是警察在侦查阶段所收集证据的生动简要的展示和确认。”[①] 这里揭示的案卷材料与庭审的关系，亦即庭审形式化原因的规律性认识，很难不使我国法律界人士产生联想，将其与我国刑事诉讼制度的设计与效果联系在一起。

我国审判活动中对于案卷有着很强的依赖性，这种情况与日本刑事诉讼中的弊端极为相似。日本虽然实行起诉状一本主义，并将其作为“当事人主义之首要变革”，[②] 但是“日本刑事审判随着时间经过逐渐僵化、变异，实务运用陷入‘笔录审判’‘精密司法’制度迷失。亦即，司法警察侦查特别重视嫌犯、关系人侦讯并制成笔录，且不管有无涉及犯罪成立与否之评价，均毫无遗漏地收集汇整各种不同证物、文件等资料。检察官经过详细审查、严谨分析前述资料，厘清案件原委而于预期‘极为可能’有罪判决的前提下方提起公诉。另第一审法院则更加详细审阅、分析、检讨依前述过程所提出法院之各式各样文书证据，而为事实认定与刑罚审酌并详细记载于判决书”。[③] 日本公审程序的特色是偏重书面调查，法学家平野龙一教授曾经批评说，日本法院的公审往往是走形式而已，法官主

---

① ［德］托马斯·魏根特:《德国刑事诉讼程序》，岳礼玲、温小洁译，中国政法大学出版社 2004 年版，第 134 页。

② 林裕顺:《卷证不并送下审判程序的论理——以日本“裁判员”检讨评估为中心》，载《检察新论》2014 年第 15 期。

③ 林裕顺:《卷证不并送下审判程序的论理——以日本“裁判员”检讨评估为中心》，载《检察新论》2014 年第 15 期。

要在办公室或者自己的住宅中根据这些调查来进行判断，这种审判也可以叫“调查书审判”。日本刑事诉讼中的“调查书审判”即审判过程中偏重调查司法警察或检察官做成的各种调查书（侦查活动中形成的各种书面材料）。长期以来，我国刑事审判中司法人员倚重侦查活动中形成的各种笔录、说明材料，不重视证人、鉴定人出庭，使理应确立的直接、言词原则不能确立，法庭审判成为“泡沫”。

审判流于形式的一大原因是，裁判者有卷宗可恃，即使庭审时不进行细致调查，仍然可以通过私下阅卷活动了解案件情况并以之为裁判基础，既然如此，庭审就必然变得可以替代甚至于可有可无了。有论者指出，采行卷证并送制度，“此诉讼构造，法官之审理犹如侦查程序之延续，亦即起诉时卷证一旦并送，不论系在审前程序或公判程序中，法官手中早已持有被告被诉之相关卷证，在法庭中法官俨然成为另一个追诉者或追诉者之帮助者。因此，法官在面对审判之程序调整或证据提出顺序、方法之决定，以及公判程序中诘问程序之进行等相关程序，法官宛如电影中之导演，而拍片过程中对导演而言，其剧本早已牢记在心，演员是否称职并不重要，因此，起诉时只要卷证并送，法庭中诉讼活动，诸如交互诘问程序等皆无法落实”。[①] 因此，实行起诉状一本主义（即卷证不并送主义），切断侦查与审判的连接，检察机关在向法院起诉时只移送一份起诉书，既不得移送证据材料，也不允许在起诉书中描述这些证据情况，那种导致庭审空洞化的状态就有望得到改观。其原理是:“卷证并送制度下，基本上是由司法警察将收集之证据送交检察官，再由检察官交给法官，法官可能认为相关证据既已

① 李知远编著:《例解刑事诉讼法》，五南图书出版公司 2006 年版，第 42~43 页。

在手中，法庭之活动似乎不甚重要，整个审判程序将完全流于形式，交互诘问制度亦近乎名存实亡。”[①]实行审判中心主义，“法庭审判显得活络，检察官之实质举证责任得以强化，无罪推定与证据裁判等诸证据法则可以更落实。因此，就实际而论，整个诉讼将以公判为中心，言词审理、直接审理等观念得以实现”。[②]

起诉状一本主义让法官头脑像一张白纸一样展开审判活动，通过庭审建立对于案件的心证，并本着自己的心证作出判决。这一制度的用意在于防止法官在审判前对案件发生预断。[③]其原理是：“此构造否定法院继续承接检察官侦查所得证据之职权概念，侦查所得之证据资料仅能于公判庭中经由证据之调查程序由检察官提出。其与卷证并送最大差异在于法院之主要责任并非在于作为事实的探究者，仅单纯地在于判断犯罪事实存在与否，扮演着仲裁人（听讼者）之角色，而检察官之主要角色在于明确地立于诉讼当事人之地位以实行公诉。如此在制度上，对于被告之无罪推定保障将较易落实，且可避免法院事先接触传闻或违法收集之证据，以免形成不当心证。”[④]

“审判中心主义”一词来源于日本刑事诉讼，早在“二战”结束进行刑事司法改革时，日本就提出“审判中心主义”并以之为改革目标，“日本面对21世纪刑事司改关键核心强调‘审判中心主义’，有关犯罪事实是非黑白、真假虚实，应于审判程序过程认定、论断。相对起诉前‘侦查不公开’，追诉一方

① 吴灿：《卷证不并送下证据法则的变与不变》，载《检察新论》2014年第15期。

② 吴灿：《卷证不并送下证据法则的变与不变》，载《检察新论》2014年第15期。

③ ［日］竹内昭夫等编著：《新法律学词典》（第三版），有斐阁1989年版，第225页。

④ 李知远编著：《例解刑事诉讼法》，五南图书出版公司2006年版，第43页。

独自进行证据资料收集保全，审理程序方于公开法庭众人皆可旁听、观察监督下，借由当事人言词、辩论并经中立、客观第三方（法院）直接审酌证据而为判断。并且，类此‘审判中心主义’机制运作配合卷证不并送，确保法院不受侦查卷证的干扰，辅以传闻证据法则，排除法院受制笔录书证成见干扰，避免法院预断维护公平审判可能”。[①]

就我国来说，起诉状一本制度的障碍主要来自法官，就一般传统类型的案件（如盗窃、抢劫、伤害、杀人等）来说，不事先阅读案卷径行开庭，法官不至于有畏难情绪；对于案情复杂，尤其是新型领域里的犯罪，阅读案卷尚有一定困难，遑论不阅读案卷一步到庭？1996年刑事诉讼法修改，规定了检察机关起诉时只移送主要证据复印件和照片，原因便在于此。

如今要实行审判中心主义，加强庭审的实质性和决定性，要想避开重新审视庭审前的案卷依赖现象和法官预断问题是不可能的。人们应该意识到一点：若不能下决心实行起诉状一本主义，只怕“以庭审为中心”难以取得实际效果。

---

① 林裕顺:《卷证不并送下审判程序的论理——以日本“裁判员”检讨评估为中心》，载《检察新论》2014年第15期。

# 认罪认罚从宽制度实证研究报告

## ——兼论2018年刑事诉讼法对试点经验之扬弃

李本森*

2016年11月，根据十二届全国人大常委会授权，最高人民法院、最高人民检察院、公安部、国家安全部、司法部颁布了《关于在部分地区开展刑事案件认罪认罚从宽制度试点工作的办法》(以下简称《试点办法》)。认罪认罚从宽制度的试点是在刑事速裁程序的基础上，推动宽严相济刑事政策制度化和促进刑事案件繁简分流的国家又一重大的“试验性立法”。这次“试验性立法”不仅揭示了认罪认罚从宽制度试点运行过程中存在的问题，也积累了丰富的创新性经验，直接促进了刑事诉讼法的再修改。① 本研究基于对18个试点城市关于认罪认罚从宽制度试点的问卷调查，发现并解释该制度试点运行中的存在的问题和经验。在此基础上，全面检讨2018年修改的刑事诉讼法在“试验性立法”方面的利弊得失。

---

* 李本森，中国政法大学诉讼法学研究院副院长、教授、博士生导师。

① 周强:《关于在部分地区开展刑事案件认罪认罚从宽制度试点工作情况的中期报告》，载最高人民法院网：http://www.court.gov.cn/zixun-xiangqing-75122.html，2017年12月23日。

## 一、问卷设计、样本与方法

### （一）问卷设计

本研究试图对《试点办法》的实施状况，通过调查问卷的方式来了解其规则和实施运行状况，同时对参与试点的法官、检察官、律师、警察和相关被告人进行规则认知、评价等方面调查。调查问卷主要包括以下几类问题：

第一类：认罪认罚案件适用的范围和条件。问卷问题包括：认罪认罚从宽案件中的限制性案件的规定是否可行？《试点办法》中规定的“其他不适宜的情形”如何理解？认罪认罚从宽案件是否应当进行范围设定？等等。

第二类：侦查阶段的认罪认罚运行和操作。问卷问题包括：认罪认罚案件对刑事案件的侦查效率影响如何？认罪认罚案件对被告人的权利保护如何？认罪认罚案件如何进行证据的收集与固定？认罪认罚案件中撤销案件的问题的监督性的正当性程序如何体现？等等。

第三类：审查起诉阶段的认罪认罚。问卷问题包括：认罪认罚案件对起诉效率的影响如何？认罪认罚案件对证据审查的影响如何？认罪认罚案件对不起诉案件如何进行程序性规制？认罪认罚案件的检察官的量刑建议如何操作？等等。

第四类：审判阶段的认罪认罚。这方面涉及的具体问题包括：认罪认罚案件在审判程序中如何进行认罪自愿性审查？认罪认罚案件的审理效率是否提高？认罪认罚案件如何进行事实查明和证据确认？等等。

第五类：认罪认罚从宽案件中的被告人的权利保护。这方面的问题包括值班律师的有效法律帮助是否可以充分实现？值班律师是否可以转化为辩护人制度？认罪认罚案件中被告人的诉讼权利是否得到有效保障？被告人在认罪认罚案件中自愿性认罪的情况如何，是否认罪后反悔？等等。

### （二）样本分布

本次问卷通过问卷星平台共收集用于分析的有效问卷样本1516份（见表1）。回收的问卷覆盖全部试点地区和全部司法人员以及部分被告人。从问卷的诉讼主体分布上看，警察、法官和检察官部分的答卷占据主体，律师的答卷比例较低。在地域上，杭州、上海、重庆、辽宁的问卷回收数量占比靠前，天津、长沙、西安和福建的问卷回收占比较低。尽管从表1看问卷的诉讼参与主体与试点地域分布存在局部不平衡，但是总体上比较均衡。问卷样本基本上不存在诉讼主体和区域之间数量分布统计上的显著性偏差，回收的问卷样本具有较强的代表性。

**表1　认罪认罚从宽制度试点回收问卷样本分布**

| 地区 | 法官（人） | 检察官（人） | 律师（人） | 警察（人） | 被告人（人） | 总数（人） | 占比 |
|---|---|---|---|---|---|---|---|
| 北京 | 17 | 20 | 9 | 15 | 22 | 83 | 5.47% |
| 天津 | 4 | — | — | — | — | 4 | 0.26% |
| 上海 | 49 | 33 | 31 | 64 | 50 | 227 | 14.97% |
| 重庆 | 54 | 29 | 19 | 49 | 24 | 175 | 11.54% |
| 辽宁 | 40 | 98 | 7 | 2 | 5 | 152 | 10.03% |
| 南京 | 9 | 5 | 2 | 2 | 2 | 20 | 1.32% |
| 杭州 | 19 | 28 | 5 | 256 | 5 | 313 | 20.65% |
| 福建 | 7 | 8 | 7 | 13 | 15 | 50 | 3.23% |
| 山东 | 39 | 14 | 23 | 19 | 50 | 145 | 9.56% |
| 郑州 | 20 | 14 | 22 | 29 | 48 | 133 | 8.77% |

续表

| 地区 | 法官（人） | 检察官（人） | 律师(人) | 警察(人) | 被告人(人) | 总数(人) | 占比 |
|---|---|---|---|---|---|---|---|
| 武汉 | 25 | 6 | 9 | 34 | 12 | 86 | 5.67% |
| 长沙 | 4 | 2 | 2 | 2 | — | 10 | 0.66% |
| 广东 | 42 | 7 | 12 | 29 | 9 | 99 | 6.53% |
| 西安 | 12 | 1 | 1 | 2 | 3 | 19 | 1.25% |
| N | 341 | 265 | 149 | 516 | 245 | 1516 | 100% |

注：本研究中，所有表格中由于采取小数点后2位四舍五入，因此百分比均为近似值。本表中辽宁包括沈阳和大连，福建包括福州和厦门，山东包括济南和青岛，广东包括广州和深圳。

### （三）研究方法

首先，采用定性研究，对答卷中的陈述或特定性的建议或意见进行问题导向的质性分析。本研究不是简单地看问卷的比例，特别是不以高比例为价值判断的取向，而是更注重对少数意见和小比例问题本身进行更加针对性的研究。本研究采取以揭示和发现共性问题为研究路径，针对答卷中特殊性意见展开研究。在方法上突破传统的重比例的单向度问卷研究思路，对开放性的任意性回答进行描述性报告。本研究利用答卷展开定性研究，以更加客观和全面地展示试点规则运行中存在的问题。

其次，在分析框架上，以刑事诉讼的纵向构造为主分析框架，同时兼顾带有横向性贯通的问题。本次问卷的分析框架基本上是按照刑事诉讼的纵向构造分析，对认罪认罚从宽政策在侦查、起诉和审判等诉讼环节中的效率问题和司法运行状况进行分析。这种纵向分析主要观察该制度在不同的诉讼形态上的具体样态，更加清晰地揭示在不同的诉讼阶段中认罪认罚从宽制度存在的问题和立法完善的路径。同时，在综合分析上，对案件适用范围和诉讼不同阶段被告人诉讼权利进行统合。

最后，本研究对认罪认罚从宽制度的实证研究，以问卷分析为主分析对象，但并不是限于问卷设计的问题和问卷方法。在进行问卷分析的过程中对问卷中没有或者无法直接通过问卷进行了解的重大问题，如认罪认罚从宽制度中的撤销案件和不起诉案件等仍然纳入研究的范围。在方法上除突出问卷调查外，还兼顾实地调研和相关文献的辅助性分析。在收集问卷前后，课题组先后到上海、南京、郑州、武汉、西安等试点城市地开展实地调研，获得大量第一手的素材为问卷分析提供了佐证。总之，本研究以问卷为主，但是不拘泥于问卷，采用多元化的基于问题导向的研究方法，不再拘泥数字比例作为价值判断，以确保本报告结果的可靠性和高信度。

## 二、研究发现

### （一）案件适用范围

对认罪认罚从宽制度适用范围是否应当限制问题，学界基本上赞同对认罪认罚从宽案件不应当有太多的限制。[①]《试点办法》没有明确规定认罪认罚案件的适用范围，但却规定了例外不适用的几种情形。对于这几种例外情形，被调查人提供的意见并不统一。

1. 关于对限制行为能力的精神病人不适用认罪认罚从宽的规定。对于该规定，有超过 90% 的答卷人认为合理，但是也有

① 陈光中、马康:《认罪认罚从宽制度若干重要问题探讨》，载《法学》2016 年第 8 期。

10%的少部分答卷人认为该规定实际上并不合理。例如，有的法官认为，“该类精神病人属限制行为能力人，在其意识清醒的时候作出的判断等同于正常人，但是司法实践中如何确认其在诉讼过程中有辨认和控制能力需要专业机构出具权威意见，方可适用认罪认罚从宽制度”；有的法官认为，“该条规定不合理，因为该规定事实上剥夺了这部分限制行为能力人享受该制度的红利”；有的法官认为，“限制行为能力人比较复杂，一律将该类人排除在外，不利于该类人的权利保障，因为该项权利与其他权利是一样的，只要在充分保障的情况下没必要不予适用”。有的检察官认为，不能因为是精神病人就不保障他的权利，他们在诉讼中更需要律师的介入；在律师的帮助下通过正当的程序也可以进行认罪认罚答辩。有的律师认为，对这类群体如果他们的法定代理人和律师参与，也可以适用，不然对他们不能适用并不公平。这些意见虽然在问卷中属于少数，但是也说明该规定并非绝对合理，还需要结合限制行为能力精神病人在刑事处理程序中的权利保障等相关制度进行完善。

2. 关于未成年犯罪嫌疑人、被告人的法定代理人、辩护人对未成年人认罪认罚有异议的，不适用认罪认罚从宽制度。5%的法官认为该规定不合理。有的法官认为，被追究刑事责任的被告人的年龄足以判断认罪认罚制度适用的合理与否；还有的法官认为，审判实践中，很少会有法定代理人或律师对认罪认罚有异议，该规定在一定程度上剥夺了未成年被告人平等的从宽权利。有8%的检察官认为该规定不合理。有的检察官认为，对于16周岁以上有独立认知能力的未成年人而言，如此规定则剥夺了对其认罪认罚获得从宽处罚的权利。有的检察官认为，实践中很多犯罪嫌疑人的法定代理人无法找到，无法听取他们意见就会剥夺犯罪嫌疑人的合法权利；有的检察官认为，未成年犯罪嫌疑人对基本犯罪事实能够辨识清晰，对于量刑问题辩护人只需要提供专业帮助让未成年人理解，也可以向办案人员提出意见，没有必要阻断适用；法定代理人和辩护人的否定态度，不能阻却犯罪嫌疑人本人自愿认罪获得从宽处理。另外，有5%的律师认为该规定不合理，有的律师认为，适用认罪认罚证据确凿的案件，也是对未成年人的一种保护，不能因为法定代理人和辩护人的否定意见就剥夺其自身享有通过认罪认罚从宽的权利。还有接近8%的警察认为该规定不合理。有的警察认为，是否如实供述犯罪事实本身就证明了犯罪嫌疑人的态度，这个制度纯属多余；还有的警察认为，是否涉嫌犯罪，犯罪嫌疑人本身最清楚；认罪认罚必须询问未成年人自身的意见，况且未成年人现在16周岁基本上都有全面的识别能力。

3. 关于被告人不构成犯罪的，不应当适用认罪认罚的规定。对该规定，问卷调查显示，虽然表面上看答卷人普遍赞成，但是也有少部分的答卷人认为，该条规定没有必要，和认罪认罚从宽制度存在逻辑上的矛盾，因为不认罪本来就不应当进入认罪认罚从宽程序中来。例如，7%的法官不赞成该规定，有的法官认为既然不构罪，就不应当认罪认罚。这条规定逻辑上有问题，没有必要。有8%的检察官不赞成该规定，有的检察官认为，不构成犯罪，检察机关本就不会提起公诉，何来适用认罪认罚，完全没必要再表述。不构成犯罪就谈不上认罪认罚，无罪何罚？另外，有7%警察认为该规定不合理，有的警察认为，不认罪自然不适用认罪认罚，侦查阶段不会将不认罪的案件纳入认罪认罚程序中来。

4. 关于《试点办法》中规定的“其他不宜适用的情形”的解释。在问卷中，法官、检察官和律师、警察对该“其他不宜适用的情形”的解释主要包括，涉恐、涉黑、累犯、惯犯、社会影响恶劣等主观恶性深的案件，目的是避免该类主观恶性程度高的被告人利用此制度逃避应得惩罚；证据相当薄弱的案件，有证据证明被告人无罪，而被告人误认为有罪；民事赔偿没有处理完毕，可能刑事附带民事诉讼的；被告人认罪，但是辩护律师做无罪辩护的；共同犯罪的同案被告人没有归案，影响案件的事实认定；刑期十年以上的被告人，被害人意见较大的，被害人、案件利害关系人有异议的；可能引发新的社会矛盾的案件；可能诱发负面舆情的；犯罪情节特别恶劣，引发社会公众普遍关注的；案件定性有争议的；上访案件；等等。

### （二）侦查阶段的认罪认罚从宽问题

认罪认罚从宽制度适用于侦查阶段，是我国认罪认罚从宽制度重要特色。[①]这与我国长期以来侦查阶段在获取被告人供述上采取的“坦白从宽，抗拒从严”的刑事政策有着密切的关系。

1. 侦查效率。大部分被调查警察认为，认罪认罚从宽制度试点有助于提升侦查效率。认罪认罚从宽制度试点如果有助于提高侦查效率，那么说明该项试点对于侦查机关的侦查效能是有积极意义的。问卷的结果说明了试点地区的警察，认同认罪认罚从宽制度在提升侦查效率方面有显著作用。为什么认罪认罚从宽试点对侦查效率有所提升？绝大多数的被调查的警察认为，这项制度有助于打消犯罪嫌疑人认罪后得不到从宽的顾虑，有利于促成犯罪嫌疑人自愿认罪，犯罪嫌疑人的对抗情绪得到弱化，焦虑情绪得到缓解，有利于为侦查机关提供更有价值的办案线索，从而减少侦查机关的侦查成本，提高侦查效率。当然，也有16%的被调查的警察认为，侦查效率并没有实

① 参见魏晓娜:《完善认罪认罚从宽制度——中国语境下的关键词展开》，载《法学研究》2016年第4期。

质性提高，如有的警察认为由于认罪认罚制度上还存在缺陷，犯罪嫌疑人对侦查机关的说法有些将信将疑；有的警察认为证据上比过去要求更严，并不因为认罪了就减少证据收集上的要求；而且有的警察认为，文书太多，表格增多了，工作量增大；有的警察认为，有些犯罪嫌疑人认罪了该逮捕的不逮捕，容易串供和逃避侦查、“搭便车”、躲避犯罪惩罚，侦查成本增高。

2. 证据问题。刑事案件的侦查阶段的调查与取证处于刑事诉讼的端口阶段，很大程度上决定后续程序的走向。由于职权主义的传统影响，我国侦查阶段的侦查人员的权力相当大，权力制约性机制相对薄弱。认罪认罚是否会减少刑讯逼供问题，超过 76% 的警察认为会减少，主要理由是认罪了就没有必要进行刑讯逼供。但是也有超过 23% 的被调查的警察认为不会减少，因为二者之间没有关系。另外，认罪认罚从宽制度的实施是否会导致权钱交易的问题，其中超过 59% 的警察、34% 的法官、31% 的警察、38% 的律师认为可能会出现侦查阶段的权钱交易担心的问题。这方面的问题主要是担心认罪，警察可能利用认罪认罚从宽制度为被告人开脱罪责，为减免刑事处罚提供窗口。关于警察工作的满意度的评价上，认罪认罚的被告人的 7% 对警察侦查工作非常不满意。特别是超过 62% 的被告人认为自己后悔认罪，也说明侦查阶段对于认罪认罚制度设计上的不规范导致被告人判刑后对侦查阶段的认罪表示后悔。另外，对于羁押期间是否有刑讯逼供，或者在讯问期间是否有威胁的言语或暴力语言，有 8% 的被告人认为存在变相刑讯逼供的情况。这说明认罪的自愿性在侦查阶段保障犯罪嫌疑人权利正常行使具有重要意义。

目前司法实践中还没有暴露出这方面的案例，但是这种担心却是客观存在的，特别是在这项制度的试点的配套的监督制度不完善的情况下，警察利用犯罪嫌疑人获得从宽处理的心理来与犯罪嫌疑人或其家属进行权钱交易，通过不正当的认罪来达到减轻对其处罚的问题。由于问卷本身的封闭性，参与问卷调查的警察并没有具体指明权钱交易的路径和发生的环节，但是警察较高比例的回应确实反映对这个问题的担忧。因此，如何防止侦查人员利用认罪认罚从宽制度的漏洞进行权钱交易，防止司法腐败确实需要进行制度上的设计规制，特别是要在制度上堵住漏洞，防止该制度的权力行使被滥用。

3. 撤销案件。《试点办法》第 9 条还规定，对犯罪嫌疑人如实供述涉嫌犯罪的事实，有重大立功或者案件涉及国家重大利益需要撤销案件的，可以层报公安部报请最高人民检察院批准。从被调查的情况看，没有发现案件适用认罪后构成犯罪而因重大立功或者案件涉及国家重大利益需要而撤销案件。但是，在问卷中发现，对于情节显著轻微，不认为是犯罪的存在撤销案件的情况，有大约 13.7% 的被调查警察认为存在案件显著轻微被撤销的情形。对于这类案件，侦查机关实际上对情节显著轻微的案件存在自由裁量权。这实际上意味着可以对已经刑事侦查立案的案件终结侦查和不向检察机关移交起诉，最终对犯罪嫌疑人不再受到起诉和审判。

### （三）审查起诉阶段认罪认罚从宽问题

审查起诉起到承上启下的作用，同时对前面的侦查和后面的审判阶段进行法律监督。检察院对认罪认罚案件的审查起诉和提起公诉工作，对保证案件的审理质量具有重要价值。本次对检察院参与认罪认罚从宽制度试点的检察员进行问卷调查，主要围绕审前起诉效率、量刑建议和不起诉等问题进行调查。

1. 关于起诉效率。由于大多数刑事案件属于判处三年以下有期徒刑的案件，只要适用认罪认罚从宽，不是适用速裁程序就是适用简易程序。因此，认罪认罚案件的审查起诉阶段的起诉效率会得到明显的提高。根据问卷调查显示，绝大多数检察官认为起诉阶段的效率得到提高，主要理由是被告人认罪减少了翻供，起诉环节的节奏加快，审查起诉的证据要素得到简化。但是，也有的检察官认为，起诉阶段的效率有所缓慢。例如，对于关押在看守所的被告人要提审两次，且需要保证被告人签署具结书时律师在场，因此起诉阶段的效率有所缓慢。反映比较突出的程序烦琐，手续和文书复杂化，因此审查起诉阶段的认罪认罚案件的检察官的工作量并没有减少。根据问卷调查，检察官认为认罪认罚从宽制度在提高案件审理的效率和实现案件的繁简分流上具有显著的作用；当然在具体的文书简化和审批简化的环节上还需要进一步改进。

2. 关于量刑建议。认罪认罚从宽制度的试点，在速裁程序的基础上继续实行检察官量刑建议制度，量刑建议扩展到所有适应认罪认罚的案件中。这对于检察院发挥检察裁量的职能具有重要价值。根据问卷调查和实地调研发现，在认罪认罚从宽制度的试点中，有的地方在类似案件中的量刑建议差别较大，甚至同时期起诉的同类型的案件量刑建议差别很大；对退赃、犯罪对象、犯罪动机等酌定量刑情节未全面收集，造成量刑建议不准确；有的没有进行层级计算或者依法进行吸收并合，而是直接加减；有的量刑建议的量刑幅度甚至超出法定最高刑；另外，对于审理过程中出现的新的量刑情节没有充分考虑，造成法院的调解难度加大，限制法官在案件审理上的自由裁量权。根据问卷，检察院的量刑建议被法官采纳的情况中，有超过 84% 的检察官认为量刑建议被法院判决采纳；但是也有 15%

的检察官回答量刑建议不被采纳。这些问卷调查情况的回答，对于不被采纳的量刑建议的理由是，实刑缓刑的问题经常存在分歧，罚金刑和数量有不同意见等，法院的量刑标准与检察院不同，因此有时候有分歧。

3. 关于不起诉。《试点办法》突破了刑事诉讼法的不起诉的若干情形，增加了新的合作型不起诉的情形。《试点办法》第13条规定，犯罪嫌疑人自愿如实供述涉嫌犯罪的事实，有重大立功或者案件涉及国家重大利益的，经最高人民检察院批准，人民检察院可以作出不起诉决定，也可以对涉嫌数罪中的一项或者多项提起公诉。根据问卷和相关调查，到目前为止没有因被告人有重大立功或者案件涉及国家重大利益，而经过最高人民检察院批准不起诉的案件。这说明该条与公安机关的撤销案件的法律规定一样，在实践中的适用非常有限。但是按照法律规定情形不起诉的案件并不少。根据问卷显示，有超过26%的检察官适用认罪认罚从宽办案中存在不起诉的情形。但是，这些情形主要是符合法律规定的不起诉的，并不属于涉及国家重大利益和重大安全的不起诉，而主要包括指控的违法显著轻微不构成犯罪的，特别是青少年犯罪案件的涉案青少年认罪认罚后且被害人达成和解的，可以附条件不起诉。对于法定的不起诉和证据不足以及犯罪情节显著轻微不起诉的几种情况，认罪认罚从宽制度的试点规范中并没有回答。通过问卷调查和实际研究，试点地区的检察院确实存在认罪认罚从宽适用除第13条规定的问题，这方面暴露出试点规范方面在立法上的漏洞。

### （四）审判程序中的认罪认罚从宽问题

1. 自愿性审查。自愿性审查是保证认罪认罚案件审理质量的关键环节。对于被告人在案件审理中是否清楚地认识到认罪认罚的法律后果，大约有 12% 的法官回答被告人在审判中确实存在不清楚法律后果的问题。例如，有的被告人并不清楚认罪认罚的后果，只是知道判决是否监禁；有的被告人既想适用该制度以获得从轻的情节，又在指控的事实上避重就轻，想两边都靠；部分被告人认罪，但不认可检察院的量刑建议；部分被告人甚至不了解案件的程序，认为公诉机关的量刑建议就是判决结果；有的按照检察院的量刑建议判决，被告人仍然上诉，说明其不认罚；有的被告人在庭审中询问是否可更改刑期，以为具结书就是判决书。另外，超过 94% 的被调查的法官认为，在法庭上会对被告人的认罪认罚的法律后果和性质进行告知，但是也有 6% 的法官认为没有必要告知。在庭前程序中已经过几轮告知，在法庭审理中没有必要再告知。在庭审中，有超过 97% 的审判法官会对被告人是否自愿认罪和签署的认罪具结书的真实性进行查明，当然也有极少数的法官认为没有必要，因为检察机关已经把关了，没有必要在法庭上再进行查证。

2. 证明标准。认罪认罚案件的证明标准是具有相当争议性的问题，问卷对该问题的看法进行了调查。超过 76% 的警察、68% 的检察官、52% 的法官和 51% 的律师认为，对于认罪认罚案件的证据证明要素要求或标准上可以适当降格。从问卷的结果看，虽然同意降低证明标准的比例略高，但是并没有占到绝对多数。这说明，被告人对认罪认罚证明标准问题看法并不一致。从提高司法效率的角度上看，认罪认罚从宽案件的证据要求可以适当降低，可以提高案件的侦查效率，合理配置司法资源。但是，从刑事诉讼法对于刑事案件的证明的高规格标准，即达到证据确实、充分和排除合理怀疑的要求，即便是认罪认罚从宽案件，也应当守住不发生冤错案的底线，因此应当坚持法定证明标准。在答卷中坚持不降低证明标准的法官普遍认为，法定的刑事证明标准降低，可能导致案件审理的事实不清和证据不足；有的法官认为，刑事诉讼中证据是第一位的。不能因为认罪案件就降低标准，如果在被告人认罪认罚判决之后，被告人出现上诉，既不认罪也不认罚，导致司法机关对同一案件的证据尺度不好把握。另外，也有法官认为，证明标准降低后，有可能出现虚假证据的问题；有的法官认为，如果降低证明标准，就意味着被告人的口供的证据价值在提升，不利于全面贯彻无罪推定的原则，可能推动或者强化定罪和量刑上的口供中心主义，过度依赖主观证据而忽视客观证据，导致案件的证明力下降；有的法官认为，认罪认罚案件可以简化程序，但是简化不能等同于简化证据；有的法官认为，证据标准降低，担心容易出现冤错案；还有的法官认为，由于认罪认罚案件比其他程序简化，法官在审查证据的时候应当更严格和谨慎，才能保证案件审理的质量；亦有的法官认为，刑事诉讼制度以审判为中心，所有刑事案件都必须达到事实清楚和证据确实、充分，因此不能降低证据和证明标准。与此对照的，有超过 48% 的法官认为，在认罪认罚案件中可以降低证明标准，因为既然被告人认罪，就可以适当降低案件的证明标准，避免烦琐性的证据要求等。应当说，这部分的法官的回答，主要是从证据要素的层面来看，认罪认罚从宽的证据要求上，还是需要扎实做好证据性的要求，按照刑事诉讼法的证明要求来进行定罪。

3. 刑罚裁量。法院对于检察机关提出的量刑建议是否全部采纳？有超过 67% 的被调查的法官回答全部采纳，基本上没有改动；但是也有大约 33% 的法官表示对检察官的量刑建议并不都是全部采纳，而是根据案件的情况独立于检察官的意见作出刑罚裁量。对此，这部分的法官给出的理由主要是，刑事审判和裁判权属于法院，法院有权根据案件的实际情况作出独立刑罚裁量。例如，有的法官认为，检察院的量刑经常出现畸轻畸重，法院有权根据最高法院的量刑规范化意见进行调整和修正；有的法官认为，量刑问题法检两院未达成明确共识，未出台相关文件，不统一，存在认识分歧；有的法官认为，检察院的量刑显著失衡，刑种、刑期把握不够准确，也缺乏灵活性；有的法官还反映，检察机关量刑建议过于精准，且尺度不一，未考虑罚金刑的适用问题；也有法官反映，在案件审理过程中出现新的情况，如在审判阶段被告人与被害人达成民事调解、和解或者赔偿损害、取得谅解的，这些新的情况和证据可能导致对原检察机关的量刑建议的更改；有的法官认为，检察院的量刑建议过于随意化，未曾按照量刑规范化严格把关，有时候同样的量刑情节，会出现相差巨大的刑期建议；等等。综合以上情况，可以看出，检察院的量刑建议被法院所普遍接受的程度还不是相当高，法院与检察院在认罪认罚案件的量刑规范化方面还存在较大程度的分歧。

4. 司法效率。实行认罪认罚从宽制度的重要功能就在于实现繁简分流，提高刑事司法效率。根据问卷，大约 92% 的法官认为认罪认罚从宽制度的试点有助于提高司法效率，比检察官 80% 的赞同比例高出大约 12 个百分点，比警察的 84% 要高出 8 个百分点。这说明认罪认罚从宽在提高司法效率方面，处于审判阶段的法官感受最强。认罪认罚案件绝大多数案件实行速裁程序和简易程序案件审理，案件的审理方式大大简化。检察院在庭审前的审查力度加大，因此法院的审判效率得以提升，案件压力得到缓解。

为了提高轻微刑事案件审理效率，有的学者和基层法院的法官还呼吁借鉴德国的处罚令制度，探索在中国建立认罪认罚处罚令制度。[①]根据问卷调查，大约有71%的法官、87%的检察官、92%的警察和76%的律师赞同可以对特别轻微的刑事案件的被告人采取处罚令方式直接作出判决。换言之，处罚令制度得到相当多的司法人员的赞同。但是，仍然有接近30%法官对建立处罚令表示否定和担忧。例如，有的法官认为，实施处罚令在现阶段为时过早，对于认罪认罚从宽制度还没搞清楚，处罚令更会让社会产生怀疑，有暗箱操作之虞；有的法官认为，鉴于刑事案件的严肃性、严格性，需审查被告人身份的真实性，犯罪事实是否属实，不出庭就判一个人有罪是“恐怖”的制度；有的法官认为，改革应该稳步推进，在实践中积累好的经验做法，摒弃不好的做法，不能太过冒进，要考虑处罚令制度所带来的系列负面影响；有的法官认为，被告人不出庭降低了刑罚处罚的威慑力和严肃性；有的法官认为，实施处罚令，被告人不出庭，违反刑事案件的亲历性；还有的法官认为，被告人不出庭，也不利于保障被告人的诉讼权利，如辩护权、最后陈述权、申辩权等。另外，也有不少被调查的律师不赞同当下采取处罚令的方式，如有的律师认为，目前犯罪嫌疑人、被告人的法律认知水平和办案机关对犯罪嫌疑人权利保障不能完全落实，很多犯罪嫌疑人不能得到有效的法律意见，此时作出的认罪或者其他陈述可能会出现偏离本意，也会出现司法独断。由于部分案件，如醉酒危险驾驶案件，证据确实、充分，是否有必要开庭，法官建议在保证案件证据确实充分的前提下，可以采取不开庭的处罚令方式进行判决。

---

① 冯喜恒：《刑事处罚令程序中的量刑协商——德国的实践及其对我国设立认罪认罚从宽制度的启示》，载《浙江理工大学学报（社会科学版）》2016年第2期。

（五）被告人的诉讼权利保障

1. 值班律师。为保障认罪认罚从宽制度试点中犯罪嫌疑人和被告人的诉讼权利，《试点办法》要求试点地区的看守所和法院建立值班律师制度，并要求值班律师对认罪认罚案件的犯罪嫌疑人和被告人提供有效法律帮助。本次问卷共收集 149 名参与认罪认罚从宽试点的律师问卷，对值班律师制度等相关问题进行调查。

根据两高的认罪认罚从宽试点的中期报告，试点地区法律援助机构在看守所、法院、检察院设立法律援助工作站 630 个，其中设在看守所、法院的法律援助工作站覆盖率分别为 97% 和 82%。[①] 根据本研究中的被告人问卷调查，80% 的被告人获得值班律师的法律咨询服务，但是仍然有 20% 的被告人在羁押期间没有得到值班律师的法律服务。这说明值班律师制度并没有全部落实，仍然没有实现在认罪认罚案件中的全覆盖。在刑事辩护律师法律帮助方面，值班律师全覆盖是第一步，在此基础上逐步实现辩护律师全覆盖，从根本上提高刑事辩护的质量。在问卷中，有超过 16% 的检察官也认为值班律师制度落实得不好，如值班律师制度流于形式，形同虚设；有的试点地区的看守所没有建立值班律师制度，有的仍然沿用过去的法律援助制度，有的仅仅提供法律援助律师电话名单，联系起来很不方便。试点地区检察院普遍没有值班律师，值班律师经费没有保障，值班律师的工作积极性不高。

根据问卷调查，90% 的律师认为，法律援助值班律师制度

---

① 参见周强:《关于在部分地区开展刑事案件认罪认罚从宽制度试点工作情况的中期报告》，载最高人民法院网，http: //www.court.gov.cn/zixun-xiangqing-75122.html，2017 年 12 月 23 日。

在认罪认罚从宽制度实施中很有必要。根据被告人的问卷调查，有61%的被告人认为出庭辩护的委托律师比值班律师的作用大；对看守所值班律师的满意的占54%，基本满意的占18%，非常满意的占21%。当然，也有大约9%的被调查律师认为该制度落实不理想。例如，有个别试点地方没有建立值班律师制度，有的虽然有值班律师，但是值班律师会见犯罪嫌疑人等权利受到较多限制。另外，有大约18%的法官认为值班律师不能提供有效的法律帮助。其中，反映的问题主要是值班律师的刑事法律知识很有限，培训不够；有些值班律师接触案件的时间短，对案情掌握不够；有的值班律师不负责任，走过场等。有超过23%的被调查的检察官认为值班律师不能提供有效法律帮助，主要表现在对案情不了解，走过场，仅仅是认罪的见证而已。有11%的警察认为，值班律师不能提供有效的法律帮助，如犯罪嫌疑人对法律援助的值班律师不信任；值班律师的时间不能保证；值班律师的职业素质不高；等等。虽然上述对值班律师的评价不高占少数，但是也说明值班律师制度亟待进一步完善和加强。伴随刑事律师业务全覆盖试点，值班律师制度的建立仍然需要加以规范和完善。

2. 被告人相关诉讼权利评价。从问卷报告的总体结果看，被告人的诉讼权利在认罪认罚从宽制度中得到了比较好的保障。从问卷调查可以看出，被告人认为通过认罪认罚得到从轻处罚的占84%，尽快回归社会的占65%，缩短起诉时间占56%，缩短羁押时间占55%，缩短审判时间的占56%，减轻精神压力的占54%。总体上，被告人对认罪认罚从宽制度的满意度超过94%。由此可以看出，认罪认罚从宽制度对被告人来说获得了普遍性认同，坦白从宽在刑事诉讼法律中的具体化，使得真正犯罪的自愿性认罪的犯罪嫌疑人、被告人具备通过这项制度获得实质性宽宥，并有助于其认罪后的行为矫正和正常回归。但是，问卷也反映出被告人在认罪自愿性权利和诉讼权利的告知方面的保障仍然存在差距。

（1）关于认罪自愿性权利的保障。虽然绝大多数被告人在问卷中认为其在认罪认罚从宽中获得从轻处罚，认可刑事诉讼中的认罪认罚从宽制度，但是仍然有大约63%的被调查的被告人表示后悔认罪。其中的原因主要包括，被告人对从宽处罚的期望值过高，有的希望通过认罪和赔偿被害人损失的从轻叠加，获得在量刑的起点幅度以下获得减轻处罚；有的被告人认为自己的认罪是受到司法人员的误导或者诱导等。有大约5%的被告人在问卷中表示，在羁押期间，警察有刑讯逼供或者在讯问期间有威胁的言语或暴力语言。另外，也有极个别的被告人认为自己认罪是被证人陷害不得已而为之，等等。以上这些情况，这说明被告人对认罪与量刑之间的关系缺乏正确的理解。由此可见，犯罪嫌疑人、被告人对认罪的自愿性和带来的后果认知方面与立法目的还存在相当的距离。

（2）关于告知诉讼权利的保障。诉讼权利告知是保障犯罪嫌疑人、被告人诉讼权利的重要措施。根据调查问卷的分析结果，认罪认罚从宽中被告人的诉讼权利告知比例分布为，回避权利为84.08%，有权获得辩护为74%，法庭最后陈述权利为73%，向法庭提交证据的权利为71%，聘请律师的权利为71%，获得快速审判的权利为67%，申请证人出庭作证的权利为62%，申请非法证据排除的权利为53%，参与法庭辩论的权利为63%，申请法律援助的权利为62%，上诉权为59%。获得公正审判的权利为56%，质证的权利为56%，否认指控的权利为55%，会见律师的权利为52%，申请取保候审和监视居住权利为47%，控告违法办案人员的权利为43%，不证其罪的权利为43%，申请不公开审理的权利为42%，拒绝律师辩护的权利为39%，不同意量刑建议的权利为39%，申请管辖异议的权利为36%。从上述统计结果看，被告人在认罪认罚从宽和刑事诉讼程序中的权利告知规范看，还需要进一步完善。被告人申请法律援助的权利和获得律师有效辩护的权利仅占39%，这说明律师辩护权在认罪认罚从宽制度中并没有得到足够的重视。

## 三、2018年修改的刑事诉讼法对试验性立法之扬弃

在18个试点城市开展认罪认罚从宽制度的试验性立法的基本目的就是保障相关的刑事诉讼法修改更加科学完备，做到试点中发现的制度缺陷通过新的立法来修补，试点中的创新的成熟的做法被新的立法所吸纳。唯有如此，试验性立法才具备真正的价值。结合实证问卷调查，笔者就2018年修改的刑事诉讼法在试验性立法方面的利弊得失进行检讨。

### （一）关于认罪认罚从宽案件的适用范围

2018年修改的刑事诉讼法对认罪认罚从宽的案件不再设立限制性条件，这是立法上的重大进步。《刑事诉讼法》第15条规定，犯罪嫌疑人、被告人自愿如实供述自己的罪行，承认指控的犯罪事实愿意接受处罚的，可以依法从宽处理。这条规定及随后的规定并没有附加任何禁止性的条件。特别是该规定取消了《试点办法》中需要签署认罪具结书的条件，这意味着无论是否签署具结书，只要认罪认罚都可以获得从宽的处理，从而使得该制度具有更大的适用空间。认罪认罚从宽制度本质上是对刑事政策中的“坦白从宽”“抗拒从严”和刑法中的自首、立功和坦白从轻和减轻的程序化。认罪认罚不再适用范围限制，符合犯罪嫌疑人诉讼权利平等的基本原理。《试点办法》

在第2条规定了禁止限制行为能力人和未成年人不适用认罪认罚从宽的规定，以及该条第4款的“其他不适用的情形”的法律规定，对认罪认罚从宽制度的适用规定了禁止性条件。由于这些条件的存在，特别是“其他不适用的情形”的法律规定，为司法机关提供了几乎不受约束的限制性适用的自由裁量权，且犯罪嫌疑人、被告人无法通过正当的法律程序寻求救济。例如，有些检察院或法院可能对案件审理的时限无法有效掌控，就将本来可以通过速裁程序或者简易程序审理的案件，直接转化为普通程序审理，限制了犯罪嫌疑人和被告人享有的认罪认罚从宽的诉讼权利。2018年修改的刑事诉讼法取消了上述的规定，没有拘泥于《试点办法》的规定，体现了科学立法的实事求是的精神。

2018年修改的刑事诉讼法对限制行为能力人和未成年人在认罪认罚从宽适用方面，不再加以禁止性适用，而是仅仅在签署具结书的条件方面作了宽松的规定。《试点办法》对限制行为能力的精神病人的禁止适用和未成年人的限制性适用，实际上是存在反向歧视的问题。认罪认罚从宽制度由于是诉讼权利普惠性制度，不能因犯罪嫌疑人、被告人的身份或根据可能的判决结果而加以限制适用。对个别特殊的案件进行案件的被指控主体的身份性限制，限制行为能力的精神病人、未成年人都属于在认知上存在缺陷，因生理和心智成熟等方面的限制，可能导致其在刑事诉讼中不能清晰地辨认自己的行为的后果。实践中，这两类限制行为能力人在刑事诉讼中，并非绝对无法辨认自己的行为和清楚地表达自己的主观意愿。对于这两类人清楚地表达了认罪认罚从宽的意愿，即便律师和法定代理人不同意，如果犯罪证据确实充分，也应当给予适用认罪认罚从宽制度的权利，保证其在刑事诉讼中与其他犯罪嫌疑人和被告人享有平等的诉讼权利。2018年修改的刑事诉讼法对这两类特殊的涉嫌犯罪的主体规定，认罪不需要签署认罪认罚从宽具结书。当然，对于这两类特殊的主体在认罪认罚方面获得制度上的优惠，还需要通过司法解释加以明确，否则将导致标准失度的问题。

### （二）侦查阶段的认罪认罚从宽制度

第一，2018年修改的刑事诉讼法对侦查阶段的认罪认罚从宽的权利告知缺乏规定，该试点中的突出问题并没有得到立法的解决。问卷调查显示，侦查阶段保障认罪自愿性的权利告知程序就缺乏具体的规定。例如，认罪认罚从宽的权利告知是侦查人员对犯罪嫌疑人的独立权利的告知？还是和其他权利合并告知，抑或是可以在侦查的任何时间段由侦查人员根据需要作出选择性的告知？这些问题都没有在2018年修改的刑事诉讼法中明确规定。另外，违反权利告知义务的程序性制裁的后果不明确。由于权利告知不明确，侦查阶段的认罪的时点和认罪的客观构成都缺乏明确的规则。例如，认罪是概括性认罪，还是必须具备犯罪事实的供述的认罪，是侦查机关的全部供述还是部分供述，供述存在偏差的认罪是否构成法律上的认罪，等等。由于缺乏上述规则，可能导致认罪认罚强化口供依赖，甚至诱供或者骗供等。有的学者甚至认为，在侦查阶段讯问时可以采取一定程度的欺骗。[①]这种说法将在很大程度上误导侦查人员，使得欺骗式的诱供成为常态，导致认罪认罚自愿性和明知性得不到保障。侦查人员对犯罪嫌疑人、被告人的认罪后果的任意性不负责任的承诺属于典型的诱供，应当作为非法证据加

① 参见朱孝清:《侦查阶段可以适用认罪认罚从宽制度》，载《中国刑事法杂志》2018年第1期。

以排除。新的刑事诉讼法对认罪认罚从宽案件中的影响认罪的自愿性的问题缺乏明确的规定，不能不说是这次修法的缺憾。

第二，2018年修改的刑事诉讼法降低了认罪认罚对于替代性羁押措施适用方面的权重，不利于认罪的犯罪嫌疑人和被告人获得程序性从宽。问卷调查显示，侦查阶段对认罪的犯罪嫌疑人的从宽主要是其因认罪而更容易获得取保候审和监视居住。根据《试点办法》规定，犯罪嫌疑人、被告人的认罪认罚从宽制度不仅应当在实体上受到优惠，而且在羁押措施上也应当受到宽大处理。侦查阶段的从宽主要是程序上从宽，包括对认罪的犯罪嫌疑人采取取保候审、监视居住等替代性羁押措施。但是，由于我国取保候审和监视居住具有严格的适用条件的限制，特别是对社会危害性裁量权的随意性，犯罪嫌疑人即便认罪也并不容易获得程序从宽的对待。根据2018年修改的刑事诉讼法，如果认罪案件的程序从宽仅仅表现在后续的审理程序的从简，对犯罪嫌疑人和被告人并没有实质性的实惠。《试点办法》第6条规定，人民法院、人民检察院、公安机关应当将犯罪嫌疑人、被告人认罪认罚作为其是否具有社会危害性的重要考虑因素，对于没有社会危害性的犯罪嫌疑人、被告人应当取保候审、监视居住。显然，试点的立法是具有明显有利于认罪的犯罪嫌疑人、被告人获得取保候审、监视居住的积极导向。事实上，侦查阶段的从宽主要表现在对于认罪的犯罪嫌疑人相比试点前替代性羁押措施的适用率有显著性提高。[①]但是，修改后的刑事诉讼法只是在第81条后增加了一款：批准或者决定逮捕、应当将认罪认罚等情况，作为是否可能发生社会危

① 参见最高人民法院刑一庭编著:《认罪认罚从宽制度的理解与适用》，人民法院出版社2018年版，第272页。

害性的考虑因素。这个规定虽然看上去吸收了《试点办法》中的相关规定，但是仅仅作为逮捕中的考虑因素，淡化了认罪认罚从宽在适用替代性羁押措施中的权重。从试点的情况看，认罪认罚从宽制度试点的重要成果之一就是在很大程度上提高了审前的取保候审和监视居住的适用率。但是，2018 年修改的刑事诉讼法对认罪认罚与羁押措施之间的关系的模糊性处理，降低了对认罪认罚从宽的犯罪嫌疑人和被告人的从宽的力度。为此，笔者建议在未来“两高”相关的司法解释中，应当明确认罪认罚的犯罪嫌疑人、被告人只要不具有显性的社会危害性，就应当适用取保候审、监视居住，以实质性落实认罪认罚的犯罪嫌疑人在程序性从宽方面的实惠。

2018 年修改的刑事诉讼法将认罪案件中的涉及侦查阶段可以撤销的案件与审查起诉阶段的不起诉予以合并吸收。[①] 由于我国缺乏法官主导的预审制度，撤销案件的权力由侦查机关行使。如果对认罪后撤销案件缺乏严格的司法制约性，容易产生司法真空，导致该权力被滥用。《试点办法》第 9 条对公安机关因为犯罪嫌疑人的重大立功表现和涉及国家重大利益需要撤销案件规定了严格的上报审批程序。当然，对于立功表现，犯罪嫌疑人如果通过被告人讯问，锁定了其他潜在或正在被追诉人的犯罪事实，使得国家得以对另外涉嫌犯罪进行侦查和指控并查证属实，那么就意味着犯罪嫌疑人具有立功的表现。认罪认罚从宽案件就具有推动犯罪案件的侦查结果，对打击犯罪和追诉犯罪具有重要价值。但是，对于什么是国家重大利益，与国家重大利益的连接程度，包括案件仅仅与国家的重大利益有

① 由于经过最高检批准的撤销案件与不起诉案件的适用条件和程序基本类同，因此，此处仅就撤销案件进行论述，对不起诉的问题不再赘述。

关，是通过认罪认罚对案件、对国家就会产生重大贡献，还是案件本身就是国家重大利益，进一步追诉可能会导致国家重大利益受到损害，甚至是案件从属国家重大利益，只不过在维护国家重大利益过程中发生违法行为等。这些问题都没在这次修改的刑事诉讼法中解决。在司法解释中，对撤销案件或不起诉的案件中涉及的重大利益或者国家安全，都应当作出比较明确的司法解释，避免该规范成为不起任何作用的法条。

（三）起诉阶段的认罪认罚从宽制度

2018年修改的刑事诉讼法中明确规定检察机关量刑建议的法定权，并强调法院对量刑建议应当原则性采纳。从规范的角度看，量刑建议本质上是对法院的量刑单向度指引。问卷结果显示，试点地区的检察院的量刑建议得到试点的法院较高程度的采纳和认可。事实上，检察机关的量刑建议在刑事速裁程序试点中就已经确立。认罪认罚从宽制度中的量刑建议，是检察机关主导的在法定刑幅度内给予审判机关的被告人的量刑意见。根据认罪认罚从宽制度试点规则，只要被告人认罪认罚，原则上应当给予被告人在法定刑幅度内从轻处罚。这种从轻处罚对于被告人来说是因为其自愿性认罪而获得宽宥的回报。由于量刑工作传统上由审判机关行使，量刑规范化的改革也是在审判机关范围内试点的。因此，这里存在检察机关与司法机关在量刑上是否可以达到契合的问题。目前由于量刑规范化的改革试点主要是法院范围内的试点，法院在量刑规范和操作经验方面相比检察院具有显著的优势。对于量刑建议中确定性的量刑被改的超过幅度型量刑，也就是幅度量刑建议更容易被法院采纳。在调研和问卷中也发现有些法院更倾向检察机关提供幅度量刑建议，而对确定性的定点量刑建议不太认可，因为法官们普遍认为量刑的具体化和确定化是属于法院的司法权的范围。认罪认罚从宽制度推开之后，检察院在量刑建议的规范化方面，确实有一个如何解决量刑建议本身的合理性与正当性的问题。2018年修改刑事诉讼法，国家最高司法机关并没有同步对量刑进行配套的规范化立法，这必然会影响认罪认罚从宽案件的量刑的均衡化。借鉴国外的经验，最高人民法院和最高人民检察院应当就认罪认罚的量刑问题制定规范性的司法解释，为法官、检察官和辩护律师等提供基础性量刑参考规范。

2018年修改的刑事诉讼法通过量刑建议强化了检察公诉权，但没有并行加强辩护方的权利。控辩协商制度是现代刑事诉讼民主化、现代化的重要特征。①根据本次问卷调查，辩护律师期望通过立法能赋予控辩协商的权利。但是，2018年刑事诉讼法修改并没有能够回应这一重要诉求。认罪认罚从宽制度本质上体现的是合意型司法，而本次修法并没有预留控方与辩护律师协商的权利。事实上，有的试点法院在试点中尝试运用控辩协商规则来处理案件。例如，福建省福州市福清法院联合其他政法机关出台《关于刑事案件速裁程序认罪认罚从宽协商制度》，探索认罪认罚控辩协商机制。但是，本次修改的刑事诉讼法并没有把控辩协商的机制纳入修法中来。但加强了检察机关在量刑方面的权力，这对于加强检察机关的公诉地位具有重要意义。然而，由于加强了检察机关的公诉权，而忽视了辩护权的合理配置。因此，未来的认罪认罚从宽制度进入刑事诉讼领域必须在适当限制认罪认罚从宽的自由裁量权，为辩护方提供相对平等的协商权利配置。基于检察机关主导下形成的

① 参见冀祥德:《中国刑事辩护制度发展的命运——以建立中国控辩协商制度为视角》，载《北方法学》2007年第2期。

认罪认罚具结书具有强烈的纠问制色彩。控辩双方平等基础上达成的认罪量刑协议具有的法律文件的对等约束的属性，而量刑建议并未充分考虑被告人的对裁判结果自主性的诉讼主体的权利属性。虽然问卷调查显示，被告人在认罪认罚从宽中绝大多数获得从轻的处罚，但是也有相当部分对认罪后悔和对判决结果不满意。这说明在认罪认罚从宽制度中基于认罪具结书和单向度的量刑建议，并没有充分考虑被告人的协商上的自主自愿性，协商的元素在认罪认罚从宽制度中还相当的欠缺。由于2018年修改的刑事诉讼法缺乏对有效辩护的权利配置，更具形式化的值班律师制度并不能有效解决控辩不平衡的问题。

### （四）审判阶段的认罪认罚从宽制度

2018年修改的刑事诉讼法要求审判阶段法官对案件进行认罪自愿性的实质审查，这是这次修法的突出亮点。从问卷结果看，绝大多数被告人在问卷中声明自己的认罪是自愿的，但是也有极少数不认为自己的认罪是自愿的。在认罪认罚从宽制度试点上，采取值班律师或辩护律师见证下签署认罪具结书，但是这并不能绝对保证被告人认罪的自愿性。在审理案件的过程中，很多法官认为被告人已经签署认罪具结书，经过审查起诉机关的审核把关，在法庭上没有必要浪费时间再对被告人进行自愿性认罪的审查。实际上，认罪自愿性的审查是认罪认罚从宽制度在庭审环节保证案件质量的不可或缺的要求。由于《试点办法》并没有明确要求法庭审理上对被告人的自愿性认罪进行实质审查，缺乏相应的操作性规则，留给制度创新的空间。美国认罪答辩机制，法官必须对被告人的认罪的自愿性、真实性和明知性进行实质性审查。[①] 换言之，被告人的认罪是基于对其犯罪行为的性质、量刑结果以及后果的清楚认识，特别是在辩护人或律师的指引下进行的出于个人内心自愿的认罪，表明其真实性和对认罪后果承担的自愿性。事实上，在认罪认罚从宽试点中，有些地方已经尝试建立认罪自愿性审查机制，在规范被告人权利告知程序的基础上，从被告人对认罪的后果的认知能力并结合案件证据等方面进行审查，确保被告人明知法律后果、自愿接受处罚，自由选择程序。在这次刑事诉讼法修改的内容中，对被告人的认罪的自愿性实质审查应当说是这次修法回应试点中的问题的重要成果。

2018 年修改的刑事诉讼法对认罪认罚从宽制度的证明标准并没有明确规定。根据法官问卷，在适用认罪认罚从宽制度办理的刑事案件中，有的法官认为无法达到案件证明标准的确实与充分；而通过庭审调查达到排除合理怀疑仅仅 43%。这从侧面反映出认罪认罚案件的证明上还存在问题。关于认罪认罚从宽中的证明标准，学术界有两种看法，一种认为认罪认罚从宽制度可以降低对案件的事实证明标准，采取两个基本的证明标准，即基本事实清楚，基本证据确实；另一种认为必须坚持法定证明标准，即按照客观真实，证据确实、充分和排除合理怀疑的证明标准。从问卷调查的结果看，超过 61% 的被调查人员认为应当适当降低证明标准。其中被调查的警察超过 70% 赞同降低案件的证明标准。从司法实践的情况看，有些试点地区在认罪认罚从宽的试点的地方性的规范文本中，都有关于降低案件证明标准的表述。[②] 降低证明标准的出发点，其实就是降低案件的证明要素的

① 参见祁建建:《美国律协刑事司法标准之有罪答辩评析》，载《中国刑事法杂志》2016 年第 5 期。

② 参见孙长永:《认罪认罚案件的证明标准》，载《法学研究》2018 年第 1 期。

构成，进而提升案件审理的工作效率。基于这样的判断，对于认罪认罚从宽案件的证明标准是否有必要进行调整，不仅是理论问题，也是无法回避的实践问题。这次修改的刑事诉讼法对定罪与量刑的证明标准没有严格区分。事实上，在认罪认罚案件中可以在定罪和量刑的区分上作出调整，即认罪认罚案件在认罪的证明标准上不降低，但是在量刑上的证明标准可以适当降低。例如，关于财产型案件涉案财物只要被告人认罪、被害人没有异议，就可以省去价格鉴定等繁杂的程序。另外，对于被告人认罪的涉及复杂证据归集的，如电信诈骗犯罪案件的证明如果严格按照所有证据都进行鉴证，程序就很烦琐。在认罪认罚从宽制度中，采取证明标准的双轨制，对于涉及案件的定性和定罪的证明，坚持法定证明标准，并不因被告人认罪而降低证明标准，但是对于量刑部分，可以适当降低证明标准，提升司法效率。2018 年修改的刑事诉讼法完全回避了认罪认罚案件的证明标准的特殊性，但是这个问题由于影响到司法实践，未来可通过司法解释来逐步加以解决。

### （五）认罪认罚从宽制度中的值班律师制度

2018 年修改的刑事诉讼法规定了法律援助机构在人民法院、看守所派驻值班律师和职责的规定，但是却没有吸收《试点办法》中的有效法律帮助的规则。可见，2018 年修改的刑事诉讼法对《试点办法》中的内容还是有相当的保留和审慎的，特别是刑事辩护有效法律帮助是国际刑事诉讼的通行标准，但是立法者并没有将试点中已经有的有效法律帮助的规定纳入新法中。认罪认罚从宽制度试点中的突出亮点是法律援助值班律师制度，特别是规定了对认罪认罚案件的犯罪嫌疑人和被告人要求提供有效法律帮助。近年来，刑事案件中的有效辩护制度受到理论界的高度关注。认罪认罚从宽制度试点，在立法层面提出了有效法律帮助的概念，把值班律师制度的服务的有效法律帮助提到了新的高度。2017年8月，最高人民法院、最高人民检察院、公安部、国家安全部、司法部联合印发《关于开展法律援助值班律师工作的意见》，完善了我国值班律师制度。根据问卷调查，值班律师在认罪认罚案件中存在走形式、走过场的问题；值班律师和对案件的情况缺乏充分的了解，无法提供有效的律师法律帮助；等等。可见，认罪认罚从宽制度中应当规定律师有效辩护以提高辩护质量，但是2018年修改的刑事诉讼法并没有采纳，不能不说是这次刑事诉讼法修改的缺憾。

2018年修改的刑事诉讼法虽然吸纳了《试点办法》中的值班律师在签署具结书的律师在场权，但是并没有完善其操作规范。《试点办法》第10条规定，犯罪嫌疑人自愿认罪，同意量刑建议和程序适用的，应当在辩护人或值班律师在场的情况下签署具结书。虽然签署具结书的律师在场权是很有局限性的在场权，并不是真正或者实质意义上的在侦查讯问阶段的律师在场权，但它毕竟是在国家的立法的层面，在法律层面规定了律师审查起诉阶段的在场权。签署具结书的律师在场权，主要是考虑到保证被告人认罪的自愿性的问题。这个在场权还可进一步扩展到侦查阶段。值班律师制度的功能主要在侦查讯问阶段，对于侦查阶段的认罪的自愿性保证，有必要确立值班律师在场权。此外，认罪认罚从宽制度试点改革当中特别强调在侦查阶段听取值班律师的意见，主要强调对于犯罪嫌疑人认罪要听取值班律师的意见。过去虽然有值班法律援助的制度，但是并没有明确要求公安机关要听取值班律师和辩护人的意见。这个规定对侦查机关虽然是职责要求，但是在侦查阶段要求侦查人员听取值班律师的意见，实际上认可了值班律师有权对侦查活动进行监督和制约。当然，这个规定由于缺乏可操作性，在实践当中基本没有落实。2018年修改的刑事诉讼法仅仅是保留了签署具结书的在场权，但是遗憾的是没有在此基础上对律师在场权进行必要的扩展。

总体上，经过全国人大授权为期两年的认罪认罚从宽制度试点，为2018年刑事诉讼法的再修改积累了宝贵的经验。2018年修改的刑事诉讼法对认罪认罚从宽制度予以立法确认，吸纳了大部分试点规则。但是通过本研究也发现，2018年修改的刑事诉讼法对试点的经验的吸纳并不充分。换言之，试验性立法的经验成果并没有在2018年修改的刑事诉讼法中充分体现。2018年修改的刑事诉讼法关于认罪认罚从宽制度的规定及衍生的问题，仍然需要给予更深层次的研究。

# 中国式认罪协商中的量刑建议

胡　铭*

认罪认罚从宽制度在中国试点两年后，已于2018年正式写入了中国刑事诉讼法。认罪认罚从宽制度是中国传统的“坦白从宽、抗拒从严”刑事政策的转型升级，同时在一定程度上吸收借鉴了美国辩诉交易、德国认罪协商等制度，笔者将其称为中国式认罪协商。从本质来看，认罪认罚从宽是一种认罪协商的过程，是一种协商式刑事司法，亦是一种合作式刑事司法。所谓协商式刑事司法，是指在刑事案件的处理方面，不同程度地给当事人之间的“协商”或“合意”留有一定空间的案件处理模式。① 虽然中国刑事诉讼法并未明确规定协商程序，但从司法实务来看，显然在认罪认罚中引入了控辩协商的过程，控辩双方在犯罪嫌疑人、被告人认罪的基础上对指控罪名、刑罚适用等进行量刑协商，在协商一致后，检察机关向法院提出对被告人“从宽”的量刑建议。② 可以说，检察机关的量刑建议是中国式认罪协商的核心部分，是有效促成被告人认罪认罚的关键环节，也正因此，量刑建议应成为研究中国式认罪协商的重点。

---

* 胡铭，浙江大学法学院教授，法学博士。

① 参见胡铭:《认罪协商程序：模式、问题与底线》，载《法学》2017年第1期。

② 参见尹维明:《认罪认罚从宽制度中量刑建议程序的完善》，载《人民检察》2018年第13期。

## 一、作为中国式认罪协商中的关键环节的量刑建议

### （一）中国法规范层面的两种量刑建议

按照2018年修改后的中国刑事诉讼法，检察机关的量刑建议实际存在两种形态：一种是传统意义上的量刑建议，即在检察机关提起公诉时，在有明确的指控犯罪事实和适用法律的基础上，对法院量刑提出的建议性意见，此种量刑建议严格来讲，对法院只有参考作用而并不具有刚性的拘束力；另一种是新增的认罪认罚从宽制度中的量刑建议，即建立在犯罪嫌疑人认罪认罚基础上的量刑建议，是犯罪嫌疑人自愿认罪、同意量刑建议和程序适用，并且有律师在场的情况下签署认罪认罚具结书，然后由检察机关提出的对法院具有刚性约束力的量刑建议，其效力显然与前一种不同。

根据2018年修改的刑事诉讼法，认罪认罚案件中量刑建议的适用及其约束力主要包括：（1）启动程序：犯罪嫌疑人自愿认罪，同意量刑建议和程序适用的，应当在辩护人或者值班律师在场的情况下签署认罪认罚具结书（第174条）；（2）适用程序：犯罪嫌疑人认罪认罚的，人民检察院应当就主刑、附加刑、是否适用缓刑等提出量刑建议，并随案移送认罪认罚具结书等材料（第176条）；（3）量刑建议的约束力：对于认罪认罚案件，人民法院依法作出判决时，一般应当采纳人民检察院指控的罪名和量刑建议（第201条）；（4）量刑建议的约束力的例外：①被告人的行为不构成犯罪或者不应当追究其刑事责任的；②被告人违背意愿认罪认罚的；③被告人否认指控的犯罪事实的；④起诉指控的罪名与审理认定的罪名不一致的；⑤其他可

能影响公正审判的情形（第201条）。[①]

可见，认罪认罚案件中的量刑建议与非认罪认罚案件中的量刑建议既有共同之处，又有显著区别。相同之处在于，不论是认罪认罚案件还是非认罪认罚案件，量刑建议的性质相同，都是求刑权。不同之处在于，认罪认罚案件中的量刑建议，是控辩双方经协商后达成的“诉讼合意”，这种“诉讼合意”的达成以犯罪嫌疑人认罪认罚为前提，以检察机关的量刑减让为承诺。认罪认罚案件中的量刑建议具有司法上的刚性约束力，即经犯罪嫌疑人签署具结书同意的量刑建议，除法定情形外，人民法院一般应当采纳，而非认罪认罚案件中的量刑建议并不具有该法律效力。认罪认罚案件中的量刑建议的法律效力显著强化，并且对于认罪协商的实质推进产生重要影响。因此，需要厘清检察机关量刑建议与法院刑罚裁量之间的关系，明确量刑建议对于各诉讼参与主体的效力，以及探求如何提高量刑建议的规范性。

### （二）量刑建议在认罪认罚案件中的定位

不论从认罪认罚从宽制度内涵理解，还是从其制度构建来看，量刑建议都是推进该制度实施的关键。中国学术界和实务界对于认罪认罚从宽的内涵的理解尚未达成共识。从最高人民法院、最高人民检察院、公安部、国家安全部、司法部《关于在部分地区开展刑事案件认罪认罚从宽制度试点工作的办法》（以下简称《试点办法》）的规定可以看出，量刑建议与“认

① 人民法院经审理认为量刑建议明显不当，或者被告人、辩护人对量刑建议提出异议的，人民检察院可以调整量刑建议。人民检察院不调整量刑建议或者调整量刑建议后仍然明显不当的，人民法院应当依法作出判决。

罚”和“从宽”两个关键词联系十分紧密。[①]同意量刑建议是犯罪嫌疑人“认罚”内容的重要组成部分，而给予犯罪嫌疑人实体“从宽”的优待亦需要通过量刑建议予以承诺。认罪认罚从宽制度是一项综合性、系统性的制度，涉及实体与程序两个方面，涉及侦查、审查起诉、审判三个环节。职能部门在诉讼的不同阶段对认罪认罚所作的从宽允诺，是否恰当？真实性如何？确定性怎样？在很大程度上依赖于量刑建议功能与效力的发挥。认罪认罚从宽制度中的协商机制，可以让控辩双方在审查起诉环节充分沟通，了解掌握各种量刑情节，收集到更为准确、全面的量刑信息，最终以量刑建议的形式体现。量刑建议是控辩双方诉讼合意的结果，在认罪认罚中具有特殊的作用和意义，直接影响到认罪认罚协商环节的开展。犯罪嫌疑人认罪认罚的自愿性、明智性是认罪认罚程序正当性的关键。量刑建议则是可以让其预测答辩后果的直观和具体的载体。此外，量刑建议能为法官量刑提供参考，减少其工作量，提高审判效率。通过程序上的繁简分流，在公正基础上提高诉讼效率，是认罪认罚从宽制度设计的初衷。由此可见，量刑建议对认罪认罚从宽制度具有十分重要的价值和意义。

量刑建议是认罪认罚案件中检察官的法定职责。2018 年《刑事诉讼法》第 176 条第 2 款明确规定：“犯罪嫌疑人认罪认罚的，人民检察院应当就主刑、附加刑、是否适用缓刑等提出量刑建议。”这里使用了“应当”一词，意味着对于认罪认罚从宽案件，提出量刑建议是检察官的法定职责，这与一般刑事案件中量刑建议被作为可选职责的情况有所区别。同时，认

① 《试点办法》第 1 条规定：“犯罪嫌疑人、被告人自愿如实供述自己的罪行，对指控的犯罪事实没有异议，同意量刑建议，签署具结书的，可以依法从宽处理。”这是开展认罪认罚从宽试点工作的官方指导性文件对认罪认罚从宽制度的表述。

罪认罚案件中的量刑建议还要体现相当的“精确性”。若无特定的、精确的量刑建议，控辩双方将丧失合作、协商的关键因素，可能导致认罪认罚从宽制度无法真正实现。

认罪认罚案件中量刑建议的效力具有准终局性。与一般刑事案件中量刑建议的非终局性特点不同，认罪认罚案件中量刑建议的法律效力体现了很大程度上的终局性、实质化的特点。2018 年《刑事诉讼法》第 201 条规定：“对于认罪认罚案件，人民法院依法作出判决时，一般应当采纳人民检察院指控的罪名和量刑建议……”这里采用了“一般应当”一词，意味着除非是法定的例外情形，法官在审理认罪认罚案件时既应充分尊重控辩双方的合意，又要充分考虑控辩协商的结果的公信力问题。

## 二、认罪认罚案件中量刑建议的中国实践

认罪认罚从宽制度自 2016 年在中国 18 个城市试点到 2018 年正式写入刑事诉讼法，以极高的效率探索了一种新的制度。这得益于国家层面的司法改革的顶层设计，也反映出基层的公安司法机关通过认罪协商提高办案效率的强烈需求。从官方公布的认罪认罚从宽制度试点的中期报告和相关试点总结报告来看，认罪认罚从宽制度的试点取得了显著的成绩，这些成果成为 2018 年修改法律时的主要依据，也可以为我们的研究提供参考。同时，为了更好地解释中国认罪认罚案件中的量刑建议，笔者以试点城市杭州[①]的法官、检察官、律师为问卷调

① 杭州市是中国东部沿海发达省份浙江省的省会，属于中国法治建设中的先发地区。截至 2018 年，全市下辖 10 个区、2 个县、代管 1 个县级市，总面积 16853.57 平方千米，建成区面积 559.2 平方千米，常住人口 980.6 万人，城镇人口 759.0 万人，城镇化率 77.4%。

查的对象，展开了初步的实证研究。该研究随机抽取杭州的法官、检察官、律师参与问卷调查，各发放问卷400份。其中，回收法官有效问卷361份；回收检察官有效问卷375份；回收律师有效问卷374份。

## （一）量刑协商的空间与控辩协商中的困惑

最高人民法院、最高人民检察院《关于在部分地区开展刑事案件认罪认罚从宽制度试点工作情况的中期报告》（以下简称《中期报告》）显示，截至2017年11月底，在试点工作中，认罪认罚案件犯罪嫌疑人、被告人被取保候审、监视居住的占42.2%；不起诉处理的占4.5%；免予刑事处罚的占0.3%；判处三年有期徒刑以下刑罚的占96.2%，其中，判处有期徒刑缓刑、拘役缓刑的占33.6%，判处管制、单处附加刑的占2.7%，非羁押强制措施和非监禁刑适用比例进一步提高。[①] 这表明认罪协商主要适用于轻罪案件，“从宽”在强制措施、不起诉、非监禁刑和监禁刑等多方面都得到了体现。

“从宽”的幅度到底有多大，并没有官方的统计，而这是体现量刑协商的空间的主要指标。从《试点办法》和各地试点中的具体做法来看，“从宽”的幅度一般是刑罚的10%~30%，这一量刑协商的空间和美国的辩诉交易相比，是属于比较低的。量刑协商的空间受到了2010年出台的《人民法院量刑指导意见（试行）》（以下简称《量刑意见》）的限制和司法官观念的束缚。在问卷调查中，对于“《量刑意见》中10%~30%的从宽幅度是否有必要扩大”这一问题，361位受访法官中有229位

① 参见周强：《最高人民法院、最高人民检察院关于在部分地区开展刑事案件认罪认罚从宽制度试点工作情况的中期报告》，载《人民法院报》2017年12月24日第1版。

受访法官认为“没必要扩大”，占比63.44%；116位认为“可以扩大到减30%~50%”，占比32.13%；剩余仅有4.43%（16位）的受访法官认为“可以扩大到减50%以上”。在访谈中，法官、检察官对于量刑协商的幅度，也多表示了较为保守的意见，认为不宜超出30%。

**表1 关于量刑协商中的“从宽”幅度**

| 选项 | 频率 | 百分比 | 有效百分比 | 累积百分比 |
| --- | --- | --- | --- | --- |
| （1）没必要扩大 | 229 | 63.44% | 63.44% | 63.44% |
| （2）可以扩大到减30%~50% | 116 | 32.13% | 32.13% | 32.13% |
| （3）可以扩大到减50%以上 | 16 | 4.43% | 4.43% | 4.43% |
| 合计 | 361 | 100.0% | 100.0% | 100.0% |

这背后显示出中国司法官对于实质真实原则与法定原则的尊崇。在中国司法官的认识中，客观真实性是刑事案件的根本性要求，无论是从轻、减轻，还是免除处罚，必须有事实和法律依据，不得为了适用认罪认罚从宽制度而忽略了案件的实质真实和罪刑相适应，或者违反法律和司法解释关于从宽处罚幅度的明确限制，从而突破“依法从宽”的底线。

受访检察官和律师表示，在办理认罪认罚案件中，遇到的最大困惑就是量刑问题，特别是检察官对于量刑建议普遍存在困惑。问卷显示，检察官和律师在控辩协商过程中遇到的困惑如下：（1）量刑问题：量刑标准不统一、量刑建议难以精准化、从宽量刑幅度太小、量刑建议与法院量刑冲突等；（2）律师参与问题：值班律师不固定、作用有限，阅卷、会见不够，到场见证效果不佳，辩护意见形式化，法律援助经费不足等；

（3）程序问题：程序复杂、烦琐，文书过多，简案不简，提高效率的效果不佳等。

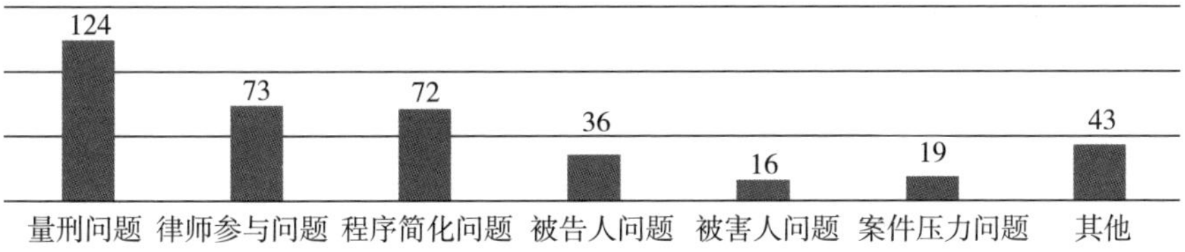


**图 1　检察官遇到的困惑（按困难程度列举）**

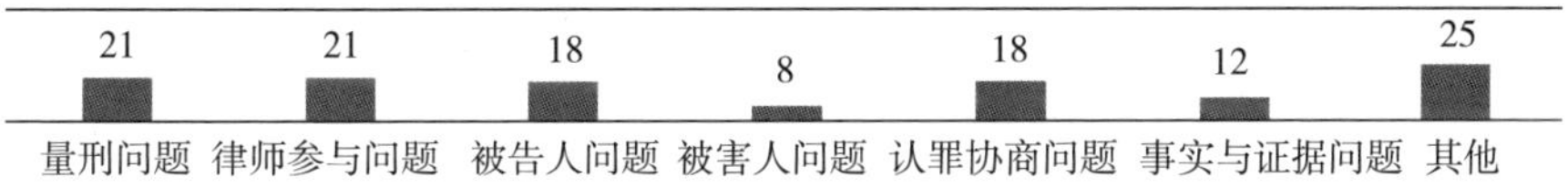


**图 2　律师遇到的困惑（按困难程度列举）**

## （二）检察机关量刑建议权与法院刑罚裁量权的关系

《中期报告》显示，在试点工作中，检察机关对认罪认罚案件依法提出从宽量刑建议，其中建议量刑幅度的占 70.6%，建议确定刑期的占 29.4%，法院对量刑建议的采纳率为 92.1%。[①]根据最高人民法院课题组作出的《认罪认罚从宽制度试点总结报告》，截至 2018 年 9 月底，在全国试点法院审结的 20 余万件认罪认罚案件中，法院对量刑建议的采纳率在 90% 以上，从轻处罚的占比 96.63%，减轻处罚的占比 2.96%，法定刑以下报核的占比 0.02%，免除处罚的占比 0.39%。[②]上述数据说明，一

① 参见周强:《最高人民法院、最高人民检察院关于在部分地区开展刑事案件认罪认罚从宽制度试点工作情况的中期报告》，载《人民法院报》2017 年 12 月 24 日第 1 版。

② 参见胡云腾主编:《认罪认罚从宽制度的理解与适用》，人民法院出版社 2018 年版，第 271~286 页。

方面控辩协商的结果多数得到了充分尊重，另一方面也说明确有 1/10 左右的量刑建议没有被法院采纳。较高的法院采纳率又与多数的量刑建议是量刑幅度有关，只要在这个幅度内就算是采纳了，这相对于确定刑期的量刑建议，更容易被法官所接受。但从办案实践来看，犯罪嫌疑人对于量刑协商的结果，更渴求的是确定刑期的预期。

从问卷调查来看，量刑协商的结果被法官否定的情况确实存在，访谈中也显示这种情况并非个案。当问到“在您办理过的认罪认罚从宽案件中，有没有被法院驳回的案件？”有 19% 的受访检察官和 11% 的受访律师遇到过案件被法官驳回的情况，这说明法官对量刑建议是否采纳情况仍然要做实质性的审查，其透露出的信息是，法院定罪量刑的依据和标准主要还是事实与法律，法官并非仅对认罪认罚从宽协议和量刑建议做形式审查的“橡皮图章”。

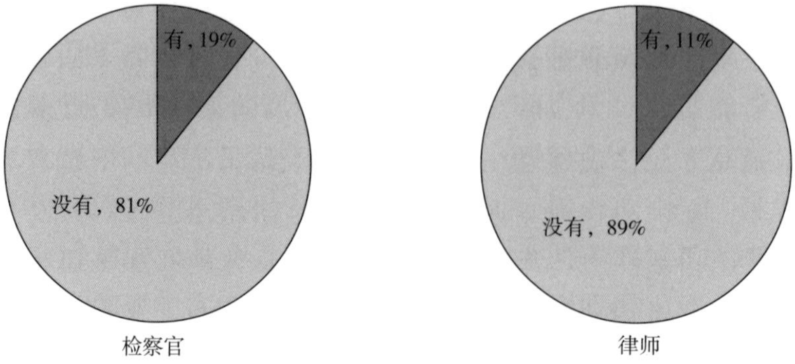


**图 3　量刑协商的结果被否定的情况**

控辩双方的量刑协商的结果被法官所否定，有着多方面的原因：一是法官不认可检察官量刑建议的自由裁量幅度，其中很重要的原因在于检法之间的“量刑指导”不一致；二是由于缺乏有效的沟通调整机制，审判阶段发生量刑情节变化，检察机关不能及时掌握并修正量刑建议；三是法官对检察官的确定性量刑存在一定抵触情绪。

从刑事诉讼原理看，控辩协商调整了控辩审三方关系，打破了原来的权力格局，对控审主体进行了新的角色定位和权力分配。2018年《刑事诉讼法》第201条规定，对于认罪认罚案件，人民法院依法作出判决时，除几种例外情形外，一般应当采纳检察机关提出的量刑建议。虽然法官对于控辩双方的诉讼合意是否具有法律效力拥有最终决定权，但是检察官在协商过程中事实上的控制权使得法官的定罪量刑权在一定程度上受到限制和约束。从这一角度而言，认罪认罚案件中的量刑建议使检察官拥有事实上的量刑决定权，而法官的量刑权则相对弱化。访谈中，曾有法官对此感到不解，认为其独立审判权，尤其是自由裁量权受到侵害。[①]

### （三）认罪认罚案件中量刑协商的风险

对认罪认罚从宽制度实施的效果，多数受访者比较乐观，但亦有相当部分受访者尤其是律师，认为量刑协商中存在司法腐败的可能，需要完善风险防范机制。

1.“滥用诉权”的可能性有多大？当问及该问题时，有71%的受访检察官和41%的受访律师认为推行该制度导致“滥用诉权”的可能性不会太大；但也有2%的受访检察官和21%的受访律师认为可能性会很大。

① 参见卢乐云、曾亚:《认罪协商机制中的法官职权——基于C市认罪认罚从宽制度试点实践的考察》，载《广东社会科学》2018年第6期。

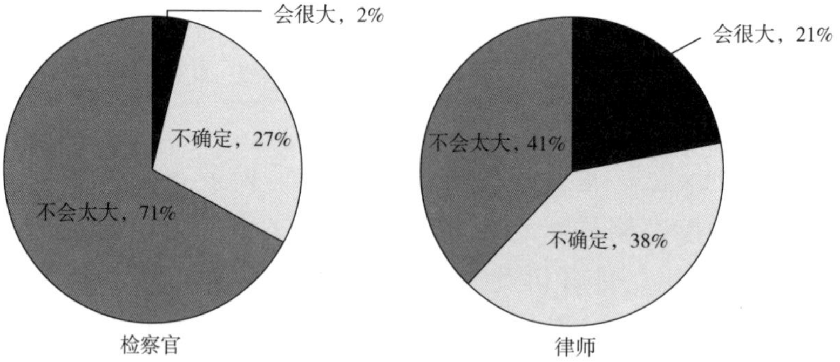


**图 4 “滥用诉权”的风险**

2.“量刑腐败”的可能性有多大？当问及该问题时，有67%的受访检察官和38%的受访律师认为推行该制度导致“量刑腐败”的可能性不会太大；但也有4%的受访检察官和22%的受访律师认为可能性会很大。

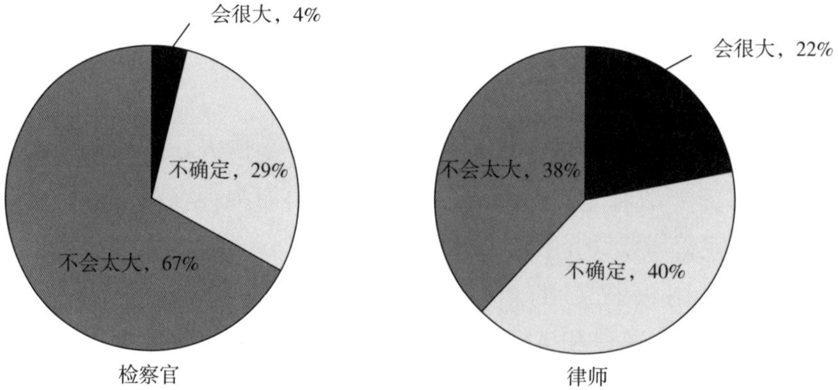


**图 5 “量刑腐败”的风险**

3. 出现“以钱买刑”的可能性有多大？有73%的受访检察官和38%的受访律师认为推行该制度导致“以钱买刑”的可能性不会太大；但也有4%的受访检察官和25%的受访律师认为可能性会很大。

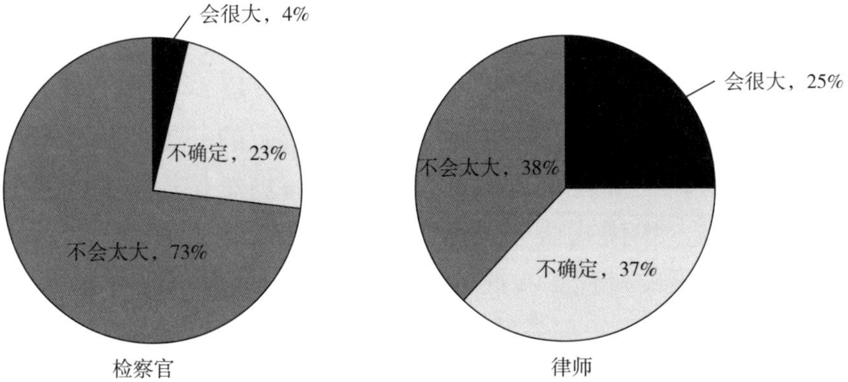


**图 6 “以钱买刑”的风险**

上述问卷调查显示，对于认罪认罚案件中量刑协商的风险，检察官和律师对于滥用诉权、量刑腐败、以钱买刑等问题的认识是有较大差异的，律师对上述问题的担忧显然要多于检察官。相比之下，检察官比律师对该制度试行的预期评估更为乐观。这和控辩双方在刑事诉讼中的地位和权利有关，律师在认罪协商中处于弱势，特别是《试点办法》中对于律师的定位使得律师发挥作用的空间较为有限。在认罪认罚案件中，律师更多的是被作为犯罪嫌疑人认罪认罚的见证人，尤其是值班律师，由于并未获得辩护人的地位而难以发挥足够的作用。在实践中的主要作用是：要求犯罪嫌疑人签署具结书时，必须有法律援助者在场证明。犯罪嫌疑人、被告人在具结时，辩护人或者值班律师应当在场，并在声明见证“本人是犯罪嫌疑人、被告人某某的辩护人、值班律师。本人证明，犯罪嫌疑人、被告人某某已经阅读了《认罪认罚具结书》及《认罪认罚从宽制度告知书》，根据本人所掌握和知晓的情况，犯罪嫌疑人、被告人某某系自愿签署了上述《认罪认罚具结书》”之后，签上本人姓名和年月日。[①]

① 参见张国轩:《认罪认罚从宽中量刑规范化的特殊性》，载《中国检察官》2018 年第 15 期。

## 三、中国式认罪协商中的量刑建议之完善

中国的认罪认罚从宽制度尚处于初创阶段，虽然已经有了明确的法律依据，但相关规定仍然是粗线条的，虽然已经有了试点的经验，但如何更好地开展量刑协商仍然是控辩双方面临的一个难题。中国式认罪协商中的量刑建议制度的完善尚需要一个不断摸索的过程。在此，笔者尝试提出的若干完善建议。

首先，应制定一部系统的、精细化的《认罪认罚从宽量刑指南》。2010 年出台的《量刑意见》尚未考虑到后来试点的认罪认罚从宽制度，已经无法适应新制度的有效实施，亟须升级为适应认罪协商的新的量刑指南。对此，检察官和律师是有共识的。调查问卷显示，约 94% 的受访检察官和 73% 的受访律师认为有必要制定统一的、精细化的量刑指南。检察官对此的呼声更高，反映出检察官在作出量刑建议时普遍遇到了缺乏明确指导的困难。

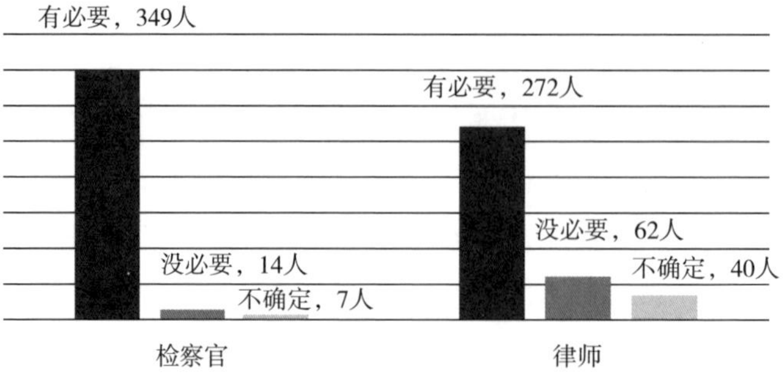


**图 7　制定统一的、精细化的量刑指南的必要性**

其次，应确立“逐级折扣”的量刑减让规则。对犯罪嫌疑人的认罪认罚情况，通过填写《情况记录表》和《认罪认罚表现等级评定表》，把认罪时间按照先后分为几个阶段，再根据犯罪嫌疑人的表现，包括对犯罪事实是否有异议、认罪后是否

有反复、是否积极退赔退赃、是否取得被害人谅解以及在羁押或取保候审期间遵守规定的情况，对犯罪嫌疑人综合作出认罪认罚表现等级评定，分为“好”“较好”“一般”“差”若干等级。越早认罪认罚，从宽幅度就越大，最高可以减少基准刑的30%，甚至可以考虑在某些类型的案件中扩大到50%。

再次，应将确定型量刑建议与幅度刑量刑建议相结合。可点面结合，提出确定型和幅度型两种量刑建议：(1)可能判处一年以下有期徒刑案件，量刑建议应当精确到点；(2)可能判处三年以下有期徒刑的案件，《量刑指南》涵盖的罪名量刑建议应当精确到点，其他没有涵盖的罪名提出幅度量刑建议的，区间幅度应在1~3个月内；(3)对可能判处三年以上有期徒刑的案件，一般提出幅度量刑建议，区间幅度应在3~6个月内；(4)对可能判处十年以上的案件，一般提出幅度量刑建议，区间幅度应在1~2年内。如据统计，杭州市检察机关在试点中采用确定型量刑建议占总数的81.5%，幅度型量刑建议占总数的18.5%；杭州市检察机关认罪认罚案件量刑建议采纳率普遍在95%以上，高于全国的平均水平。

最后，应建立量刑建议精准化的相关配套措施。具体包括：(1)前置社会调查程序，拟定不同的量刑建议备选，以促进赔偿和谅解。(2)借助“诉前会议”，搭建多方协商平台。(3)充分保障律师参与协商，依法听取律师对量刑建议的意见。(4)加强数据信息建设，开发辅助量刑应用软件，借助司法大数据提高量刑的精准化程度。

认罪认罚从宽制度可以称之为中国式的认罪协商程序，控辩协商在这一过程中非常重要，但可协商的内容是有限的。从现有规定看，罪名、罪数不能协商，证据不足情况下不允许进行认罪协商，不能降低检察机关的举证责任和有罪判决的证明标准。这就使得中国的认罪认罚从宽制度显然不同于美国的辩诉交易制度，也便要求中国建立独具特色的认罪认罚案件中的量刑协商制度。在有限的量刑协商中，需要进一步考虑如何更好地保障犯罪嫌疑人、被告人的权利，而不仅仅是提高办案效率；需要进一步考虑防控认罪协商可能带来的风险，而不仅仅是有量刑指南；需要进一步考虑如何更好地与现代科技在司法中的运用相衔接，而不仅仅是互联网和信息化平台的应用。

# 刑事诉讼中的公开审理与媒体开放

米夏埃尔·黑格曼斯*

本文首先涉及公开审理原则的历史起源及其功能。其次对公开审理原则的传统理解与今天的刑事诉讼的现实，以及媒体越来越多地关注刑事诉讼进行了对比，随后将涉及最近立法的变革。最后将涉及公开审理原则功能的变化。

## 一、刑事诉讼中的公开审理原则

### （一）公开审理原则

在德国，主审程序（包括判决的宣判），在所有法院中都是公开的（《法院组织法》第169条第1款第1句）。这种公开审理原则（或公开原则）规定，每个人都有权作为听众参加法庭庭审，不论他属于哪个社会团体，也不论他的社会地位如何。当然在实际情况下，法庭的大小决定了听众的人数。因此，刑事诉讼的公开原则首先是审理公开，即主要指审判庭向公众开放。但侦查程序仍然是秘密进行的，因为在某些情况下，人们无法最终获得证明被告人构成犯罪的证据，大量诉讼程序中犯

---

* 米夏埃尔·黑格曼斯（Michael Heghmanns），德国明斯特大学法学院教授。本文译者：黄河，中国政法大学比较法学研究院讲师，德国波鸿鲁尔大学法学博士。

罪嫌疑人未被起诉，因而这种保密也是保护嫌疑犯的必要条件。

为了真正确保公众的权利，在主审程序庭审期间和主审程序开始之前不应选择性地“挑选”旁听人员。基于特别的具体安全的考虑，允许对旁听人员进行身份检查。但不得要求旁听人员预先进行登记和预先进行旁听的申请，因为这可能会对旁听人员的参与庭审的主动性构成危害。此外，故意选择空间小的审判庭，从而到达限制旁听人员的做法是不能被接受的。

然而，公众旁听庭审存在四个方面的法律限制：

第一，某些类型的程序是非公开的。在刑事诉讼中，这些是针对青少年的诉讼（《青少年刑法》第 48 条）。这考虑到了他们尚未成熟的个性。

第二，主审程序的庭审过程中，在特定情形下公众可能会被暂时排除在外。例如，庭审内容涉及是否将被告人安置在精神病机构或感化教育机构（《法院组织法》第 171a 条）；庭审内容涉及个人生活的特殊领域并且会触及他人的合法的个人利益（《法院组织法》第 171b 条第 1 款）；对证人人身构成危险（《法院组织法》第 172 条第 1a 款）；庭审内容涉及重要的受保护的机密（《法院组织法》第 172 条第 2 款和第 3 款）或青少年作为证人接受法庭询问（《法院组织法》第 171b 条第 2 款、第 172 条第 4 款）。重要的是，一旦上述情况结束（如有关的法庭调查已经结束），则继续进行公开审理。

第三，在个别情况下可能会拒绝某些人进入法庭。根据《法院组织法》第 175 条，这些包括青少年，此外还包括有损法庭尊严的“不得体”之人。

第四，如果某些人不遵守法庭秩序（《法院组织法》第 177 条），特别是连续强行干扰和打断法庭庭审活动的，则可能被排除参与个别案件。当然检察官、辩护律师出席庭审是不可能根据上述事由而将其强行带出法庭的。

由于上诉法律限制仅适用于特殊情况，因此刑事诉讼中的绝大多数场景下，主审程序仍然是完全公开的。

### （二）历史发展

从历史发展来看，主审程序的公开审理原则是欧洲大陆刑事诉讼程序改革的一个重要标志或里程，因为它自 1748 年法国大革命在欧洲以及 1848 年欧洲革命后在德国逐渐推行开来。它的目的是克服纠问制诉讼存在的种种弊端，即纠问制被证明越来越不合时宜，最重要的是，纠问制作为一种秘密司法，是巩固当权者的阶级统治以及压制资产阶级为争取民主和参与抗争的有力手段。虽然在纠问制中后来也慢慢融入了一些公众参与诉讼程序的因素，但仅限于判决的公开宣判以及所谓的“最后法庭日”的制度。通过这种形式实现的程序公开，主要是要想实现一种威慑效果，并满足民众的“看热闹”的剧场心态，按照今天人们的理解，它最多只具有积极的一般预防的意义。

但判决是如何形成的，仍然在公众面前是一个谜。换言之，判决公布前，所有的事实已然成为定局，这使得纠问制成为一个令人忌惮的诉讼程序。因此，判决的透明度和人民对司法机构的可控性是刑事诉讼改革的基本目标。除了公众参与刑事司法的基本制度（通过重罪陪审法庭和轻罪参审法庭）之外，公开审理原则被视为防止司法机关滥用权力的基本条件之一，以便让国家操控司法机关、影响司法的情况能够“昭然若揭”，以保证司法的公平正义。公开审理原则在许多单行法中已经开始贯彻实施后，《法院组织法》于 1879 年 1 月 1 日生效，使得公开审理原则在整个德国范围内得以确立。自此之后，公开审理原则一直沿用至今。

## （三）基本功能

公开审理原则的最基本功能是由公众监督司法，可以防止恣意判决或决定的作出，这一点非常重要，因为司法是独立行事的，不受议会或民主的直接控制（《基本法》第 92 条、第 97 条第 1 款）。[①] 公开审理原则能够让公众有机会“辨识和看透”任何国家行政对司法机构的不当干预和影响，并通过司法行政所应当承担的议会责任来制裁这些行为。因为如果判决不符合公开审理基本要求，即并非通过能让第三人直观感受的开庭审理方式作出的判决结果，则人们完全可以质疑该判决与《刑事诉讼法》第 261 条的规定相违背，司法判决是由法庭外的影响因素所决定的。此外，公开审理原则还能够确保所有诉讼参与人的行为也遵循程序的要求。

除此之外，公开审理原则可以防止对被告人非法施加压力。最近几年，联邦宪法法院在针对认罪协商的司法实践时，特别强调的一个重要问题就是公开性。参与协商程序的当事人之间就量刑结果达成的任何协议（《刑事诉讼法》第 257c 条）必须完全透明，以确保任何滥用权利促使被告人达成认罪协商的行为都要经受公开原则的监督和检验。因此，诉讼参与人与法院之间的任何接触，即使它没有产生任何结果，也必须在公开的主审程序中对此进行说明（《刑事诉讼法》第 273 条第 1a 款）。

公开审理原则除了对司法的监督和批判功能之外，事实上还存在其他的基本功能，这一点在纠问制诉讼程序中的所谓的“最后法庭日”中有所呈现：一方面，惩罚那些因违

---

① 虽然《刑法》第 339 条枉法裁判罪或者在严重渎职的情况下被免除公职（《基本法》第 97 条第 2 款）可以间接地达到了一定的预防效果，但这也是以发现法官的不当行为为前提的。从这个角度而言，公开审理以及公众发现法官应受惩罚的行为后进行举报（《刑事诉讼法》第 158 条）也具有重要的功能。

反规范而应当接受刑罚的被告人，可以对民众自己可能实施犯罪行为产生威慑作用。事实上，在法庭上出现的旁听人员，可能并不是所谓的“潜在犯罪人”，而是“遵纪守法的良民”，他们本身已经对法律很忠诚了。相反，积极的一般预防效果通过公开审理而凸显出来。理想情况下，旁听人员亲身经历了法院对被告人进行的公正审判，最终从观众的角度认为，被告人获得了应有的惩罚。这种公平和公正的体验，如果有的话，也为犯罪受害者提供了保护，并回应了他们对正义的基本诉求。从广义上来讲，可以使旁听人员与刑事司法系统内部团结得到提升，从而形成尊重规范的意识，也希望所尊重的规范能给公民提供庇护，最终也以这种方式增加了旁听人员对规范的忠诚度。

## 二、公开审理原则的现实表现——媒体开放

### （一）法庭里的“观众”

当然，在德国，大量的刑事诉讼过程中，旁听席实际上空无一人，但这仍然被理解成为满足了公开审理的要求。在轻微案件中的独任制审判庭或参审法庭中，只有被告人（或被害人）的亲属或朋友经常出现。除了上述群体之外，最多只有一些学生们因满足课堂外教学参观的需要，而偶尔出现在法庭的审判庭内。此外，一些法院偶尔会有“职业观众”（Berufszuschauer），他们要么出于激情，无聊或者只是为了在冬天“取暖”，每天都会固定出现在法院大楼里，并到处转悠，看有没有正在进行的审判活动而选择坐在那里旁听一会儿。

但在一些重大案件的审理过程中，情况就大不一样了，尤其是在重罪的参审法庭审理中。人们对特定案件审理非常感兴

趣，但他们并不是受犯罪行为影响的人，也与被告人没有任何个人关系。当然这类群体主要是那些没有时间成本，可以随时旁听的人群，即退休者或养老金领取者。他们之所以针对性地参加庭审活动，主要是受到媒体报道所激发起来的兴趣，尤其是自己所居住地区的地方性媒体，旁听人员跨地区地参加庭审则极为罕见。目前，仅在一些具有相当重要性或爆炸性新闻影响的案件审理过程中，有人专程跨地区来旁听案件审理，如“极右翼国家社会主义地下党”（NSU）谋杀案[①]或著名主持人约尔格－卡赫曼被指控涉嫌强奸案[②]。当然即便是在这种案件中，媒体的事先报道也是一个重要的先决条件，将潜在旁听群众的兴趣引导至对特定案件审理的关注上，激发他们旁听的兴趣。

最后一类经常旁听的观众则是记者。相比之下，当地报纸的个别记者经常参加轻微案件的审理，他们希望能够写出有关该审理活动的“趣闻”。对于重大案件的审理，特别是那些已经提前报道过的案件，除了传统印刷媒体之外，广播、电视或新媒体的跨地区的记者和媒体代表也会经常参加旁听。在此过程中，他们主要是在庭审之前和之后拍摄一些图片，以及对诉讼参与人，如辩护律师或检察官进行采访。近年来，以相对较低的成本制作新闻报道以及进行传播的情况极大地增多了，因此媒体出现在旁听席的次数更加频繁，显然成为审判庭的“常客”了。

---

① 本案涉及一群右翼恐怖分子犯下的一系列谋杀案，审判在慕尼黑州高级法院持续了438个法庭审理日。

② 在因强奸罪被羁押之前，约尔格-卡赫曼是一位著名的天气预报员和成功的商人。在新闻媒体的密集报道下，经过漫长的审判，他最终被无罪释放，然而，他的职业生涯以及个人生活轨迹因这次事件而被彻底改变。

### （二）媒体开放作为公开审判的一种实现方式

从庭审程序个人体验角度出发，对旁听者而言，并没有直接影响其人生轨迹的发展。当然，个人对诉讼程序的体验所产生的影响可能扩大波及更多的人。通过公开审理所欲实现的监督与控制功能，显然该效果是微不足道的。因为这种监督与控制功能仅凭在场的一个旁听群众即可实现，而在一个法治国家，没有任何一个人能容忍法治社会出现任何司法恣意的情况，换言之，不需要所有人都涌入审判庭旁听。另外，刑事诉讼公开审理所产生的积极一般预防效果也是“极其有限的”，因为如果像刚才讲到的审判中的实际情况，多数庭审活动中，旁听人员寥寥无几，则显然只有少数出席庭审的人能感受到这种积极的预防效果，正因为他们人数有限，很难能够有效地向其他社会公众传达他们对积极的一般预防的个人感受。然而，这些问题因为媒体的频繁报道而在悄然发生改变。审判的持续进行、具体的指控、相关证据的展示以及最后的判决结果，统统都被新闻媒体进行报道和传播，以至于更多的受众能通过报道而了解案件具体情况。毫无疑问，这也是由于互联网上此类法庭新闻报告的增多，从而导致人们能轻而易举地获得这方面的资讯。它们不再像印刷媒体时代那样，人们争先恐后地、有针对性地购买载有某一则具有轰动效应的法庭新闻报告的纸质媒体。而且与纸质媒体报道不同，互联网时代的法庭新闻报道可以永久保存、调取、便于查找。当然，个人的亲身感知庭审与通过新闻报道“转一手”的方式感知庭审，这两者之间仍然存在差异。但媒体报道通过自己有限的视角，确实能为读者提供一个基本上完整和清晰的庭审场景。此外，只要人们感兴趣，他们可以每天足不出户，接收到各种各样的法庭审理的新闻报道。这种情况的出现，仿佛是在“兜售犯罪”（Crime sells），以阅读量为导向的媒体，试图通过越来越多的法庭报道来迎合其顾客的需求。刑事诉讼庭审的报道日益增多，同时加上新媒体的出现，导致媒体报道和传播所产生的影响比以前大得多。

针对媒体所进行的庭审报道的质量，人们仍可以持不同态度。对于实际参加过旁听的人员而言，当他们阅读有关自己经历过的庭审的新闻报道时，他们会感到惊讶，怎么跟自己的经历完全不同啊！仿佛自己不小心参加了“假的庭审”。不可否认，虽然也存在一些质量非常好的庭审报道，但毕竟不是所有的报道都能做到这样。

另外，不知情的读者根本没有注意到这种已经被“裁剪”过的庭审报道。虽然多数情况下媒体不是刻意扭曲，但媒体所传达的“失真”的庭审现场，至少存在以下几个方面的原因：其一，媒体缺乏专业知识，如几乎没有任何记者接受过法律培训；其二，媒体报告的版面空间有限，因此需要删减细节；其三，记者写报告时，要着力向编辑和读者讲一个好听的故事（Story）。因此，他专注于挖掘所谓的“兴趣点或卖点”，添油加醋地撰写新闻稿。

然而，从积极层面来讲，这种形式的媒体报道使得司法变得无处不在，变得越来越透明，公开审理原则所欲实现的预期效果得以不断增强。司法也必须面对媒体的批判性报道。因此，司法机关作为一种社会现实“体验场”，公民不再将其视为一个“遥不可及”的神圣之地，而是将司法机关视作解决冲突的一种功能性的存在，属于民众权利的保护者和守护者。与此同时，对司法判决的理解和接受度也在增加。这种积极的效果，在相当程度上，可以促进公开审理原则的预防功能实现。

当然，这种形式的媒体报道也伴随着负面影响，即被告人越来越多地处于媒体的聚光灯下，如果在某些案件中，被告人最后没有被定罪，则消极影响尤为凸显。媒体对被告人有罪的预断（媒体审判）可能并非故意，但对于任何被告人而言，只要被媒体关注，则密集的、深入细致的报道几乎是不可避免的。即便媒体报道恪守无罪推定的基本精神和要求，在报道中谨慎使用诸如“可能的作案人员”“犯罪嫌疑人”或“被指控涉嫌犯罪”等这样一些中性词汇，但一般观众或读者是无法理解其中的微妙差别的，当然可能普通受众也无意去了解这些。经验表明，即使最终完全无罪释放，但被告人因某些不实的指控而遭受的声誉受损却很难消除。①

（三）法律框架的变化

公开审理形式的变化，即从审判庭公开走向媒体公开，导致法律框架也发生了变化。随着媒体格局的变化，尤其是多媒体报道的出现，导致印刷媒体的重要性下降，传统纯文本形式的新闻报道在优势上已经输给了多媒体报道，后者通过图像和声音的方式，在具体的报道内容上，提升了其影响力和直观性。新闻媒体利用新媒体的优势，甚至希望以视频的形式提供案件审理的报道，为顾客提供了一种全新的视角，以期真实记录诉讼程序的进展情况。根据《基本法》第 5 条第 1 款第 2 句的规定，新闻自由和广播自由是一项基本权利。因此，媒体希望在法律上有所突破，满足他们视频转播的强烈愿望。如果无

① 最好的例子就是约尔格 - 卡赫曼案，他的职业生涯以及个人生活轨迹因这次事件而被彻底改变，在他被无罪释放多年后，他的职业地位也没有恢复到以前的状态。

法通过更换更大的审判庭进行法庭审理，而观众和媒体代表涌入法庭，都具有希望旁听庭审的强烈愿望，这时该如何处理这一棘手问题？在解决该棘手问题时新闻自由和广播自由作为一种基本权利，具有重要意义，换言之，法院不能借故法庭只能容纳部分，就把其他人挡在门外，毕竟被拦下的那群人也享有基本的权利。除此之外，媒体代表作为旁观人员，被允许在法庭内或者法庭之外进行记录和报道的内容上的限度问题，也存在一定疑问。新闻自由作为一种基本权利，也具有一定正当化的理由和依据，换言之，媒体如何进行报道，报道哪些内容，如果法院要对此进行限制的话，则会与新闻自由的基本权利相冲突，这种冲突并非能够轻易地被解决。

（四）视频拍摄与视频直播

在很长一段时间内，《法院组织法》第169条第2款中严格禁止（而且毫无例外地禁止）对庭审进行音频和视频录制。但在20世纪90年代，这项禁令实际上已被联邦宪法法院给相对化了。联邦宪法法院在处理宪法申诉案件时多次宣称，新闻自由在审判期间并没有受到限制和干预，因为无论是在法庭审判之前还是法庭审判结束之后，新闻媒体都有权进行拍摄报道，在拍摄过程中，即便将法庭和法官等人拍摄进画面也是允许的。但基于新闻自由，人们是否一定要坚持在审判开始之前，可以有机会拍摄“被告人的芳容”？通常情况下，被告人在拍摄之前都有权用文件夹或者报纸来遮挡自己的面部，以保护自己的人格权不受伤害。

个人认为，这些过度的报道和联邦宪法法院的判例对媒体的“纵容和支持态度”是值得怀疑的。与此同时，2017年，立法者更往前迈进了一步，根据立法的修改，联邦宪法法院在“n–tv”

案作出的特别表决中，允许从审判现场向外传输图片，但目前仅限于在联邦最高法院宣判时允许视频实时传输。一方面，立法者显然在一定程度上屈服于公众压力，特别是媒体压力。另一方面，立法者也希望高级别的法院判决能产生“更好的社会效果”（bessere Wirkkraft），因为这种情况下，新闻界的代表不需要对判决内容掺杂个人的解读，而是法官个人在判决书的说理和论证部分已经清晰明了地做好了这方面的总结。与此同时，联邦最高法院已经实施了新的规定，在其网站上为新闻界提前列出了目前可以进行视频传输的庭审活动。该立法改革已在个案中被践行，例如，联邦最高法院关于数字遗产的判决的公开宣判是在“凤凰”（phoenix）电视频道播出的。

根据《法院组织法》第169条第2款，如今允许另一种新的媒体记录形式。但这与公开审理毫无关系。该条款仅允许对法庭审理全程进行录音，并且仅适用于“对德意志联邦共和国具有突出的、划时代意义”的案件，并且仅用于科学和历史研究的目的。法兰克福奥斯威辛集中营的案件审理程序，促使立法者作出了上述立法改革，这些录音资料将被存档，不向公众开放。

在刑事法庭审判中进行的直播在德国受到极高的批评，而庭审直播在美国是可能的。德国禁止直播的理由之一在于保护诉讼参与人的个人权利，如证人的个人权利。然而在德国，对庭审直播采取克制态度的正确原因是，参与庭审的人必须意识到，他们可以在全世界被看到，这会影响被告人供述和证人的作证行为，进而对发现真相而言，会产生可怕的消极影响。在庭审中承认自身的缺陷（如对案件事实的感知），或者有些难言之隐（如案发时已经醉酒）和自己的失当行为（当然首先涉及被告人，但也包括其他人，因为他们在案发时没有采取适当的行为)。如果这种情况发生在全世界面前，而不是只有那些直接出席庭审的人能听到这些内容，那么对于一个人来说，恐怕是一种无法“承受之重”，这对于言词证据的可信度会产生消极影响。另一方面，有些人可能倾向有意地把自己当成一个演员，法庭沦为他们表演的舞台，从而为法庭描绘出一幅不准确的“图景”。

总之，公开审理原则，从根本上来讲，必须限于亲自出席审判的人员，而通过其他技术手段，间接感知庭审现场的做法，并不属于公开审理的“应有之义”。至于一边坚持媒体报道，一边又假惺惺地讨论如何在媒体报道中去尽可能保护那些值得保护的利益，这种看法也是值得怀疑的。毫无疑问，公众只会关注轰动效应和惊险刺激的东西，而满足这一“猎奇”心态是娱乐业的任务，不是司法的任务。

### (五)审判庭中的媒体

在某些重大案件的审理中，媒体兴趣的增加也容易导致产生“审美疲劳”的问题，之前已经提到的“极右翼国家社会主义地下党”(NSU)谋杀案审理过程已经清楚地显示这一问题。在该案件中，慕尼黑州高等法院最大的法庭因旁听席不足，而无法让所有感兴趣的记者都能进入。法院随后以所谓的“先到先得”程序发放了50个媒体旁听证，但这导致对外国媒体的歧视。[①] 随后联邦宪法法院通过临时禁令的方式，指责慕尼黑州高等法院的这一做法违反了平等对待原则。慕尼黑州高等法院最后也为外国媒体代表提供了特定的名额。这些名额中，哪家媒体最终可以获得旁听席位需通过抽签决

① 因为根据惯例，德国本土媒体通过小道消息总是能抢先一步获得旁听证。——译者注

定。对于没有获得旁听席位的其他媒体代表，如果是在庭审开始之前，想对法庭进行拍摄的话，则这些媒体代表可以自愿分组，然后每个小组派出一个代表进入审判庭，拍摄庭审的照片或录像，并向本小组的其他媒体代表免费提供自己所拍摄的素材。

对于新闻报道而言，记者亲临现场进行直观感受自然而言是不可替代的。分组抽签的解决方案虽然看上去机会均等，但这无法改变个别记者无法获得席位，从而无法全面客观地进行真实新闻报道这一事实。出于这个原因，立法者现在已经提出了一个解决方案，当然在NSU案件审理中已经采取过这种措施，即无法获得旁听席位的媒体记者可以进入另外一个会议室，在该会议室中，庭审现场可以实时传输到这个会议室，以便为更多的记者创造更多的接触真实审判实况的机会。根据《法院组织法》第169第1款第3句规定，可以允许向报道新闻、广播、电视或其他媒体的人员提供专门的工作室，以便进行音频传输。因此，该音频传输是实时传输，但不得将传输的内容记录或保存下来。个人不知道这种方案在实践中，在很大程度上已被采用。然而，在这种情况下，仅允许音频传输而不是视频传输，是有问题的。只准音频传输理由是，这种方式对有关人员的个人权利干涉较少，对证人在法庭的作证行为影响风险较小。另外，这种只允许实时传输播放，但不准录音保存的做法，结合上述论点，从个人角度而言，理由似乎并不特别令人信服。

另外，法庭记者单纯利用音频传输进行新闻报道，其价值仍然很低。记者通常并不确切地知道到底是谁在说话，也缺乏对说话者行为的视觉直观感受，包含肢体语言等细微变化无法令人察觉。如果在主审程序中，需要对某些物证进行出示，如证明犯罪事实的视频资料或者作案用的武器等，则在音频传输的专门会议室中仍然无法看见。因此，对记者的认知感官而言，他们就如同被蒙着眼睛，坐在旁听席听着别人发言。因此新的《法院组织法》修正法案中，对庭审视频进行限制的做法（即只准音频传输），在实践中是否会被广泛接受是非常值得怀疑的。在个人看来，采取这些做法完全是多余的，并且个人预测，这也很难被新闻界所接受。据个人所知，在媒体的兴趣方面，能与刚才提到的NSU案件相媲美的，最近只有杜伊斯堡地区法院审理的"Loveparade"一案[①]。该案在开庭审理之前，法院就考虑了记者的参与庭审的需求，决定采取音频传输的方式，将音频传输至一个能够容纳500人的大会议室中。但实际上，这些座位并没有被充分利用。从这个角度来讲，解决法庭上记者的席位不足，貌似并非一个"真问题"。

## 三、结论

公开审理原则在刑事诉讼中的作用发生了变化，这不仅是因为人们对司法系统及其运作的了解更加全面，从而增加了社会接受度，更是在刑事诉讼中加强了预防效果。与此同时，至少在目前的司法政策和社会条件下，公开审理原则的初始功能的重要性已经基本上消失。事实证明，通过公开审理从而实现对司法机关的控制和监督是一种几乎不必要的伴随现象，因为社会和政治体系中第三种权力（即司法权）的独立性已经被接受，而且是理所当然的，法官群体本身不再代表精英，而是从社会阶层中被招募（至少法官群体自己是这么理解的）。这一结论，在短期和中期内不会发生变化，虽然从历史教条主义出

① 本案涉及在一次重大责任事故中21名游客被踩踏身亡，10名被告人被指控安保措施策划不力。

发，从长远来看，任何事情也都不会持久。不断变化的政治条件和不同社会阶层中的民粹的激进化运动，也可能在某种程度上影响到司法机关，但国家社会主义时期统治（纳粹时期）下的历史经验表明，人们应当对此提高警惕。

尽管如此，司法程序向媒体开放仍然是不可或缺的，因为通过媒体传达司法的讯号以及启示，会在社会内部产生一定的积极作用。因此，刑事主审程序的公开审理仍是必须坚持的原则。新闻界代表不受阻碍地获取审判信息以及进行自由报道是理所当然的。必要时，可以通过更换更大审判庭的方式（甚至将庭审移至法院大楼之外的其他场所），来满足媒体报道日益增加的需求。当然，如果媒体违背被告人的意愿，在审判之前或之后对其进行拍摄和图片报道，则这种做法是值得怀疑的。在这种情况下，媒体的做法已经超越了新闻本身，即兴趣点并不是为了案件审理，而是暗藏了某些煽情的动机或者猎奇的心理。这是不值得推崇的，个人也无法理解，媒体既然已经有权对法庭内部以及法院进行拍摄，为何还要追着拍摄被告人的“真实面孔”呢（除非被告人自己同意媒体拍摄其面孔）？

总而言之，除上述限制外（即不得未经被告人同意拍摄其正脸），审判公开以及媒体公开是值得进一步守护和坚持的，因为它们起到了重要的社会作用。但如果从维护有关诉讼参与人的利益和发现真相的角度出发，则应当限制刑事司法进一步向媒体开放，特别是法庭审理本身。

# 德国刑事实体法的最新发展及相关问题

乌尔里希·施泰因*

近年来，德国刑事立法上有一些值得关注的变化，由此也对刑事实体法产生了一定的影响。在2017年，德国立法者对刑法总则编进行了修订，将驾驶禁止措施上升为一个原则上可适用于所有犯罪行为的惩罚措施。此外，在刑法分则编中，为了应对特定的社会发展，立法者不断地新增罪名，使得刑法成为社会控制和干预的工具。在学理上，这些新的立法发展产生了诸多问题。基于此，本文将简要描述德国刑事立法的最新发展，并对相关问题进行阐述。

## 一、总则部分的发展：禁止驾驶作为普遍施加的刑罚

为了理解“禁止驾驶”这一新规定的刑罚种类的相关问题，首先需要回顾一下目前德国刑法中相关的法律后果法以及其历史背景。从中世纪直到近代早期，德国刑法中存在大量的所谓的“镜像刑罚”。人们从这类刑罚的外在表现形式已经可以镜像地看出被判刑者犯下的是什么罪行。一个众所周知的例子是所谓的“耻辱面具”。被判刑者被绑在集市上，他必须戴着一

* 乌尔里希·施泰因（Ulrich Stein），德国明斯特大学法学院教授。本文译者：刘心仪，德国科隆大学刑法学博士生。

个铁制面具，这个面具让他看起来很可笑，并且也表明他犯下了什么罪行。例如，有着大嘴巴和悬挂的舌头的面具象征着泄露秘密、诽谤、侮辱等罪行。最晚自19世纪初开始，这类镜像刑罚已经完全消失。这主要是基于法治国的原因：罪犯的人格尊严不应该不必要地因这类让其显得可笑的刑罚受到损害，人们想遵循平等对待原则，并且制定了对每个罪犯都可以适用的一致的刑罚种类。因此，在这之后的很长一段时间内，只存在自由刑和罚金刑。此外，最初还存在死刑，但德国从20世纪40年代末开始已经从宪法上废除了死刑；现今而言，死刑在欧盟法上也是不被允许的，并且违反德国所加入的国际公约。

然而，在1964年，立法机关引入了一类刑罚种类，其结构和作用方式与旧时的镜像刑罚非常相似，即驾驶禁令（《德国刑法典》第44条）。该规定禁止在道路上行驶机动车，其适用期限最短为1个月，最长为6个月；并且，驾驶禁令只能补充性地针对自由刑或罚金刑作出（即所谓的附属刑罚），但不能作为唯一的刑罚。简言之，处以驾驶禁令的前提是犯罪行为与驾驶机动车有关。禁止驾驶也被归为违反特定的道路交通治安条例的法律后果（《道路交通法》第25条）。这两条规定在实践中有着极其重要的意义。德国法院每年大约判处40万份驾驶禁令。立法者、法院以及行政机关都认为禁止驾驶是一个非常有效的刑罚，因为几乎每个人都认为在一定时间内不可以驾驶汽车或其他机动车是对其自由的非常不愉快的限制；并且，被判刑者和公众很容易将驾驶禁令理解为所犯罪行的结果：某人犯了与驾驶机动车相关的错误，因此在一定时间内不允许其继续驾驶机动车。

特别是，自20世纪90年代以来，对驾驶禁令的特殊有效性的广泛确信导致人们一直反复讨论，是否应该将禁止驾驶设置为针对所有类型犯罪行为的刑罚，而不是仅适用于与驾驶机动车相关的犯罪行为。事实上，立法者于两年之前在这个意义上对《德国刑法典》第44条进行了修改。自此以后，原则上，禁止驾驶可以作为任一类型的犯罪行为的法律后果。这项新规定是否有意义，存在争议。至少，无论是从事实的角度，还是从宪法的角度出发，这项新规定都是有问题的。从事实的视角出发，当因与驾驶机动车无关的罪行而处以驾驶禁令时，其到底是否具有所描述的特别有效性，存在疑问。换言之，此处缺乏所犯罪行和刑罚种类之间的镜像性。从宪法的视角出发，一方面，驾驶禁令具有一定的积极意义。在一些情况下，如果不存在驾驶禁令，则必须处以可强制执行的自由刑，但在此类情况下，驾驶禁令与缓刑或罚金刑的结合同样可以达到刑罚目的。基于宪法的合比例原则，这是非常积极的方面，因为该基本原则要求：国家为了达到特定的目的，只能在必要的限度内给个人带来负担。相对于可强制执行的自由刑而言，禁止驾驶是更小的负担，因为可强制执行的自由刑剥夺了犯罪人整体的行动自由，而禁止驾驶只剥夺了部分行动自由。另一方面，禁止驾驶这一新规定是否符合同等待遇原则（《德国基本法》第3条）尚待讨论。因为处以驾驶禁令的前提是被判处人持有机动车驾驶执照。当其没有驾驶执照时，驾驶禁令不具有或几乎没有任何事实上的作用。因此，可能发生的情况是，没有驾驶执照的人必须被判处可执行的自由刑。而另一个犯同样的犯罪行为并且有驾驶执照的人，则最终会被判以罚金刑或缓刑以及禁止驾驶，并减轻了其负担。

## 二、刑法分论的发展

### （一）打击有组织犯罪

数十年来，打击有组织犯罪一直是一个重要议题，并且我们现在有可以涵盖不同法律领域的法律工具。例如，其刑法部分包括关于“建立犯罪社团或恐怖社团”的犯罪构成要件（《德国刑法典》第 129 条、第 129a 条）。简言之，若任何人建立或作为成员参与或支持某社团，该社团的目的或活动是实施特定种类的犯罪行为，则应受刑事处罚。“社团”（Vereinigung）这一构成要件要素一直需要进一步的解释。关于“社团”概念的界定，目前主流观点，同时也是判例中所坚持的观点认为：

（1）至少三人以上的联合；

（2）持续一定时间；

（3）成员范围内的人员可以变动；

（4）有一定的组织结构。

成员认为自己是一个集体（所谓的统一的联合）并且准备好为达到共同的目标而努力，并且遵循集体决策的结果（所谓的集体意志）。

大约两年前，立法者为“社团”添加了法定定义（《德国刑法典》第 129 条第 2 款）。该法定定义一方面是为了转换欧盟关于打击有组织犯罪的框架协议，另一方面——与前述欧盟法的原因无关——也是为了推动这两项犯罪构成要件的适用，从而加强对有组织犯罪的打击。但是，新增加的法定定义是否真的能够实现其目的，存在疑问且极具争议。立法上的概念界定与判例中所坚持的概念界定之间高度吻合。实际上只存在两个不同之处：第一，法定定义明确阐明了组织结构的种类是不重要的；第二，法定定义不要求成员自己感觉是共同体。第二点主要涉及严格按照等级组织起来的团体。部分文献认为，通常来说，在这类团体中不存在足够的集体感，因此并不构成《德国刑法典》第 129 条和第 129a 条意义上的社团。但是，德国联邦最高法院已经在该立法修改之前作出裁决，组织结构的类型是不重要的；德国联邦最高法院不仅将严格等级组织的团体，如库尔德工人党、“基地”组织和塔利班，也将其内部决策不具有约束力类型的团体都归为《德国刑法典》第129a条意义上的社团。因此，很难期待法院在未来更广泛地适用这两项犯罪构成要件。该立法修改最多能够防止法院再次采取更为严格的立场，但是这一点预计并不会发生。

因此，人们可以将该立法修改视为当今欧盟法对德国实体刑法施加影响的一个例子，此外，也可以将其视为证明“并非每个新规定都一定能达到立法者所追求的效果”的例子。

（二）打击腐败

德国大约90%的人口通过法定医疗保险获得医疗保障。这是一种所谓的社会保险，即所有受保人均获得全面的医疗保障；但是，所有人的保费并不都是一样的，而是取决于具体个人收入。因为受保人数众多以及医疗进步而导致的医疗成本增加，医保费用总额增长越来越快；目前数额每年约为2500亿欧元。如此庞大的资金以及法定医疗保险的复杂且不清晰的组织结构，已经成为给自己非法转移部分资金的越来越大的动力。一种形式的资金转移可以通过诈骗完成；在此不再深入探讨，因为相关的法律并没有被修改，并且立法修改可能也是不必要的。问题在于诈骗罪构成要件的解释，这是数十年来一直在讨论的主题，以及在于刑事追诉中对构成要件解释的实际执行。另一种形式的非法获取资金的方式是腐败，这可以通过完全不同的变体来实现。这些变体不仅引起法律政策上的担忧，并且过去在刑事实体法上也存在问题，可以如下举例说明：一个医生开出特定制造者的药物处方或者将病人分配给特定诊所，并因此从药物制造者或诊所处获得报酬。由此产生的损害首先在于错误地使用部分保险费，因为从经济角度出发，医生所获报酬来自这些保险费。此外，错误使用保险费会影响医疗质量，并最终损害整个医疗系统的功能。

此类形式的腐败在刑事实体法上存在的问题是，倘若保险公司属于法定医疗保险，则其既不是国家机关，也不是私营经济公司，它们是自治机构。简单来说，是介于国家机关和私营公司之间的一种中间形式。同样，在为享有法定医疗保险的患者提供医疗服务时，医生、其他的治疗人员、药剂师等既不是国家功能的载体，也不是纯粹的经营企业家，而是被纳入自治机构的监管结构之中。因此，德国联邦最高法院在几年前裁定，在该领域既不能适用涉及公职人员（即具有国家职能的人）的刑法构成要件（《德国刑法典》第331~336条），也不能适用针对经济交往中的腐败的刑法构成要件（《德国刑法典》第299条）。立法者对此作出回应，于2016年加入了针对医疗保健制度腐败的新刑法构成要件（《德国刑法典》第299a~300条）。这些是医疗保健制度领域内的特殊构成要件，其适用并不取决于获得医疗服务的人是否通过法定医疗保险或私人医疗保险获保，抑或是自己支付费用。

### （三）打击社会范围内的有危害性的失礼行为

“有危害性的失礼行为”这一社会现象日益增多，它到底指的是什么，将通过以下的例子进行说明：在交通事故中，围观事故的公众来到事故现场，谩骂、威胁和阻碍警察、消防员和紧急医疗救护人员并对他们进行身体攻击；此外，还拍摄事故受害者的照片，并且在互联网上“发布”这些照片。这样的行为方式从三个不同的角度来看是有危害的：

第一，侵害了警察、消防员和紧急医疗救护人员等的个人法益，因为此类行为危害了他们的健康，他们受到了胁迫、恐吓等。

第二，警察、消防员和紧急医疗救护人员等的正常工作受到了影响。此类服务的功能是保护事故受害者的法益，如生命、健康、财物等；上述的行为方式因此也同时侵害了事故受害者的此类个人法益。两年前，立法者对存在已久的“抵抗执法人员”的刑法构成要件（《德国刑法典》第113条）进行了拓宽。从那时起，该条特别包含了对消防员、救灾组织和紧急医疗救护人员的亲属的攻击（《德国刑法典》第115条第3款）。

第三，上述行为方式对事故受害者的其他个人法益也具有危害。个人权利不仅包括“传统”的法益，如生命、健康、行动自由及财物等，也包括那些通过其得以实现自己选择的生活方式的权利，特别还包括退回至任何其他人都不得侵入的私人领域的权利。换言之，每个人都有对个人领域的权利。因此，一方面，出于排除危险和刑事追诉的目的，国家只有在满足非常严格的条件时才能搜查房屋、监听对话、拍照录像、建立和利用数据采集等；这里主要涉及警察和治安法、数据保护法和刑事诉讼法。另一方面，国家还有保护个人领域免受其他人侵害的任务。例如，通过刑法构成要件来实现。《德国刑法典》中规定了“侵犯住宅安宁”这一“传统的”犯罪构成要件（《德国刑法典》第123条），其包含了对他人住宅的侵入。数十年来，对他人非公开发表的言论进行录音也是可罚的；此外，窃听者并未获得授权，通过技术设备窃听他人非公开发表的言论，也是可罚的（《德国刑法典》第201条）。大约在15年前，《德国刑法典》中新增了“通过图像记录损害个人生活领域”的犯罪构成要件（《德国刑法典》第201a条）。对住宅或其他类似空间领域内的个人进行拍照或录像是可罚的。2015年，立法者对该犯罪构成要件进行了补充。从那时起，无论拍摄空间领域是什么，若拍照或录像展示了被拍摄人的无助时，其也是可罚的。例如，对无助的事故受害者进行拍摄现在也被包含在内。

# 《德国刑事诉讼法典》的改革

## ——合意和现代化作为刑事诉讼改革的主要原则

马克·戴特思 *

德国刑事诉讼法的基础编纂可追溯至1877年，并于1879年生效。其作为第一部德国统一的刑事诉讼法典终结了当时德国各州各自为政的局面。这部刑事诉讼法已经生效140多年，其中的基本原则大部分至今仍然适用，但是同样经历了数次修订和现代化。学术界曾经想过再进行一次根本性的改革，但是立法者一直仅对个别地方进行修订。

在过去几十年里，首先是司法实践，之后是大概十年前立法者也开始显露一种操作倾向，其从根本上对刑事法的基本原则形成了挑战。除了传统的诉讼程序，即法院在庭审中收集大量证据之外，对于事实的发现还可以通过协商的诉讼模式进行。实践中，从此就存在两套诉讼规则。在下文中，笔者将重点讨论这种以达成共识为基础的刑事诉讼模式。

### 一、德国刑事诉讼的基本结构

为了更好地理解这一发展的问题所在，首先需要对德国的

---

* 马克·戴特思（Mark Deiters），德国明斯特大学法学院教授。本文译者：石家慧，德国科隆大学法学院博士研究生。

刑事诉讼结构进行简短的说明。

德国刑事诉讼法基本上分为两个阶段，侦查阶段和审判阶段。后者的核心是庭审。在侦查阶段，从层级结构上是由检察官主导，其负责对罪行事实进行调查，并且在穷尽侦查手段之后认定犯罪嫌疑成立的情况下向法院提起公诉，具体侦查工作由警察进行。警察的侦查活动受到检察官的指导和法律监督，这是德国刑事诉讼的一个显著特征。每一个可能侵犯个人权利的机构，都要受到监督，从而保障公民的个人自由。

如果确有犯罪嫌疑，检察官负有法定义务，对涉嫌犯罪的行为启动刑事追诉。德国刑事诉讼的出发点是，在这一点上没有自由裁量的余地。检察官没有权力对个人的犯罪行为进行处罚。对犯罪行为进行处罚是不受政府影响的法院独自进行的工作。为了保障法院的中立性，法官个人也必须在其职业岗位上独立，其不能被调职也不能被解雇。

自 1975 年，德国刑事诉讼法承认有可能通过支付金钱而终止侦查程序。在这种情况下，如果犯罪嫌疑人自愿表示支付金钱，而且这部分金钱可以超越追诉的公共利益时，尽管存在犯罪嫌疑，检察官仍然可以放弃追诉（以及进一步的侦查）。支付金钱并不是刑罚，犯罪嫌疑人是自愿支付的，因此这并不违反检察官不能进行刑事处罚的规定，但是这违反了起诉法定主义。人们同样可以主张，这种金钱支付同刑罚是异曲同工，因为其自身可以合法地不经起诉而终结诉讼程序。因此，该规定并不是没有问题的。

从结果而言，通过支付金钱而终止诉讼程序这一操作是建立在传统程序之外的协商程序的先行者。在这种情况下，没有定罪。犯罪嫌疑人以支付金钱的形式作出了对自己不利的决定，在实际上，可能不亚于刑事罚金。犯罪嫌疑人与检察官协商同意，自愿支付金钱，以避免对自己更不利的情况出现。如果诉讼程序继续，犯罪嫌疑人最终可能被定罪，被处以更加严苛的刑罚，罚金或是自由刑。

该程序会导致两个基本问题。第一个问题是平等问题。如果犯罪嫌疑人有机会用金钱赎买定罪的风险，那么这在结构上有利于富人。第二个问题是自由问题。就算无罪之人确信自己最终会被认定无罪，其也可能为了避免进一步的诉讼程序对自己造成的负面影响而支付金钱，无罪之人也可能因为无法确定法院是否会判自己无罪而支付金钱，总之存在冤假错案的可能性。法院总是可能——这属于人类认知的边界——犯错的。允许通过支付金钱而终止诉讼会引诱无罪之人接受类刑罚的不利后果。

## 二、主审程序中的认罪协商

在起诉之后，法院进入审判程序。原则上应该进行公开庭审，在庭审期间，法院广泛地收集证据，以判断被告人是否真正地实施了被起诉的罪行。这是法院的义务。所谓的职权主义，要求法院收集所有与事实相关并对判决有影响的证据，并不受到控辩双方提交的证据范围的约束。坦白在原则上并没有改变这一义务。坦白仅仅是在自由心证的过程中需要考虑的一种情况。坦白可能起到核心作用，但是其并不能免除法院广泛收集证据的义务。对此，德国刑事诉讼法还顾及虚假坦白的情况。陪审员是很难分辨坦白的真假的。尽管被告人没有实施被起诉的罪行，还是会有各种情况引诱其坦白。

一个简单易懂的情况就是，被告人认为是其家人、朋友或是其他亲近之人实施了犯罪，被告人为了保护这些人而坦白。

还有就是涉嫌人员在警察讯问中承受了压力，意志发生动摇从而认罪。曾经就有案例，受讯问之人仅仅是为了不再被打扰而认罪。另一种更为常见的情况就是尽管被告人没有实施犯罪，但是其认为控方有强有力的证据从而觉得自己毫无胜诉机会，进而认罪。鉴于法律对坦白和合作行为的从宽处理，这种行为并非不合理。如果被告人被错判，尽力为自己辩护的人，反而最终得到更坏的结果，因为他没有得到坦白的奖赏。

从这个角度而言，不将坦白和量刑挂钩反而能够更好地查明事实。但是这一说法确实违反了普遍认可的价值观，即坦白并表示悔过的人，从疑罪从无的角度，不应该与那些事后都不承认法律秩序的人受到同等科刑。因此，坦白从宽原则是无可厚非的。同时，诉讼法中的证据规则必须保障法院尽可能地排除虚假坦白。德国联邦宪法法院因此在其判例中认定有十年之久的协商法到期，法院必须收集证据以审查坦白的可信度。

这看上去排除了法院承诺将从宽处理作为坦白的对价的协商可能性。但2009年刑事诉讼法修改之时，立法者明确地将坦白作为认罪协商的对价。诉讼参与者允许在一定的条件下就诉讼结果进行协商。协商的标的一般就是坦白。法院不允许承诺一个有约束力的量刑，但是允许其提议量刑上限。该上限仅允许在特定条件下才能被更改。从结果而言，法院仍然对坦白承诺了从宽处理。

对于基于协商而作出的坦白，我们必须小心对待。因为坦白者作出坦白是为了获得一个更好的结果。那么由此产生的一个问题就是此类坦白是否是因为悔恨而作出的。此时，被告人是否值得根据一般量刑原则而被从宽处理？或者其获得奖赏是因为其为法院节省了烦琐的取证过程？尽管法律规定法院即使在协商的情况下——明显存在冲突——仍然有义务根据职权调查事实真相，那么被告人是否真的为法院节省了烦琐的证据收集过程？因为无罪之人也可能因压力而接受从宽处理，并对其未实施的罪行或是未如此实施的罪行认罪，难道我们不应该对基于协商而进行的坦白进行特别审查吗？

我们首先讨论，基于协商作出的坦白是否也是出于悔恨，或是可能出于悔恨。该问题在实践中没有答案。可以确定的只是：就算是为了获得从宽处理而作出的坦白，被告人也可能认识到了自己行为是错误的。至于是否真是如此，法院几乎不能做出可靠的判断。如果没有证据证明其他情况，法院只能根据疑罪从无原则认定被告人有坦白的相应动机。

当被告人坦白时，法院是否节省了烦琐的收集证据程序只能在个案中进行考察。这取决于坦白是否符合事实。如果坦白不符合事实，那么法院必须穷尽一切有利于被告人的潜在证据，而不能依靠既存的坦白判案。那么协商就自然而然地对司法人员失去了吸引力，而具有吸引力的方式就是在协商的情况下免除法院收集证据的职权义务。德国联邦宪法法院认定这在现今的刑事诉讼体系中是违宪的。

如果法院积极寻求通过协商方式解决案件，这必然会加大虚假坦白的风险。这种情况等同于法官暗示被告人，法官已经相信被告人实施了犯罪，认为坦白是被告人最好的辩护方式。这是很危险的。如果人们认为以协商方式终结诉讼的可能性是刑事诉讼中必不可少的，那么与之相关的情况就是被告人可以利用这种可能性。现行法律允许法院在没有被告人授权以及违背被告人意愿的情况下就诉讼状态与诉讼参与者进行讨论，并且启动协商对话。如果协商式诉讼继续发展的话，这种操作应该受到限制。

## 三、结语

《德国刑事诉讼法典》的改革主要体现了三种趋势：现代化、有效化和协商化。其主导思想就是，刑事诉讼应该以尽可能节省资源的方式完成。如果国家仅有有限的资源，这是不可避免的。从这个背景而言，实际上是没有其他选择的，只能一直以节省资源为动力进行改革。协商化首先导致的是平等问题，优渥的高薪家庭获得优待，对此笔者没有解决办法。一个追求个人自由的社会，接受了财产不平等，就必须同样在刑事诉讼中接受这种不平等。协商化同样带来自由问题，因为协商会加大虚假坦白的风险。法院会在没有提前收集证据的情况下就启动协商程序，有时可能甚至因为资源问题而促进协商程序。在这种情况下，但并不仅限于该情况，虚假坦白风险就会增加。未来刑事诉讼法的改革必须要顾及该风险。

# 德国的犯罪与犯罪控制

克劳斯·博尔斯　克里斯汀·沃尔伯格　汉娜·维特布罗特斯*

目前，德国的犯罪和犯罪控制的情况是矛盾的。虽然恐怖分子的袭击，极端分子的暴力犯罪以及难民犯罪等一些突出的犯罪问题成为当前公共安全关注的焦点，但这几年来，犯罪和犯罪控制的发展情况总的而言还是比较平稳的。

对一个国家的犯罪、犯罪控制的全面评价，应当侧重于那些一直存在或当前正引起公众和学界关注的重大问题。在这份关于德国的情况报告中，笔者选择了以下几个方面的问题作为分析的重点：德国犯罪和犯罪盛行率的现状和发展、极端分子的犯罪、对犯罪的恐惧、刑罚的执行和惩罚主义。

## 一、犯罪盛行率的现状和发展

针对犯罪和越轨行为的盛行率和发展情况，人们主要是根

---

* 克劳斯·博尔斯（Klaus Boers），明斯特大学法学院教授，法学院院长；克里斯汀·沃尔伯格（Christian Walburg），明斯特大学法学院犯罪学研究所高级科研助理，法学博士；汉娜·维特布罗特（Hannah Wittbrodt），明斯特大学犯罪学研究所研究助理。本文的部分内容曾发表于“European Journal of Criminology”杂志（2017 Vol. 14 [ 6 ] 654–678），作者在2019年明斯特会议上对初稿进行大幅度修改，并向中方专家汇报了最新的研究成果。本文译者：黄河，中国政法大学比较法学研究院讲师，德国波鸿鲁尔大学法学博士。另外，为节省篇幅，故省略本文参考文献，请参见本文集中作者的英文版。

据警方或法院的官方数据。当然，学界也不时进行了一些规模较小的被害人调查研究。然而到目前为止，德国还没有像英格兰和威尔士那样，一直定期进行犯罪调查。最近德国才进行了两项大型的犯罪被害人调查。因此，我们对德国犯罪的发生率和发展情况的了解相当有限。下文中，在论述登记在案的犯罪和被害率之后，将讨论青少年犯罪、移民与犯罪以及法人犯罪等问题。

### （一）警方登记在案的犯罪率

与西方国家一样，德国近年来的犯罪率也出现了显著下降（Tonry 2014），目前几乎所有警方登记在案的犯罪率都处于较低水平。自 20 世纪 70 年代财产性犯罪在德国显著增加后，从 80 年代开始，犯罪率开始出现下降趋势。但在 20 世纪 90 年代中欧和东欧国家社会转型后，德国的犯罪率又开始上升。20 世纪 90 年代末，财产犯罪、抢劫和杀人犯罪开始下降，而攻击性犯罪和性犯罪自 21 世纪第一个十年后期开始稳步下降。但 2016 年暴力犯罪（抢劫犯罪除外）的下降趋势趋于停止，犯罪率上升了 5.8%（见表 1），这主要是由于寻求庇护者的人口大量增加所致（见下文）。在经历了 2016 年这个暂时性的上升高峰之后，接下来的几年里，下降趋势仍在继续（见表 1）。

2019 年，警方登记在案的犯罪数量是 5436401 起（不包括交通犯罪、税务犯罪和违反移民法的犯罪），[①] 与上一年相比下降了 2.1%。每 10 万人口中的犯罪率为 6548 人，登记在案的杀人既遂案件数为 508 起。

---

① 警方的统计数字中没有登记交通犯罪（交通犯罪另外有专门的统计）。2015 年和 2016 年由于难民大量涌入，非法入境和非法滞留的案件数量特别多，而且往往没有被定罪，因此，如果将移民犯罪纳入统计，会扭曲统计结果。

表 1　1995 年至 2019 年警方登记在案的犯罪率（包括未遂，每 10 万名人口）

| 犯罪类型＼年份 | 1995 | 1996 | 1997 | 1998 | 1999 | 2000 | 2001 | 2002 | 2003 | 2004 | 2005 | 2006 | 2007 | 2008 | 2009 | 2010 | 2011 | 2012 | 2013 | 2014 | 2015 | 2016 | 2017 | 2018 | 2019 |
|---|---|---|---|---|---|---|---|---|---|---|---|---|---|---|---|---|---|---|---|---|---|---|---|---|---|
| 杀人类犯罪[1] | 4.8 | 4.2 | 4.0 | 3.5 | 3.5 | 3.3 | 3.2 | 3.3 | 3.1 | 3.0 | 2.9 | 3.0 | 2.9 | 2.7 | 2.8 | 2.7 | 2.7 | 2.6 | 2.6 | 2.7 | 2.6 | 2.9 | 2.9 | 3.0 | 2.8 |
| 强奸以及其他性侵犯罪 | — | — | — | 9.6 | 9.2 | 9.1 | 9.6 | 10.4 | 10.6 | 10.7 | 9.9 | 9.8 | 9.1 | 8.9 | 8.9 | 9.4 | 9.2 | 9.8 | 9.2 | 9.1 | 8.6 | 9.6 | (13.7)[3] | (11.2)[3] | (11.4)[3] |
| 抢劫类犯罪[2] | 78 | 83 | 85 | 79 | 75 | 72 | 69 | 71 | 72 | 72 | 67 | 65 | 64 | 61 | 60 | 59 | 59 | 60 | 59 | 56 | 55 | 52 | 47 | 44 | 43 |
| 故意伤害类犯罪 | 117 | 124 | 130 | 134 | 140 | 142 | 146 | 154 | 161 | 169 | 178 | 183 | 188 | 184 | 182 | 175 | 170 | 166 | 159 | 156 | 157 | 170 | 166 | 165 | 160 |
| 暴力犯罪（总计） | 209 | 219 | 227 | 227 | 228 | 228 | 229 | 240 | 247 | 256 | 258 | 261 | 265 | 257 | 254 | 246 | 241 | 238 | 230 | 224 | 223 | 236 | 229 | 224 | 218 |
| 商店行窃 | 753 | 802 | 826 | 799 | 727 | 685 | 668 | 678 | 647 | 617 | 559 | 531 | 496 | 481 | 481 | 474 | 472 | 442 | 442 | 452 | 482 | 461 | 428 | 410 | 392 |
| 盗窃机动车 | 247 | 209 | 168 | 137 | 114 | 101 | 92 | 86 | 77 | 71 | 61 | 51 | 48 | 45 | 49 | 51 | 50 | 46 | 47 | 45 | 45 | 44 | 40 | 37 | 34 |
| 入室盗窃 | 259 | 239 | 222 | 203 | 182 | 170 | 163 | 158 | 149 | 150 | 133 | 129 | 133 | 132 | 139 | 148 | 162 | 176 | 186 | 188 | 206 | 184 | 141 | 118 | 105 |

说明：

1. 谋杀和非过失杀人。

2. 包括抢劫、与抢劫相关的勒索，以及针对机动车驾驶人实施暴力的抢劫。

3. 因统计方法的变化，该数值不具有可比性。

数据来源：德国联邦刑警局的犯罪统计 2019（BKA，Polizeiliche Kriminalstatistik 2019），参见 https://www.bka.de/DE/AktuelleInformationen/StatistikenLagebilder/PolizeilicheKriminalstatistik/PKS2019/FachlicheBroschueren/fachlicheBroschueren_node.html。

在2015年之前，只有入室盗窃和扒窃等一些特定犯罪的发案率一直在稳步上升。学者认为，这种增长很大可能是职业性跨境犯罪的增加所导致的。由于这些犯罪的破案率通常较低，因此相关情况仍不十分确定。然而，自2015年达到峰值以来，通过警方的犯罪统计可以看出，这两种犯罪发案率快速下降（入室盗窃见表1），2015年每10万人口中登记的案件为206起，[①] 而2019年入室盗窃的比例几乎减少了一半，为每10万人口中105起。

（二）犯罪被害率

2017年，联邦刑警局在全德国范围内进行了一项最新的犯罪被害情况调查，代表性抽样调查对象为31200名受访者。以过去12个月为期，受访者的被害率相当低：抢劫、入室盗窃和汽车盗窃的被害率低于1%，故意伤害和盗窃的被害率约为3%。2012年、2014年和2016年在德国北部的下萨克森州进行的犯罪被害调查中也得出类似的结论。据我们所知，近期犯罪被害概率并没有明显的变化。在下萨克森州，2012年至2016年期间，犯罪被害率在低水平状况下保持相当稳定的状态。而在2004年、2006年和2010年进行的一项全国性调查研究中，2006年至2010年期间，犯罪被害率略有下降。[②]

（三）青少年暴力

在20世纪90年代以及21世纪初，青少年暴力案件的增

① 2015年入室盗窃案发案率达到了此前1993年入室盗窃高峰期的74%。

② 2004年、2006年和2010年的全国代表性抽样样本量分别为2017、1110和3245人。在2010年的调查中，受访者未被问及抢劫和入室盗窃的情况（Baier et al. 2011: 25–6, 86）。

加是媒体和政治上的一个重要话题。根据警方的统计，1990 年至 2007 年期间，青少年暴力事件的发案率增加了两倍，即从 0.3% 增加到 1.1%（见图 1）。

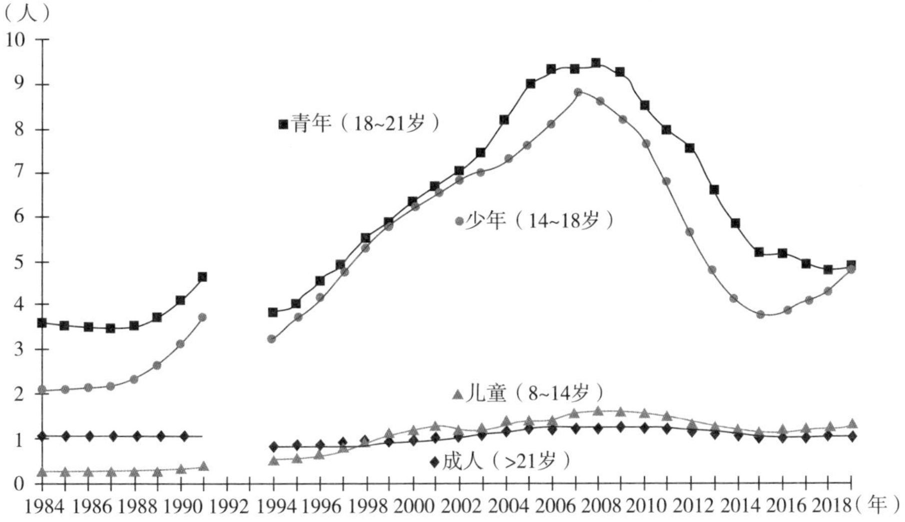


**图 1　警方登记在案的严重伤害犯罪嫌疑人的比例**

**（每 10 万名同年龄段的德国公民）**

注：1993 年起包含德国全境的数据（在此之前仅指西德）。2009 年起，犯罪嫌疑人的计算方法略有变化。2013 年起，根据最新人口数据（2011 年人口普查）计算。

数据来源：德国联邦刑警局的犯罪统计 2019，表格 40（BKA, Polizeiliche Kriminalstatistik 2019, Tab. 40），参见 https://www.bka.de/DE/AktuelleInformationen/StatistikenLagebilder/PolizeilicheKriminalstatistik/PKS2019/FachlicheBroschueren/fachlicheBroschueren_node.html。

在青少年刑法中，这为人们多次尝试对少年犯进行惩罚性转向提供了充足理由。德国的青少年刑法和刑罚执行是以教育性为主，而不是以惩罚性为主。然而，随着时间的推移，其中一些惩罚性的举措逐渐被立法采纳并开始生效，例如，短期拘禁令（最长 4 个星期）的适用条件变得宽松（《青少年刑法》

第16a条），或者在严重暴力和性犯罪的长期刑期结束后，可以继续进行管束拘禁（《青少年刑法》第7条）。人们倡议将刑事责任年龄降低到12岁或取消针对18~20岁青少年适用青少年刑法的机会，但这种建议至今并没有成功。

虽然一些自我报告的犯罪调查访谈显示，20世纪90年代初的青少年暴力有所增加，但后来的研究发现，从90年代末开始，青少年暴力犯罪呈现下降趋势。官方统计中的犯罪率和自我报告的犯罪率之间的这种相互矛盾的发展趋势，部分原因是民众报案主动性的增加。官方数据中，青少年暴力的盛行率开始下降，从2007年开始到2015年下降了50%，即从大约1%下降到0.5%（见图1），不过，自2015年起，正式登记在案的青少年犯罪嫌疑人的数量略有增加。

关于青少年暴力犯罪减少的原因，学界目前主要从以下几个方面试图进行解释：强化实施学校和社区预防方案、减少暴力性家教方式、更多的学生升入高年级、业余时间活动的变化（由于全日制学校教育或业余时间互联网利用率增加，从而减少了年轻人无人看管的时间），以及强化诉讼分流措施。

### （四）移民与犯罪

自20世纪90年代至21世纪最初十年，除了青少年暴力犯罪增加这一敏感话题外，刑事政策中的第二大话题就是青少年移民中的暴力犯罪问题，即这类群体的暴力犯罪发案率高于非移民的青少年。事实上，根据可靠的犯罪调查中的自我报告，[①]这一时期，移民家庭中青少年暴力和惯犯的发案率高于德裔青少年。这些差异的主要原因可能是由于社会和教育方面的劣

① 德国官方的犯罪统计数据中只记载了犯罪嫌疑人的国籍信息，没有关于犯罪嫌疑人或其家人的移民史背景信息的介绍。

势、缺乏社会认同，以及对暴力这一“合法化的男性规范”的认可度较高。在过去十年中，人们可以看到，特别是在第三代外籍劳工移民中，这些差异越来越小。新的居留法最终给予德国出生的外籍劳工的后裔以德国公民身份，以及强化融入社会的各种措施（特别是在学校里）和对暴力的否定评价越来越高，这些可能都是促成这一发展的原因。

目前，我们看到的另一个现象是所谓的贫困犯罪问题。大多数获得永久居留权移民中，实施犯罪的群体主要来自东南欧和非洲（主要是北非），他们为谋生而实施财产犯罪或毒品犯罪。在一定程度上，主要是以职业性跨界犯罪模式为主要特征。2010 年开始，来自东南欧和（主要是北部）非洲的犯罪嫌疑人的数量稳步增长，而他们多数是没有永久居留权，从而无法获得合法工作。然而，自 2016 年以来，这些犯罪和来自这些地区的犯罪嫌疑人的数量又明显减少。

来自叙利亚和其他处于战乱状态地区的新难民虽然人数众多，但迄今很少参与盗窃、抢劫和毒品犯罪等街头犯罪。尽管如此，一些来自这些国家无人照料的未成年人或青年男子似乎面临着较大的犯罪风险。有关新来的难民，目前还没有确切的犯罪发案率以及自我报告的犯罪调查数据（Walburg 2017）。2015 年前往德国的难民数量波动较大。与 2015 年相比，2016 年因身体伤害和性犯罪而被登记在案的难民犯罪嫌疑人数量增加了一倍。在这些犯罪领域，尤其是来自战乱状态的国家的犯罪嫌疑人数量大幅度增加。整体而言，2016 年难民人数总量要比 2015 年多出很多。许多难民于 2015 年秋抵达德国，他们被安置在拥挤的集体安置中心长达 7 个月之久。在这种情况下，暴力冲突的数量明显增加，暴力冲突主要发生在难民安置中心内，大多数受害者是其他难民。

目前约有180万难民长期生活在德国，约占德国人口的2%（AZR 2019）。2018年在官方所登记在案的犯罪嫌疑人中，这一群体占全部犯罪嫌疑人的数量比例为8%（违反移民法相关的犯罪除外）。特别是在暴力犯罪中，如伤害（10.2%）、抢劫和敲诈勒索（16.1%）以及危害生命的犯罪（14.8%）等暴力犯罪中，难民的比例明显高于其人口比例（见表2）。难民在暴力犯罪中的比例较高，初一看似乎令人震惊。不过，这可以从性别和年龄（通常是16~29岁的年轻男性）、生活条件、之前的暴力经历以及缺乏社会和经济联系等方面来解释。此外，如果涉及外国人，德国民众向警方报案的意愿普遍较高。

除了目前的难民潮外，德国此前还经历过两次大的移民潮：一次是20世纪50年代末开始的来自土耳其和其他地中海国家的移民，一次是20世纪80年代和90年代来自俄罗斯以及东欧和东南欧国家的移民。如今德国人口中有1/5的人有移民背景。最大的两个移民群体是来自苏联和东欧的300万德国裔移民和300万土耳其裔移民。

针对这两类群体融入德国社会的经验，现在人们对如何处理移民和犯罪问题有了一些新的认识：一是公众的态度至关重要。首先需要有良知的社会人，要对他人的融合持开放的、积极关注的态度。关键是要传达出一种接纳和归属感。二是教育的影响因素。差异化和一体化的学校和职业培训体系，可以提供适合流动性较强的青少年所需求的课程和方案。三是就业市场问题。如果没有合法的工作机会，犯罪问题是不可避免的。在教育和就业两个方面都不可偏废。对于新来的移民来说，要尽量缩短法律身份的不确定期和脱离社会的时间。四是时间问题。这些移民群体的融合，需要的时间不止一代人。文化过渡可能需要时间，特别是在性别和伴侣平等、非暴力养育子女或容忍不同生活方式等基本价值观和规范方面，文化的过渡可能需要更长的时间。

**表 2　2018 年德国难民中的犯罪嫌疑人数量和比例**[①]

| 犯罪类型 | 数量 | 占全部犯罪嫌疑人的比例 |
|---|---|---|
| 全部犯罪 | 165769 | 8.6% |
| 身体伤害 | 49745 | 10.7% |
| 盗窃 | 43734 | 11.0% |
| 毒品犯罪 | 23254 | 8.4% |
| 逃票行为 | 22921 | 16.7% |
| 性犯罪 | 5626 | 12.4% |
| 抢劫和敲诈 | 4212 | 16.1% |
| 杀人 | 550 | 14.8% |
| 杀人（既遂） | 44 | 8.4% |

数据来源：德国联邦刑警局的犯罪统计 2019（BKA, Polizeiliche Kriminalstatistik 2019），参见 https://www.bka.de/DE/AktuelleInformationen/StatistikenLagebilder/PolizeilicheKriminalstatistik/PKS2019/FachlicheBroschueren/fachlicheBroschueren_node.html。

### （五）经济和法人犯罪

在过去的 20 年里，包括西门子在内的德国大公司，如大众、德意志银行和蒂森克虏伯，都卷入了巨额腐败和欺诈案件。虽然准确评估法人犯罪的普遍程度仍然很困难，但这些大案要案留给人们的印象是，无论是过去还是现在，严重违反公司规则的现象都很普遍。

对此问题，大多的解释指向公司内部的缺陷，这包括企业的具体治理结构和商业文化，仔细研究德国的企业，其具体治

① 这些数字包括所有正在申请庇护的人员以及被拒绝难民申请的嫌疑人。此外，所有非法居留的嫌疑人也包括在内。

理结构和商业文化往往具有所谓的“莱茵河资本主义”特征，即强调企业内部等级森严的管理方式，企业、政治和工会之间的联系十分紧密。鉴于西门子和其他腐败案件的发生，法律规定的压力也越来越大，大多数大公司都大力推行企业内部的合规措施，以避免责任。这些举措是否能有效强化守法和商业道德，尚有待观察。虽然一些研究确实表明，对于在国外开展业务的德国企业来说，合规有一定的预防效果，但发生在西门子丑闻之后的大众汽车公司汽车尾气排放丑闻，已经严重动摇了这种信心，研究表明，遵守规则和利润最大化的目标在某种程度上确实仍是不可调和的。

在德国刑法中，近年来关于引入公司刑事责任的辩论有了新的势头。现行的公司行政罚款制度亟待改革，行政罚款制度被采用的情况相当少，而且处罚金额方面存在不均衡性，但对公司的“真正的”刑事处罚是否能真正起到额外的威慑作用，仍是个疑问。2019 年，德国政府提交了一份关于法人刑事责任的法案修改草案，取消了检察官的自由裁量权，规定了更高的罚金，并扩大了可供选择的处罚范围。目前，该草案正在学者、政客和企业界进行批判性讨论。

## 二、极端主义犯罪

在德国，恐怖分子和右翼极端分子所犯的极端主义罪行的数量或规模是目前对公共安全的最大威胁。然而，左翼极端分子的暴力犯罪通常不具杀伤力，只是偶尔在 20 国集团峰会等活动中发生。

### （一）恐怖主义

长期以来，德国一直没有受到像法国、比利时、英国或土耳其那样的大规模恐怖主义袭击。2016年12月19日，在柏林圣诞市场发生了一起暴恐袭击，[①]造成12人死亡，该事件表明恐怖主义开始蠢蠢欲动了。此外，联邦警察和特勤局通过抓捕可疑团伙或个人，防止了一些有预谋的袭击。有些罪犯是土生土长的恐怖分子，有些则是来自难民。

与柏林袭击事件一样，造成严重后果的暴恐袭击既遂的个案主要是由单个犯罪者实施的。2011年3月，在法兰克福机场发生的暴恐袭击事件中，一名科索沃阿族人开枪打死两名美国飞行员，另有两名重伤。2016年，一名阿富汗或巴基斯坦裔青少年用斧头和刀，在一列地区列车上袭击了5名乘客，随后在与特警队交火后被打死。一名15岁的德国和摩洛哥双重国籍的女孩在汉诺威用刀伤了一名警察。一名来自叙利亚的青年男子在一个音乐节实施自杀式爆炸袭击，造成15人受伤，袭击者最后自杀身亡。

### （二）右翼极端主义

极端主义的另一个严重问题是右翼极端主义的犯罪率上升现象。1990年德国统一以来，根据警方登记在案的犯罪数据，具有政治动机的前右翼极端分子的暴力犯罪总数在过去两年内急剧增加。[②]2015年该上升趋势尤为明显，而2016年则达到了历史最高点，共发生23555起右翼极端分子实施的犯罪，其中

---

① 犯罪嫌疑人在案发几天后，在意大利米兰与警方交火中被打死，当时警察要检查他的身份证。

② 具有政治动机的犯罪的类别包括暴力犯罪和非暴力犯罪（后者所占比例最大）。在右翼极端分子实施的具有政治动机的犯罪中，所谓的“宣传型犯罪”（主要是展示纳粹标志的行为，2018年为12404起）占所有右翼犯罪的一半以上。在这里，下列罪行被归类为暴力犯罪：杀人、伤害（最常见）、纵火、爆炸、骚乱、非法拘禁、破坏铁路、船舶、航空或公路交通、抢劫、妨碍公务、性侵犯罪。

1600起为右翼极端分子的暴力犯罪，[①]包括1起杀人既遂、18起杀人未遂、[②]113起纵火袭击以及131313起人身伤害（登记在案的犯罪中，最常见的是单个人实施的暴力袭击）。自1990年以来，有75~150起以右翼极端主义为动机的谋杀案。所幸的是，自2004年以来，谋杀案的数量屈指可数。[③]2018年，警方登记在案的右翼极端主义犯罪案件数量为19409起（其中1088起为暴力犯罪，包括6起谋杀未遂），与2016年相比，这一数字明显下降。

目前，难民是右翼极端分子的主要袭击目标。共有1190起针对难民所实施的暴力犯罪，特别是针对难民集体安置中心的12起杀人未遂和92起纵火袭击事件。在2016年，仇外心理引发的暴力行为有显著增长。2018年登记在案的针对难民的犯罪行为稍有下降，共有1770起针对难民所实施的暴力犯罪，169起针对难民集体安置中心的袭击行为；而2017年登记在案的犯罪行为则为1903起，袭击难民集体安置中心的为300起。

通过社交媒体对政治家和社会志愿者进行语言攻击和威胁以及发布一些仇恨性言论，已经成为人们关注的一个重点问题。其中最引人关注的案例是2019年6月2日卡塞尔区区长沃尔特·吕贝克被一名右翼极端分子枪杀。吕贝克是保守的基督教民主联盟党员，因其亲移民的态度而闻名，导致他多

---

① 这意味着暴力犯罪比2015年（1408起暴力犯罪）增加了14%，比2014年（990起暴力犯罪）增加了62%；2007年（980起暴力犯罪）和2014年之间的变化要小得多。

② 警方在侦查的早期阶段就将其归类为“谋杀未遂”，没有系统的资料表明检察官和法院在多大程度上支持这一评价。

③ 由于对右翼极端主义犯罪的定义不同，因此犯罪数值也就不同。

次受到死亡威胁。据了解，犯罪嫌疑人具有极端右翼政治倾向，并与极右的“国家社会主义地下组织”有联系。近期，另一个右翼极端主义的案例为发生在萨克森－安哈尔特州哈勒市（Halle）的枪击事件。2019年10月，一名枪手在犹太教节日“赎罪日”（Don Kippur）期间，试图强行进入犹太教堂，未能如愿进入教堂后，他在逃亡中杀死了两名路人，并打伤了另外两人，随后被警方抓获。另外，发生在德国黑森州哈瑙市（Hanau）的大规模枪击事件也是右翼极端主义的最新例证。2月19日，一名枪手在酒吧杀死了9人，这名患有精神病的嫌疑人有右翼极端主义背景。他和他的母亲后来被发现死在家中，身上带有枪伤。

### （三）左翼极端主义

2016年，左翼极端分子实施的带有政治动机的犯罪总数为5230起，仅为右翼极端分子的1/4，这主要是因为左翼极端分子的煽动型犯罪没有被起诉。然而总的来说，这两个极端主义团体的暴力犯罪水平大致相同。在2014年至2015年期间增长了62%（最高达1608起）之后，由左翼极端主义动机的暴力犯罪再次下降，2018年警方登记在案的暴力犯罪有1010起，其中在案最多的是单个人实施的暴力犯罪，共有363起袭击。

然而，登记在案的左翼和右翼极端主义暴力存在一些显著的差异。左翼极端主义暴力更多的是针对警察和政治反对派（主要是右翼极端分子），如前文所述，右翼极端主义的暴力犯罪主要是出于仇外心理。在暴力的严重程度方面，两者也有所不同。虽然2018年有6起未遂杀人案和1起既遂杀人案可以归咎于右翼极端主义，但没有一起可以归咎于左翼极端主义。登记在案的右翼暴力呈现稳定增长趋势，而左翼极端主义暴力则是以一种断断续续的方式在发展，其案发的时间基本上与重大政治事件有关（如 2015 年法兰克福欧洲中央银行新主楼开业）。2017 在汉堡举行的 G20 峰会上发生的大规模暴力事件，也是该年度左翼极端主义暴力犯罪发案率再次大幅度上升的最主要原因（见图 2）。

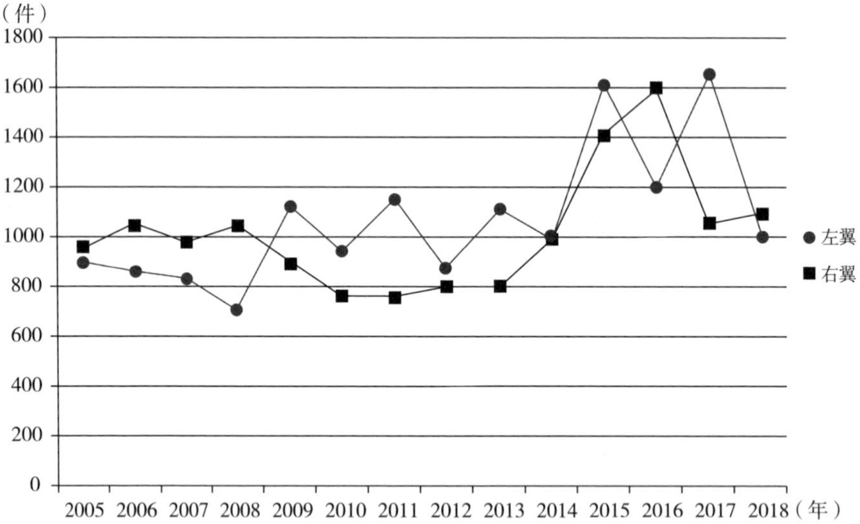


**图 2　右翼和左翼暴力犯罪数量**

数据来源：德国联邦内政部统计 2019（BMI, Politisch motivierte Kriminalität 2019），参见 https://www.bmi.bund.de/DE/themen/sicherheit/kriminalitaetsbekaempfung-und-gefahrenabwehr/politisch-motivierte-kriminalitaet/politisch-motivierte-kriminalitaet-node.html。

相比之下，在德国境内的右翼极端主义仍是一个棘手的问题，尤其是在民众中，它与较为明显的仇外倾向相互关联在一起。

## 三、犯罪的恐惧感

关于犯罪如何对个人产生影响的问题，可以通过衡量人们对犯罪的恐惧感来解答。1990 年德国统一后，人们对犯罪的恐惧（而非犯罪本身）是东德社会转型过程中的主要社会现象。此外，与其他国家相比，东德的犯罪恐惧程度异常严重；而在西德，尽管两个地区的犯罪率相差无几，但总体上并没有明显变化（Boers 2003）。1996 年，东德约有 35% 的人“害怕”[①]被抢劫和“非常害怕”[②]入室盗窃。然而进入千禧年之后，人们显然越来越熟悉西方社会中典型的犯罪状况和媒体报道方式。2013 年，人们对抢劫或入室盗窃的恐惧感在原东德和原西德地区分别下降到 10% 和 14%，达到了历史最低点。

自 2014 年以来，犯罪恐惧感再次上升，2016 年春季达到了高达 20% 的水平，尤其是入室盗窃（见图 3）。在此之后犯罪恐惧感有所下降，2019 年原东德地区略有上升。[③]对入室盗窃的恐惧增加和减少与入室盗窃犯罪率相当吻合，这可能表明人们能够相当理性地区分犯罪和其他社会或政治问题，即他们通常不会把对后一种问题的担忧“移情”至犯罪问题上。

但总的来说，人们对恐怖主义、极端主义、难民、欧洲金融危机或养老保险制度等问题都存在担忧问题，而且在一定程度上出现了急剧增加的趋势，但对犯罪问题的担忧却没有出现大幅上升（或者说尚没有出现上升趋势）。2019 年初，在 22 个政治和社会问题中，成为犯罪受害者的担忧仅仅排在第 21 位。

---

① 评价选项为：“请问您有多怕被抢劫和 / 或被暴力袭击？”

② 评价选项为：“请问您有多怕被偷，或者怕家里被入室盗窃？”

③ 在此，笔者对“R+V”保险公司为我们提供了这些计算的原始数据表示衷心的感谢。关于 2012 年和 2017 年的数据，可参见 Birkel et al.（2019: 46 ff.），关于 2004 年至 2010 年的下降率，参见 Baier et al.（2011: 47–9）。

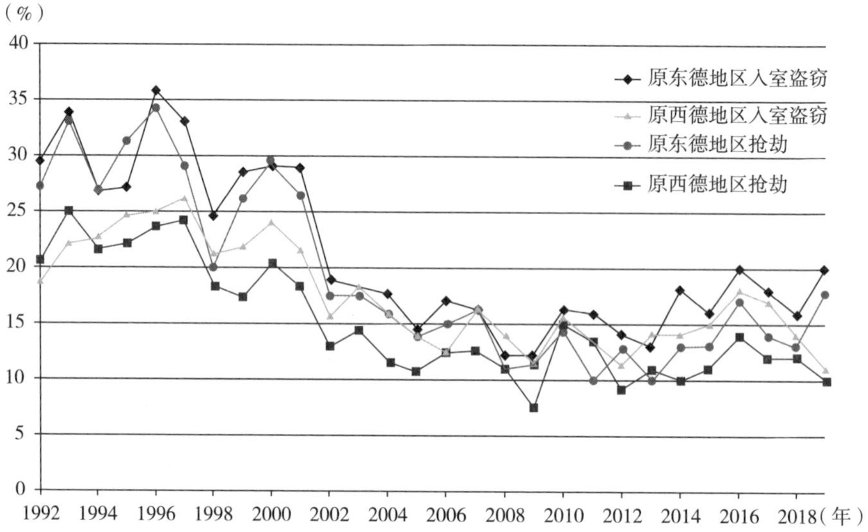


**图 3　对犯罪的恐惧**

**(调查刻度量表中"1"代表"完全不怕";"7"代表"非常害怕",结果换算时,将刻度量表中的"6"和"7"综合换算为"7")**

注:2019 年 5 月至 7 月期间进行的全国代表性抽样:n=1645 名西德人,n=801 名东德人。

数据来源:"R+V 保险"2019 提供的数据(Die Ängste der Deutschen - R+V Versicherung 2019),参见 https://www.ruv.de/presse/aengste-der-deutschen/grafiken-die-aengste-der-deutschen。

## 四、犯罪控制与惩罚主义

当谈到犯罪控制时,惩罚性问题是一个非常令人感兴趣的问题。自从加兰(Garland 2001)分析了美国和英国的惩罚主义(punitivity)趋势以来,惩罚主义在德国也一直是一个备受关注的话题。惩罚主义的概念包括行为层面和态度层面两个维度,即立法和执法问题上的惩罚主义和公众态度上惩罚主义趋向。

## （一）刑事立法层面

在过去的20年内，刑事诉讼法发生了几次重大的修改，强调对犯罪的监控和有效侦查。与此同时，实体刑法中新的罪行被入罪化以及强调提高法定刑（Schlepper 2014），例如：

—在私人住宅进行窃听（《刑事诉讼法》第100c条）；

—计算机和网络监控（《刑事诉讼法》第100b条）；

—电信数据的留存（《刑事诉讼法》第100g条）；

—对成年人和青少年判刑后的管束拘禁（《刑法》第66条，《青少年刑法》第7条）；

—对性犯罪（《刑法典》第177条、第181i条、第181j条）、入室盗窃（《刑法典》第244条）和妨碍公务（《刑法典》第113条和第114条）的刑罚后果加重；

—新的入罪化，如商业贿赂和跨国商业贿赂（《刑法典》第299条），与恐怖组织建立联系或预备实施恐怖行为（《刑法典》第89a条和第89b条）。

这些立法改革的特点可能具有惩罚主义，即加重刑罚后果。然而在这里，惩罚主义更多的是一种副产品，因为这些变化的主要意图是遵循一种新的策略，将刑法从对犯罪行为作出被动反应转变为预防性刑法。在强调预防性时，国家向民众承诺是安全，即在政治和社会秩序中，一旦出现风险的苗头就要与之斗争到底，绝对不能让其出现损害，在损害发生之前就将其扼杀（参见Singelnstein and Stolle 2012）。传统刑法所提供的法律保障——个人罪责原则，只能被牺牲，这是为了安全所付出的代价。这一策略在政治上仍有一个有价值的好处：它以较低的组织和财政成本，达到了显著的宣传效果。

（二）法律实施层面

法律实施层面的惩罚主义趋势可以通过诉讼分流、定罪率和监禁率来分析。

1. 诉讼分流（Diversion）

自 20 世纪 80 年代以来，分流率一直在稳步上升。在 2018 年所有检察官可以起诉的案件中，成年人犯罪案件中 54% 的案件和青少年犯罪案件中 77% 的案件（在大城市该比例更高）被不起诉（见图 4），其中大部分案件没有进一步的干预措施。

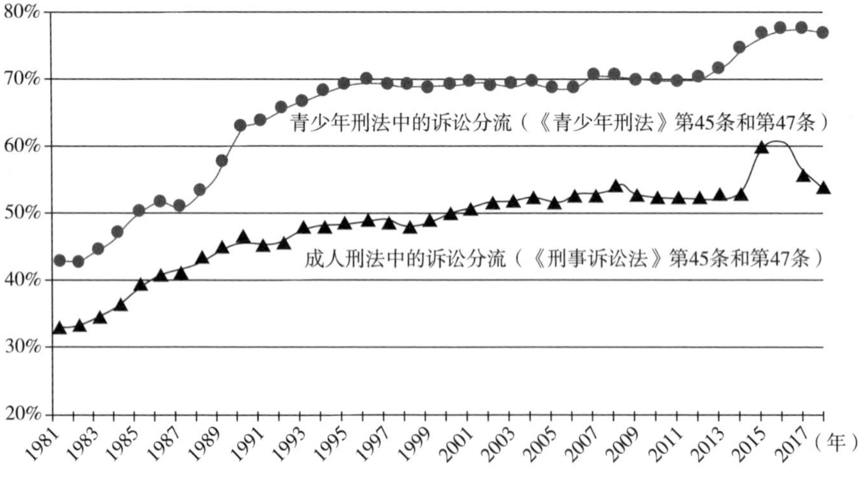


**图 4　成人和青少年刑事案件的诉讼分流比例**

**（1981 年至 2018 年，以可进入审判程序的刑事案件的数量为基础）**

注：截至 2006 年，仅指原西德地区；2007 年起，含全德国。

数据来源：德国联邦统计局统计 2019 表 2.2 和 2.4.1（Statistisches Bundesamt, Justiz und Rechtspflege 2019，Tab. 2.2；2.4.1），参见 https://www.destatis.de/DE/Themen/Staat/Justiz-Rechtspflege/_inhalt.html#sprg234456。

2. 定罪率

与分流率上升以及警方登记的犯罪率下降相对应的是，在过去20年中，暴力犯罪和财产犯罪的定罪率也下降了一半以上。2018年，有549570人人被定罪（不包括交通犯罪的定罪数量）。[①]1969年的刑法改革后，80%以上的成年人被判处罚金，不到14%的人判处缓刑，5%~6%被判处自由刑并实际执行。虽然这些数字并不能体现监禁刑的实际执行中的情况，但多年来该数值一直保持平稳。因此，在一定程度上，人们不能把刑罚的执行作为一个整体来看待。在此，可能只有两个例外：其一，在自由刑的刑罚方面，对杀人和严重伤害罪判处的刑期中，终身自由刑的比例虽然极小，[②]但数量上略有增加。其二，越来越多的严重暴力犯罪人被安置在精神类卫生机构和管束拘禁的场所。这两种情况都可能表明，对于被认为非常危险的特定少数罪犯而言，刑罚呈现一定的惩罚主义倾向。

3. 监禁率

刑罚执法中的惩罚主义趋势也反映在监狱服刑人员的增加上。自20世纪60年代中期以来，德国的监禁率存在周期性发展。这种发展的高峰期出现在1963年、1983年（仅西德）和2003年至2005年（全德国），每10万居民中的监禁率分别为109、106和98。低谷值出现在1971年（仅原西德地区）、1992年和2018年（全德国），分别为75、70和76（见图5）。

目前，德国、冰岛、斯堪的纳维亚国家、荷兰、斯洛文尼亚和波斯尼亚及黑塞哥维那等少数几个国家属于全球监禁率较低的国家之一（每10万居民中的服刑人员人数低于80人）。这些国家（另外还有意大利和克罗地亚）的监禁率在过去10年内也下降到

① 德国刑事责任年龄为14周岁（生日当天计算在内）。

② 被判处终身自由刑的囚犯一般在服刑15年后可申请假释（《刑法》第57a条）。

了较低的水平。[①]

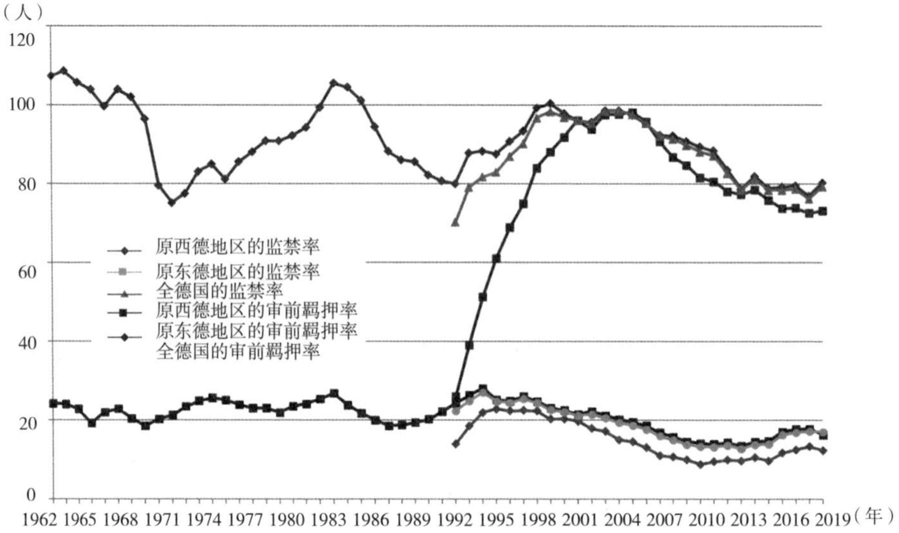


**图 5　1962 年至 2018 年德国的监禁率**

**（每 10 万人口，依据每年 3 月 31 日人口统计数据）**

注：本图上半部分包含被定罪的成年和青少年罪犯以及管束拘禁和审前羁押人数的比例；下半部分仅包含审前羁押人数的比例。

数据来源：Dünkel F，Geng B and Harrendorf S（2016a）Gefangenenraten im internationalen und nationalen Vergleich. Bewährungshilfe 63（2）：178–200；联邦统计局 2019 年统计表 3.1（Statistisches Bundesamt, Strafvollzug 2019），参见 https://www-genesis.destatis.de/genesis/online?sequenz=tabelleErgebnis&selectionname=24321-0001#abreadcrumb。

原西德地区的监禁率在 1971 年出现第一次低谷，随后在 20 世纪 80 年代后期持续下降，这种变化一方面可以从立法上

① 在其他一些欧洲国家，可以看到监禁率呈现上升趋势，较为稳定地维持在一个高位水平（主要指每 10 万人口中的监禁率超过 100 的西欧国家）。东欧国家的监禁率有轻微幅度的下降，但仍保持在较高的水平（监禁率超过 200；Dünkel et al. 2016: 179–85; Dünkel 2017; see Aebi et al. 2015: 431–3).

的改革来进行解释（如前所述，法定刑中，短期自由刑多数被罚金刑所取代），另一方面也可以从量刑的变化来进行分析（如20世纪80年代对青少年犯罪人适用缓刑和社区刑罚的增加）。1992年，德国的监禁率较低主要是由于德国统一后的特殊情况（原东德地区的监禁率仅为每10万人口26人）。1989年10月底，原东德地区有31150人被监禁，监禁率为每10万人口188人，这是1989年11月9日柏林墙倒塌前东德的最高监禁率，比西德的监禁率高出2倍多（1989年3月西德的监禁数量为53056人，每10万人口中86人，见图5）。两德统一后，最初对政治犯实行了几次大赦，随后也对大多数其他犯人实行了大赦（纳粹、战争暴行、谋杀、性犯罪或严重暴力犯罪除外），到1990年7月，原东德监狱中只剩下4375名囚犯。在随后的几年里，原东德地区的监禁率急剧上升，从1993年的39人上升到2005年的98人，达到了原西德地区的水平。2005年之前，原东德和西德地区监狱犯人的持续增长主要因为暴力犯罪和性犯罪的立法改革，以及登记在案的暴力事件的增加而导致的定罪数量的增加。因此，由于警方登记的暴力犯罪总数以及暴力犯罪人的定罪率一直在下降，自2006年以来，监禁率也在下降（见图5）。

当然，这一下降趋势最近可能已经放缓。值得注意的是，从2015年到2016年，审前羁押的数量增加了16%，这似乎与某些街头犯罪的增加有关，有学者指出，新来德国的移民中年轻男性实施的某些街头犯罪比例较高。总而言之，过去十年内的监禁率并不能让我们得出结论认为德国的惩罚主义或监禁趋势加剧。

### （三）对惩罚的态度

惩罚主义的主观程度可以通过对惩罚的态度来加以分析。

不幸的是，人们不能对这些态度的趋势发表任何看法，因为德国没有定期收集相关数据。

最新的数据来自2012年全德国犯罪被害情况的代表性抽样调查。调查结果的分析基于因变量定性设计，而并非简单的刑罚定量调查。因式设计针对不同类型的犯罪行为，向被调查者提出不同的犯罪场景，并询问受试者个人所认为的应当判处的惩罚后果。因此，这种方法能更贴切地反映惩罚态度的现实情况。

对于盗窃、故意损害他人财物、诈骗或抢夺钱包的行为，受访者最倾向选择判处罚金（平均高达45%），其次是被害人与犯罪人达成和解和赔偿（高达37%）；只有1%~8%的受访者建议对这些罪行判处监禁刑。在严重的伤害案中，受访者中支持和解、罚金、缓刑或监禁（非缓刑）的比例各占到了20%左右。这一结果大体上与法院的量刑实践相吻合，因此也不能被视为惩罚主义的表现。

## 五、结论

过去十年，德国的犯罪率和犯罪控制的情况总的来说相当平稳。与其他西方国家一样，近年来暴力犯罪（包括青少年的暴力犯罪）都有所下降。在2015年和2016年，只有一些特定的犯罪，诸如入室盗窃和扒窃或网络犯罪，以及暴力犯罪（抢劫除外）的犯罪率有所上升，但随后又呈现下降趋势。暴力犯罪的增加主要可以归功于难民所犯的罪行，而这些犯罪背后的成因是难民（尤其是年轻男性）人数大幅增加，并且最初来到德国时，往往居住在拥挤的难民中心。在犯罪被害率方面，根据全德国以及部分城市的犯罪被害调查来看，总体而言，德国社会的犯罪被害率很低。

西门子、德意志银行或大众汽车公司的相关丑闻接连曝出，似乎表明法人犯罪有所增长，但人们不能对法人犯罪的发案率和发展情况做出任何可靠的判断。如同其他地方一样，到目前为止，事实上在商业领域中一直无法收集到可靠的数据。尽管企业领导人、顾问和政治家们都对企业合规的有效性抱有乐观的期望，但这些方案在多大程度上能够实际减少法人犯罪，尚有待观察。

人们可以看到，与右翼和左翼极端主义有关的犯罪活动有所增加。虽然在过去20年中，因右翼政治动机而发生的谋杀案件的数量大大减少，但在过去两年中，其他暴力犯罪，特别是对难民收留场所的纵火袭击却大幅增加。随着近年来难民涌入德国的数量呈现下降趋势，登记在案的纵火袭击事件也同样在减少。但德国最近一两年遭遇了一些右翼极端分子针对政府官员、犹太裔和有移民背景的人的凶杀性袭击。同时，左翼极端分子的暴力犯罪也有所增加，其原因是他们与右翼极端分子和警察的对抗增多。

直到2016年底，德国尚未出现大规模的恐怖主义袭击事件。从公众对柏林圣诞市场暴恐袭击事件的反应可以看出，民众对恐怖主义的恐惧感越来越强。在这方面，人们可以看到，在政治上人们总是提出一些“头痛医头脚痛医脚”的治理方案，要求采取更多的监控和压制性的干预措施。实际上，问题似乎在于现有的法律并不总是能够得到充分的执行。

对恐怖主义（以及难民流动、金融危机或养老保险制度崩溃等其他社会问题的担忧）的担忧程度远远大于对犯罪的担忧。1990年德国统一后不久，原东德地区对抢劫或入室盗窃的恐惧感上升到历史最高点，此后开始便出现下降趋势。到2013年，这种犯罪的恐惧感降到了历史最低点。但恐惧感随后又重新上升，这主要是近年来入室盗窃率短暂性的上升所导致的。

惩罚主义的趋势可以从以下三个方面进行，即刑事立法政策的走向、刑事法律的实施和执行以及公众对惩罚的态度。近年来，仅在某些从严的刑事立法中可以观察到一定的惩罚主义的倾向。在法律的实施和执行过程中，诉讼分流的数量有所增加，定罪率和监禁率有所下降（针对谋杀罪判处较长监禁刑期除外），而公众对惩罚的态度似乎与实际上较为温和的刑事制裁相一致。